주 역 원 론 ⑤
- 사물의 운명 -

김승호 지음

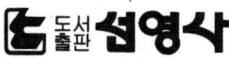

머리말

　기대와 의심을 가지고 시작한 공부가 어느덧 결론 단계에 이르게 되었다. 제5권, 즉 제5효는 괘상에서 천중(天中)의 자리로서, 가장 귀한 자리이다. 이 책에서도 깊은 이론을 서슴없이 전개해 보았다. 그 동안의 이론도 충분히 과학적이지만, 제5권에 이르러서는 과학적이고도 전문적인 내용을 크게 강화하였다.

　이 책을 정밀하게 읽어온 독자라면 지금쯤 주역에 대해 매우 깊은 식견을 갖게 되었을 것이다. 자부심도 가질 것이고, 판단력도 향상되었을 것이 틀림없다. 그러나 주역은 성인의 학문으로서, 더욱더 심오한 세계가 숨어 있다. 독자들은 겸손한 마음으로 전진해야 할 것이다.

　그 동안 우리는 제법 철저한 논리로써 공부해 왔지만, 실은 수리논리 전문가 수준에서 보면 아직 턱없이 부족하다. 그렇다고 괘상을 해석함에 있어 단순한 언어 논리로 꿈 해몽하듯 대충 넘어갔다는 뜻이 아니다. 오히려 주역 5000년 역사를 통해 처음으로 과학적 논리를 도입시켰던 것이다.

제5권에서는 논리의 강도를 한층 높였다. 하지만 걱정할 필요는 없다. 누구나 이해할 수 있게 전개되기 때문이다. 여기서 독자에게 충언을 하나 하고 싶다. 그것은 이제껏 책을 읽는 동안 재미가 없어 지나친 것이 있는가를 살피라는 것이다.

대개 재미가 없는 것일수록 중요한 법이다. 그것은 논리가 많다는 뜻이기도 하다. 그리고 논리가 많다는 것은 그만큼 중요하기 때문인 것이다.

필자는 처음부터 지면을 몹시 아껴 왔다. 왜냐 하면 강의할 내용은 많고 책의 두께는 한정되어 있기 때문이었다. 어떤 독자들은 눈치챘을 테지만, 이 책에 수록되어 있는 내용 중 어떤 것은 상당히 깊은 내용이어서 광대하게 해석할 필요도 있었던 것이다. 그러나 필자는 간략하게 넘어갔을 뿐이다. 부문에 대해 너무 정밀하면 전체의 모습을 보지 못하게 될까 봐서였다.

지금 우리의 공부는 의학에 비유하자면 예과(豫科) 수준이다. 전문의가 되려면 기초를 폭넓게 터득한 후에, 어느 부문을 택해, 전문가 과정으로 들어서야 할 것이다. 물론 주역의 모든 분야에 정통하게 된다면 더 말할 나위가 없다. 그러나 주역은 너무나 넓다. 필자는 30년 간이나 아주 열심히 주역을 공부했지만, 어느 부문은 겉에서 대강만 파악했을 뿐 깊게 들어설 수가 없었다. 이러한 입장은 장차 독자들도 마찬가지가 될 것이다. 주역은 그토록 넓기 때문에 한 곳에 오래 머무를 수는 없는 것이다.

다만 제5권에서는 아주 중요한 부문을 택해 깊게 다룰 예정이므로 지금까지 공부한 기초를 충분히 다져야 한다. 주역 공부는 결코 서두를 필요가 없다. 왜냐 하면 빠른 것보다는 분명히 해야 하는 것이다. 그 동안 읽으면 곧 이해되는 내용이지만, 이제부터는 생각을 해야 한다. 모르면서 나아가면 절대 안 된다. 지금의 시점에서는 지나온 과정을 확실히 파악한 연후에 천천히 전진해야 하는 것이다. 항해하는 배로 비유하자면 위치를 파악하고 있으라는 뜻이다.

제5권은 소제목이 많지 않지만 내용은 상당히 깊기 때문에 다른 부문과 연관성이 많다. 읽는 재미를 얘기한다면 이렇게 얘기할 수 있다. 만일 내용을 철저히 알고 있는 독자라면 제5권은 탐정 소설을 읽는 것처럼 스릴마저 있을 것이다. 내용을 아예 모르겠다는 사람에게는 다시 제1권으로 돌아가 보라고 권하고 싶다.

이는 낙제를 의미하는 게 아니다. 기초를 충분히 다진다는 뜻이 있는 것이다. 주역은 때로 제자리에 서서 백 번 천 번 음미하고 넘어가야 한다. 필자는 아직도 팔괘 근방에서 떠나지 않고 있는데, 이는 기초만 튼튼하면 앞날은 걱정할 필요가 없기 때문이다. 그런 뜻에서 제5권은 아주 천천히 읽기 바란다. 잘 이해되는 사람일지라도 며칠씩 쉬어 가면서 읽는 것이 좋은 것이다.

  그리고 이제부터는 슬슬 자신의 전문 분야를 생각해 볼 필요가 있다. 주역은 워낙 방대하기 때문에 특별한 몇 가지를 취향에 따라 전문 분야로 하고, 나머지는 개념을 이해하는 정도로 지나가도 된다. 어차피 한 분야에서 깊어지면 나중에 다른 분야도 저절로 이해하게 될 것이다. 공부란 억지로 하지 말고 저절로 성숙해지도록 확실히 알고 넘어가야 한다. 다시 말하거니와, 천천히 나아가자.

한국주역과학연구원에 당신을 초대합니다

　한국주역과학연구원은 새로운 천 년, 인류 정신 문명의 새시대를 예견하면서 주역의 과학 운동을 통해 동양의 정신 문명과 서양의 과학 문명의 조화와 통일을 꾀하여 인류에게 미래 창조의 새로운 지혜와 능력을 드리고자 합니다.
　또한 우주의 법칙, 자연의 질서, 인간의 삶의 원리가 암호(괘)로써 표현되어 있는 주역(周易)의 과학적이고 수학적인 연구를 통해 주역을 올바르게 이해하여 인간 내면의 잠재력을 극대화함으로써 인간 지성의 수준을 더 한층 높이고, 이 시대의 개인과 민족과 인류에게 새로운 정신 문명과 세계관(世界觀)을 제시하고자 합니다.
　이에 관심 있는 독자를 한국주역과학연구원의 회원으로 정중히 모시어 주역에 대하여 함께 대화하고 연구하여 주역 과학 운동에 새로운 지평을 열고 한국이 세계 주역과학연구의 총 본부가 될 수 있도록 독자 여러분의 많은 지도 편달을 바라며, 적극적으로 동참하여 위의 대업을 이루어 나갑시다!!

회원 자격 : [주역 원론] 책 속에 삽입된 독자 카드를 성실하게 기재하여 보내주신 분
　　　　　　독자 카드를 받은 즉시 회원 고유 번호를 부여하여 당사자에게 알려 드립니다.
준 회 원 : 독자 카드를 보내주신 분과 주역 과학 화운동에 관심 있는 학술 단체, 사회 단체, 연구 기관, 국가 기관 등

다음과 같은 혜택을 받게 됩니다

1. 한국주역과학연구원에서 발행되는 자료를 받아 볼 수 있습니다.
2. 한국주역과학연구원에서 주관하는 강연회 및 각종 행사에 참여하는데에 우선권을 갖습니다.
3. 회원 상호간의 정보 교환 및 소모임 활동을 주선해 드립니다.

정 회 원 : 한국주역과학연구원의 정관에 따라 입회하신 분
　　　　　정회원은 다음과 같은 혜택을 받게 됩니다.

1. 준회원에 대한 혜택은 그대로 유지됩니다.
2. 각종 행사 참가에 혜택을 드립니다.
3. 정회원증을 발급받음으로써 본 연구원와 제휴를 맺는 각종 단체(생명문화원, 백제신검, 신라화랑검, 천진사물놀이 패 등)의 입회비 및 수강료의 할인 혜택을 받으실 수 있습니다.
4. 정회원만을 대상으로 하는 세미나 및 강연회, 연구 소모임에 참가할 수 있습니다.

※ 사단법인 새생활국민운동협회는 '73년부터 국민의식개혁 및 생활문화개혁과 민족의식 교육을 통하여 국민정신운동과 민족정기살리기 운동을 전개하고 있습니다. 독자 여러분의 관심을 부탁드립니다.

사단법인 새생활국민운동협회
부설 한국주역과학연구원

문의전화 : 사단법인 새생활국민운동협회(Tel 883-3566, Fax 874-3566)
　　　　　한국주역과학연구원(Tel 3401-0388, Fax 3401-0388)

차 례 1

머리말 …… 3
우주의 중심 …… 11
시공의 지도 …… 42
사물의 운명 …… 73
운명의 무게 …… 94
피라미드와 주역 …… 114
쉬어 가기(1) …… 162
하느님의 뼈 …… 166
진(陣)의 신비 …… 193

차 례 2

주역은 어디서 왔는가? …… 216
대칭성의 파괴 …… 237
더 먼 곳을 찾아서 …… 265
도인의 관찰 …… 289
쉬어 가기(2) …… 328
주역과 신통력 …… 332
주역이란 무엇인가? …… 341
괘상의 내부 …… 353
인식과 자연 현상 …… 367

玉虛眞經 (1)

萬物負陰而抱陽 沖氣以爲和
만물은 음을 지고, 양을 안고, 충기(沖氣)로써 화한다.

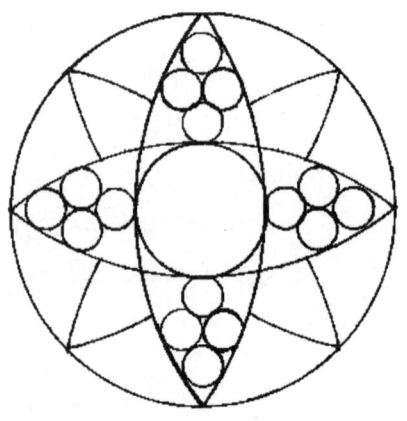

우주의 중심

　예전에는 지구가 우주의 중심이라고 일컬어졌었다. 따라서 어리석은 인간들은 태양이나 우주의 모든 별들이 지구를 중심으로 돌고 있다고 생각했었다. 이 생각은 특히 교황청을 중심으로 유지 발전(?)되었던 것이다.

　갈릴레오는 지구가 태양 주위를 돈다고 주장한 죄로 평생을 연금 당하는 불행을 겪었다. 지구는 하나님이 만들어 매우 신성한데, 그러한 지구가 보잘것없는 태양 주위를 회전할 리 없으며, 태양은 오로지 지구를 위해서 존재한다는 것이 교리였다. 그러나 인간을 생각하는 정성은 이해될 수 있지만, 과학적 진리란 교리에 좌우될 수는 없다. 어디까지나 객관적이고 냉정한 것이 바로 진리이다.

　주역에 있어서 진리는 엄연히 존재한다. 주역이 비록 옛날에 만들어졌다지만 그 내용은 우주적 보편성을 갖고 있어야 한다. 옛 어른의 주장이라고 해서 무작정 받아들일 수는 없다는 의미이다. 갈릴레오는 교황청에까지 도전하지 않았나! 주역을 공부하는 사람도 이처럼 용감하게 진리를 파헤쳐야 한다.

  필자의 생각도 그와 마찬가지이다. 다행히 오늘날에는 과학이나 지성이 발달하여 갈릴레오 같은 꼴을 당하지는 않을 것이다.

  사실 오늘날 우리 나라에서는 주역에 대해 관심을 갖는 사람이 드물다. 그러나 미국이나 영국·독일 등 선진국에서는 주역의 연구가 과학적으로 깊게 연구되고 있다. 그런데 주역의 괘상을 국기로까지 사용하는 우리 나라에서는 그러한 시도가 전혀 이루어지지 않고 있다.

  필자는 주역의 과학화를 위해 이 글을 열심히 쓰고 있다. 세상이 이에 관심을 보여 줄는지는 아직 알 수 없다. 많은 사람이 주역을 이해하고 관심을 갖기를 바라는 것이 필자의 마음이지만, 그보다 더 중요한 것이 있다. 한 사람이라도 올바르게 주역을 깨닫기 바라는 것이다.

  옛날에는 지구가 둥글다는 것조차 몰랐었는데, 콜럼버스가 이 사실에 대해 확인을 시도했었다. 뉴턴은 갈릴레오의 전철을 밟아 또 한 번 진리에 도전했다. 뉴턴은 갈릴레오가 죽은 해에 태어나 마치 갈릴레오의 복수라도 해 주듯이 지구가 태양 주위를 돈다는 것을 비롯해, 우주에 떠 있는 별들의 운동을 정확히 밝혔다.

  뉴턴은 만유 인력뿐만 아니라, 운동 법칙을 낱낱이 밝혀 자연과학의 초석을 다져 놓았다. 후에 아인슈타인이 등장해 그의 이론을 확대 개선하였지만, 자연과학계에 천지 개벽을 이루어 놓은 사람은 바로 뉴턴이다.
　주역의 세계에서는 이런 일이 언제 이루어질 수 있을까? 갈릴레오가 살던 당시에는 지구가 태양 주위를 돈다는 아주 간단한 진리에 대해 교황청이 반대했지만, 주역의 세계에서도 그런 일이 없었던 것은 아니다. 무엇보다도 중요한 권위의 오류는 진리가 아닌 절대 원칙을 주역에 심어 놓았다.
　이것은 지구가 평평하다는 주장과도 같은 것인데, 실제로 중국인들은 지구가 둥글다는 사실조차도 모르는 상태에서 주역 이론을 전개했었다. 그들은 태양을 양이라 하여 하늘의 기운이 뭉쳐서 된 것이라 하고, 달은 땅의 기운이 뭉쳐서 된 것이라 생각하였다. 그들은 지구가 태양에서 떨어진 것이라는 그 뜻을 상상이나 할 수 있을까?
　진리란 영원한 것이므로 반드시 옛 사람만이 발견할 수 있는 것은 아니다. 하기야 그들이 우리보다 훨씬 이전에 살았으니까 자연의 진리를 먼저 발견할 기회가 있었을 것이다. 하지만 인간의 지혜는 시대가 발달할수록 꾸준히 향상되어 왔다.
　오늘날에는 지구나 태양뿐 아니라 우주 전체가 어디에서 나타났는지 분명하게 밝혀지고 있다. 과학의 발전은 우주의 나이까지 밝혀냈는데, 그것은 기독교에서 말하는 6,000년도 아니고, 인도 철학에서 말하는 무한 과거도 아니다.
　오늘날에 있어서 진리란 개인의 신념이 아니라 객관적인 사실을 말한다. 서양은 일찍부터 객관적 사실을 바탕으로 문명을 이루어냈다. 비행기가 하늘을 날거나 TV로 야구 중계를 볼 수 있는 것도 모두 객관적 사실에서 얻어질 수 있는 문명의 이기(利器)일 뿐이다.

객관적 사실은 우주의 모두에게 중요한 원칙이다. 이러한 원칙이 바로 서지 않는 한 주역은 한낱 꿈풀이밖에 되지 않는다. 사실 학문으로서의 주역도 객관적 사실이 부정되는 바람에 오늘날에 이르러서는 인디언들의 예언서쯤으로 생각하는 것이다.

　현재 세계 최고의 과학자들은 비로소 주역에 눈뜨기 시작했다. 단지 동양의 일반 지식층들은 아직까지도 주역을 이해하지 못할 뿐이다. 그리고 문제는 주역을 공부하는 사람들에게도 있다. 그들은 예부터 내려온 판에 박힌 무질서한 주의 주장을 그대로 답습하고 있는 것이다. 가장 큰 문제는 진리를 검증할 만한 인내심이 없는 것이지만 신비주의나 경직성도 문제가 아닐 수 없다.

　오늘날 우리는 시원한 자동차 안에서 휴대폰으로 제주도에 있는 사람과도 통화를 할 수 있다. 이것은 진리의 축적으로 이루어진 결과이다. 주역에 있어서도 이제 질서를 세우면 과학처럼 먼 훗날 제대로 길을 들어설 가능성이 있다. 먼 옛날 그리스의 수학자 유크리드는 철저한 논리로 기하학을 구축하고 객관적 사고의 문을 열었는데, 주역에 있어서도 그런 작업이 반드시 이루어져야 한다.

　주역에는 갈릴레오 같은 사람이 없는가? 전통 주역에 있어서 가장 큰 문제는 무엇인가? 그것은 자기 중심적 사고 방식이다. 구체적으로 양 위주의 사고 방식인 것이다.

　이는 서양의 과학사와 많이 비슷하다. 인류는 지구가 둥글다는 것을 발견했고, 갈릴레오는 지구가 돌고 있다고 주장했다. 그것은 분명한 진리이지만, 하나님이 만든 신성한 지구가 태양 주위를 돈다는 주장에 교황청은 펄쩍 뛰고 말았다.

주역의 세계에서도 이와 비슷한 일이 있었다. 옛 사람들은 주역을 하느님이 만든 하늘의 학문이라고 생각했었다. 그래서 주역의 괘상을 보는 방식에 있어서도 위에서 아래로 내려다본다. 그 단적인 예가 바로 선천 복희 팔괘도이다. 그것은 64괘를 이해하는 데 별로 도움이 되지 않지만, 설사 도움이 된다 하더라도 잘못된 팔괘도가 과연 얼마나 도움이 될 것인가?

선천 복희 팔괘도의 문제점은 하늘 중심적 사고 방식에 있다. 이는 교황청의 하나님 중심의 사고 방식과 조금도 다를 바가 없다. 교회는 지구를 너무 신성시한 나머지 과학적 진리를 부정함으로써 인류는 거기에 상당히 지장을 받았던 것이다. 마찬가지로 현재 답습된 주역의 사고 방식은 하늘 위주의 방식이어서 평등한 진리를 추구하는 데 지장이 있다. 필자는 이에 대해 갈릴레오처럼 맞서서 바로잡을 생각이지만, 그 결과는 알 수 없다.

고전 주역을 공부하는 사람의 성역인 선천 복희 팔괘도를 다시 한 번 음미하자.

☰
☱
☲
☳
☴
☵
☶
☷

☷

 이상은 복희 팔괘도를 세워서 그렸는데, 실제 팔괘도는 중앙을 끊어서 위아래로 원을 만든 것이다. 팔괘도의 근본인 수직 팔괘는 양값을 위에 놓고 음값이 커질수록 아래로 배치한 것이다. 이러한 8층 구조는 간단하게 만들어질 수 있다. 즉, 소성괘 삼 획을 위에서부터 2진법으로 정리하면 복희 팔괘도의 기둥을 얻을 수 있다. 이것을 확인해 보자.

```
━━  1
━━  2 → 7
━━  4

━ ━ -1
━━  2 → 5
━━  4

━━  1
━ ━ -2 → 3
━━  4

━ ━ -1
━ ━ -2 → 1
━━  4
```

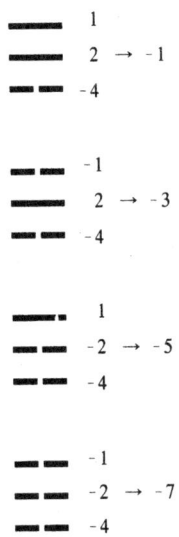

참으로 질서 정연하다. 옛 사람들은 이것을 평면 좌표에 옮겨 64 괘도를 만든 것이다. 참으로 한가하고 소박한 생각이다. 이것을 처음으로 시도한 사람은 소강절이라는 주역 학자인데, 위에서부터 내려다보는 방식에 대해서는 설명이 없다.

사실 옛 사람은 설명할 필요도 없이 당연할 것이다. 왜냐 하면 모든 것은 하늘에서 시작한 것이니 위에서부터 숫자를 매기겠다는 뜻이다. 그 결과 그들은 연못을 양이라고 말하고, 바람을 음이라고 말하는 것도 서슴지 않고 있는 것이다.

필자는 주역 입문 시절에 주역 학자인 친구와 무척이나 언쟁을 벌이곤 했다. 그 친구는 괘상이란 위에서 아래로 매겨야 한다고 주장했다. 물론 이는 옛 사고의 답습이다. 필자는 당시 옛 사람이 위에서 아래로 숫자를 매겼다는 것을 모른 채 아래에서 위로라는 방식을 고집했다. 친구와의 싸움은 우정에 금이 갈 정도까지는 아니었지만 한 치의 양보도 없었다.

그는 옛 사람이 써놓은 어려운 문장을 능숙하게 끌어다 설명했다. 마치 법률가가 법전을 이용하는 것과 다를 바 없었다. 그러나 필자는 법전 자체의 타당성을 문제삼았다.

물론 필자도 당시에는 어리석었다. 필자는 아래에서 위로의 방식을 주장했으니 전통적인 주역 학자로서는 도저히 용납할 수 없는 일이었다. 필자의 생각은 단순했다. 괘상이든 무엇이든 사물이란 땅으로부터 기초가 생기는 것이니 아래에서 위로 괘상을 보자는 것이다. 원전 주역에서도 시작은 아래부터라는 것이 필자의 신념을 더욱 강하게 만들었다. 우리의 본능을 보자.

☵ 은 수택절(水澤節)이라는 것인데, 우리는 지금 어디에서 괘상을 바라보는가? 옛날 주역 입문 시절 필자가 서 있던 곳을 표시해 보겠다.

☷
○ ← 필자가 서 있던 곳

위에 표시한 것처럼 생각하는 사람은 의외로 많다. 효의 진행이 그 곳부터 시작하기 때문이다. 이번에는 친구가 서 있던 곳을 표시해 보겠다.

○ ← 친구가 서 있던 곳
☷

　이러한 생각은 전래로부터 내려오는 사고 방식이다. 복희 팔괘도가 바로 이것이다. 두 가지 생각 중 과연 어떤 것이 옳을까? 필자는 친구와 수개월 동안 입씨름을 한 끝에 반성을 시작했다. 비로소 이성을 회복했던 것이다.
　필자는 며칠을 생각하다가 하나의 절대적인 결론을 얻었다. 친구와 내가 모두 틀렸다고……. 우리는 결국 한 곳에 서서 자기가 있는 곳이 중심이라고 우겼던 것이다. 이는 지구가 중심이라고 여겼던 중세 사람들의 사고 방식과 다를 것이 없었다.
　필자는 고민에 빠졌다. 우리 둘 다 틀린 것이라면 64괘를 정렬할 방법은 없단 말인가? 괘상을 조직적으로 이해하기 위해서는 음극과 양극을 연결하는 직선 도로는 반드시 필요한 것이었다.
　그런데 그 친구도 마침 자기 주장을 철회했다. 그러나 필자의 생각이 맞다는 것은 아니었다. 둘 다 틀렸다는 것이다.
　어쩌면 당연한 일이었다. 그 친구도 매우 심오한 생각을 갖고 있으므로 괘상을 어느 한 지점에서 바라보는 방식에 대해 모순을 느꼈던 것이다. 그러나 정답을 깨닫지 못한 두 사람은 괴로움을 안고 생활할 수밖에 없었다.
　친구는 아예 괘상을 수리화하는 작업을 포기했다. 반면 필자는 두 가지 방식을 다 수용하였다. 둘 다 어리석다고 하지 않을 수 없다. 필자는 이래도 그만 저래도 그만이라는 방식이었고, 친구는 나 몰라라 눈을 감는 식이었다.
 그러나 얼마 후 또 다른 싸움이 전개되었다. 그러나 이번 싸움은 아주 근본적인 것이었다. 이것은 상당히 중요한 내용이므로 짧게 소개하겠다.

☵ ☰ ☶ ☷

 이것은 주역을 처음 공부할 때 등장하는 사상(四象)이다. 흔히 사상은 춘하추동(春夏秋冬)이라고 응용되어,

☵ → 춘, ☰ → 하, ☶ → 추, ☷ → 동

으로 생각된다. 또한 사상은 오행과도 관련이 맺어져 있다. 즉,

☵ → 목, ☰ → 화, ☶ → 금, ☷ → 수

그런데 문제가 있다. 이들의 양음, 즉 높낮이를 따져보자. 우선 양극은 ☰이고 음극은 ☷이므로, ☰은 높고 ☷은 낮다는 것을 알 수 있다. 이는 단순한 사실로서 필자와 친구의 생각이 맞아떨어졌다.
 문제는 ☶과 ☵의 처리 문제였다. 두 가지 경우를 다 그려보자.

☰ ☰
☷ ☷

⚌　⚌
⚌　⚌
A　B

　이 중에서 친구는 A를, 필자는 B를 주장했다. 이것은 당시의 신념이었다. 술자리에서 우연히 이 문제가 나왔는데, 논쟁을 하다 보니 술자리는 금방 열띤 토론장이 되고 말았다. 결국 서로 얼굴을 붉히고 헤어졌는데, 싸움은 수개월간 계속되었다.

　이 문제에 대한 친구의 주장을 살펴보자. ⚌은 ⚌에서 나와 상승하는 것이니 결국 위에 위치하고, ⚌은 ━에서 나와 하강하므로 결국 아래에 위치한다는 것이다. 따라서 A가 맞는다는 것이었다.

　필자는 그와 반대였다. 당초 ⚌은 ━에서 시작한 것이니 장래야 어떻듯 지금은 위에 있고, ⚌은 ⚌에서 시작한 것이니 현재는 아래 있는 것이 아니냐고 했다.

　지금 생각하면 우스운 일이지만 싸움은 무승부로 끝났다. 필자는 A와 B의 주장을 간단히 해석했기 때문이다. 만일 위에서 아래로의 방식으로 숫자를 매기면 A가 된다. 즉,

━　1
━　2 → 3

⚋　1
━　2 → 1

━━ 1
━ ━ -2 → -1

━ ━ -1
━ ━ -2 → -3

이것은 친구의 주장이었다. 필자의 생각은 다음과 같다.

━━ 2
━━ 1 → 3

━━ 2
━ ━ -1 → 1

━ ━ -2
━━ 1 → -1

━ ━ -2
━ ━ -1 → 3

　결국 두 사람은 처음처럼 아래에서 위와, 위와 아래로의 방식을 주장하면서 싸웠던 것이다. 친구는 ══과 ══을 같은 높이에 두자고 해서 싸움은 일단락되고 말았는데, 그렇게 되면 원인을 모르는 채 결과적으로 답을 얻은 셈이 된 것이다. 참으로 아쉬운 일로서, 진리를 추구하는 학자의 태도는 아니다.
　그리고 문제가 또 있는데, 4상의 경우는 4개이니까 원을 만들 수 있지만, 8개의 경우 같은 것이 두 개 이상 나타나기 때문에 원을 만들 수 없다. 단지 단군 팔괘도의 방식으로는 수직선 내지 원을 만들 수 있지만, 논리적으로는 약간 긴 설명이 필요하고 깔끔하지 못하다.

진리란 원래 단순하고 아름다워야 한다. 꿈 해몽하듯 설명이 길면 진리의 자격이 의심스러운 법이다. 단군 팔괘도가 진리가 아니라는 것은 아니다. 다만 설명이 길고 또한 더 좋은, 그야말로 단순한 팔괘도는 없느냐를 묻는 것이다.

여기서 진리란 간단해야 한다는 것을 일례로 들어 보자. 엄밀성을 생명으로 하는 수학 세계에서의 일이다. 유클리드를 모르는 사람은 드물 것이다. 그는 인류 최초로 엄밀하고도 객관적인 사고 방식을 수학에 도입했다.

그는 2,300년 전 기하학 원론이라는 유명한 책을 저술하여 수학 발전의 토대를 마련했다. 유클리드에 의해 수학이 그토록 철저하게 추구되지 않았다면 오늘날처럼 수학이 과학의 여왕이라는 지위를 누리지 못했을 것이다. 엄밀성이야말로 수학의 생명이다.

먼 옛날 우리 나라에서는 아직 한글도 나오기 전, 국가라는 형태도 만들어지기 전에, 또는 주역이라는 것이 우리 나라에 들어오기도 전에 유클리드는 그의 위대한 논리를 전개하고 있었다.

그는 10개의 진리를 출발점으로 하였는데, 다섯 번째의 진리(그들은 공리라고 부른다)가 다소 표현이 깔끔하지 못했다. 그것을 보자.

'한 점을 지나서 한 직선에 평행한 직선은 적어도 하나 존재하며, 또 단 하나만 존재한다…….'

이 말은 다소 긴 표현이지만 내용은 아주 단순하다. 기차 레일을 생각해 보면 된다. 하나의 직선인 레일이 있고 그것으로부터 일정한 거리(간격)에 있는 레일은 하나밖에 만들 수 없는 것이다. 이는 또한 일정한 잣대를 간격으로 하는 두 선을 나란히 그을 수 있다는 뜻이다. 잣대의 양끝에 선은 하나씩 존재한다.

유클리드의 제5공리는 너무나 자명하여 의심받을 이유가 없어 보인다. 그러나 표현이 길기 때문에 2,000년 동안이나 의심받아 왔던 것이다. 그것은 마침내 결함이 발견되고 말았다. 그로써 비유클리드 기하학이 만들어졌는데, 리만 기하학이 그것이다.

이것은 진리란 긴 말이 필요 없음을 단적으로 보여 주는 사건이다. 주역에 있어서도 말이 많으면 진리가 아닐 가능성이 많다.

본론으로 돌아가자. 필자와 친구의 논쟁은 언제나 양자 모두 패배하는 쪽으로 결말이 맺어졌다. 두 사람은 아직 진리를 발견하지 못했던 것이다. 이것은 필자가 주역을 공부한 이래 최초로 맞는 학문적 위기였다. 이 때문에 필자는 사기가 완전히 꺾였으며, 어려움에 지쳐 주역을 포기하기까지에 이르렀다.

필자는 완벽한 주역을 공부할 수 없다면 차라리 평범한 과학자가 되기로 마음먹었다. 물론 그럴 듯한 철학적 설명으로 주역의 체계를 구축할 수는 있지만, 엉터리 방식으로 주역을 이해하고 싶지는 않았다.

그로부터 필자는 1년여 정도 필사적인 노력을 기울였다. 그 때문에 인생에서 해야 할 일을 모두 상실하고 있었던 것이다. 필자는 언제나 미친 사람처럼 멍하니 생각에 잠기곤 했으며 꿈에도 수없이 반복하였다.

그러던 어느 날 한밤중에 불현듯 생각이 떠올랐다. 그것은 분명한 진리였다. 지난 1년여 동안 몸과 마음을 다 바쳐 궁리했던 문제가 한꺼번에 풀렸던 것이다. 그것은 답과 동시에 확신도 함께 찾아왔다. 진리 탐구는 으레 그런 식으로 이루어진다. 그리고 알고 보면 진리란 너무나도 간단하여 그 동안 몰랐던 것이 이상할 정도이다.

당시 한밤중에 필자가 생각했던 것을 살펴보자.

'위에서 보는 것도 틀리고 아래에서 보는 것도 틀리다면 어떻게 봐야 하는가? 전체에서 본다면? 이는 신이 아니기 때문에 불가능하다. 그렇다면 방법은 딱 한 가지밖에 없다. 그것은 중간에서 보는 방법이다. 중간이 있다면 말이다.'

여기까지 생각한 필자는 한밤중에 불을 켜고 책상 앞에 앉았다. 그리고는 다음과 같이 그렸다.

☷
○
☷

그림에서 ○은 필자가 있는 곳이다. 위로도 볼 수 있고 아래도 볼 수 있는 지점이다. 이제 괘상을 바라볼 수 있는 지점은 세 곳이 된 것이다. 즉,

```
☷    ☷    ○
○    ☷    ☷
☷    ○    ☷
A    B    C
```

 이 그림은 매우 단순하다. 만일 B와 C가 자신의 권리를 포기하고 A를 선택한다면 어떻게 될까? 아무런 하자가 없다. 두 의견은 순간 하나로 통일되는 것이다. 그러므로 중간에 자리하면 상하를 평등하게 바라볼 수 있다.

 여기에는 중요한 개념이 숨어 있다. 우리가 만일 위상적으로 우주의 중심에 있다면 사물은 위에도 있고 아래에도 있다는 것이다. 다르게 말할 수도 있다. 즉, 우리는 사물을 바라봄에 있어 위아래가 모두 보이는 곳에 서 있어야 한다. 또 다르게 표현할 수도 있다. 즉, 주역의 세계는 무한하므로 위쪽이나 아래쪽 중 어느 한쪽만 보이는 세계는 존재하지 않는다.

 그러므로 결론은 이미 얻어진 것이다. 필자는 이것을 즉시 행동에 옮겼다. 다음의 괘상을 보자.

```
☰
☷
☰
☷
☰    A
```

제5권 사물의 운명 27

☷
☷
☷
○ ← 이 곳에서 바라본다
☰
☰
☰
☷
☰   B
☷
☷
☷

　그림에서 A의 영역은 필자가 주장했던 것이고, B의 영역은 친구가 주장했던 것이다(복희 팔괘도). 그렇다면 누구의 의견이 맞는가? 처음에는 두 사람 다 틀렸다는 결론에 도달했다. 그러나 지금은 어떤가? 두 괘열을 다 사용하기로 한다면 이번에는 두 사람이 다 맞는 것이 된다.
　그렇다면 두 괘열을 모두 다 사용하는 방법은 무엇인가? 이 문제는 아주 간단하다. 주역 64괘는 상하의 구조로 되어 있는데, 이는 행렬 구조이다. 따라서 하나의 괘열은 위에 사용하고 또 하나의 괘열은 아래에 사용하면 된다. 즉 x, y 직교 좌표에 한 괘열씩 사용하면 되는 것이다. 그렇게 하면 64괘 평면도를 얻게 되는데, 이는 일방적 복회 팔괘도와는 다르다. 물론 단군 팔괘도에 의한 평면도와도 다르다. 이들 좌표를 그려 보자.

```
         ☰
         ☱
         ☲
         ☳
         ☴
         ☵
         ☶
         ☷
────────────────────────────
 상/하   ☷ ☶ ☵ ☴ ☳ ☲ ☱ ☰
```

 이 좌표는 괘상을 중앙에서 바라본 형태로 배열했다. 평면에는 64괘가 만들어지겠지만 그 작업을 뒤로 미루고 먼저 할 일이 있다.
 또 다른 곳에서 이러한 좌표 구조가 필연적으로 나타나는지 살펴보자. 하나의 개념이 독립된 두 가지 필요에 의해서 요구된다면 그것은 가치가 있는 것이다. 우선 괘상들을 음미하자.

 ☷, 이 괘상은 무엇인가? 이것의 뜻은 주역을 아주 오래 공부한 사람도 쉽게 말할 수 있는 것이 아니다. 필자는 주역을 전문적으로 공부한 지 10년이 지나서야 겨우 말할 수 있게 되었다. 우리는 ☷에 대해 무엇을 말할 수 있는가?

흔히 ☳은 음이 양을 올라타고 있고, 양은 탈출하려고 애쓰는 모습이다. 그래서 진동하고 있다고 모든 주역 책에 설명되어 있다. 고전 주역도 ☳의 진동 이유를 그와 같은 논리로 전개하고 있다. 이것은 틀리지 않은 설명이다. 다만 우리는 그들의 관점이 무엇인지를 알아야 한다. 그들은 무엇을 말했나?

그들은 ☳에서 맨 아래에 있는 양에 대해 설명한 것이다. 분명 ☳의 아래에 있는 양은 위로 용솟음치고 있다. 그래서 ☳을 동물인 용에 비유하는 것이다. 성욕을 억제하고 있는 모습이기도 하다.

원전 주역에서는 ☳을 발에 비유하는데, 우리의 발은 어떤가? 실제로 발은 땅과 떨어져 있으며 움직일 수 있다. 그래서 ☳으로 표현되는 것이다. 자동차도 말도 마찬가지이다. 우리는 그것에 올라타서 움직일 수가 있다. 서민의 발은 버스나 지하철이고 부자들의 발은 고급 승용차이다.

이 모든 것은 ☳의 아래쪽, 즉 양을 대상으로 말하고 있을 뿐이다. 이는 음을 제외시켰거나 혹은 그것에 주안점을 두지 않고 말한 것이다. ☳은 음과 양으로 이루어졌다. 그런데 우레는 양만을 얘기한 것으로, ☳의 뜻을 다 안 것인가?

절대로 그렇지 않다. 우리는 음에 대해서도 얘기해야만 한다. ☳에서 음은 어떤 모습인가? 양을 뚫고 높게 올라가 있는 상태이다. 항구에 물품이 많이 쌓여 있으며, 건물이 높게 솟아 있는 모습이다. 비행기도 ☳이다. 이 때 우리는 ☳의 위쪽, 즉 음에 대해서도 말하는 것이다.

고전 주역에서도 ☳을 큰 물건이라고 말한다. 괘상 ䷏을 보면 음이 높게 올라가 있는 모습이다. 옛 성인은 ☳을 보고 집을 만들었다. 괘상 ☳은 아래쪽, 즉 양이 강조된 이름을 갖고 있다. 결국 ☳은 음이기도 하고 양이기도 한데, 우리가 그 중 무엇을 보고 말하느냐에 따라 뜻이 달라진다.

그런데 우리는 양이나 음 위주의 관점에 대해 그들의 모습을 더욱 깊게 고찰할 수 있다. ☳을 다시 보자. 만일 우리가 ☳의 위쪽에서 생각한다고 하자.

○
☳

○의 지점에서 생각하자는 것이다. 이 때 우리는 저 아래에 있는 양에 대해 말할 것이다.
'꿈틀거리고 있는…….'
그러나 우리가 아래쪽에서 생각한다면 어떨까?

☳
○

이 그림처럼 ○의 지점에서 생각하자는 것이다. 이 때 우리는 높게 올라간 음에 대해 얘기할 것이 틀림없다. 휴전선 근방의 도로에 가면 위쪽에 커다란 시멘트 덩어리를 올려놓은 것을 볼 수 있다. 이것은 유사시 도로 차단용인데, 바로 ☳인 것이다.

요점을 얘기하건대 ☷을 위에서 보면 양이 억눌리고 있다는 것에 초점이 맞추어지며, 아래에서 보면 음이 거대하게 쌓여 있다는 것에 의식이 집중되는 것이다. 다음을 보자.

두 괘상은 ☳과 ☶으로 이루어졌다. ䷗은 양의 기운이 회복되고 있는 모습으로, 우리가 위쪽에서 봤다는 뜻이다. 아래쪽에서 보면 갈 길이 먼 나그네의 모습이 된다. ䷖은 잠자던 도시에 군대가 일어난 모습인데, 이는 아래쪽에서 본 것이다. 다음의 괘상을 보라.

䷲은 우레가 중첩되어 있다. 중간에서 이것을 보자.

☳
○
☳

○의 지점에서 보자는 말이다. 그러면 이 때 아래에 있는 우레는 양이 진동하는 모습이다. 그리고 위에 있는 우레는 크게 위용을 드러낸 것이다.

다시 괘상을 보자. ☶은 산이다. 산은 누구나 크다는 뜻으로 사용한다. 이 때는 산을 아래에서 본 것이다. 고전 주역에서 산은 정지를 뜻한다. 이 때의 관점은 위에서 본 것이다. ☶은 하늘 아래에 산이 엎드려 있는 모습을 보여 준다. 즉, 우리는 위에서 산을 내려다보고 있는 것이다.

☶에 있어 더 정확히 말하면 실은 괘의 중앙, 즉

☰
○
☶

○의 지점에서 봐야만 원전 괘명의 뜻이 해석될 수 있는데, 이 때 산은 아래에서 꼼짝 않고 숨어 있는 모습이다. 한편 하늘은 위로 도망간 모습인 것이다.

다음 괘상을 보자.

☷
○
☰

아예 중앙을 표시했는데, ○의 지점에서 보라. 산은 높고 하늘이 깊게 억눌리고 있지 않은가? 원전 괘명이 대축(大畜)인 이유가 여기에 있다.

☱는 연못인데, 누구나 담겨 있는 모습이라고 말할 것이다. 이는 위에서 아래를 보며 양을 얘기한 것이다. 그러나 다음 괘상을 보자.

☶은 어떤가? 길게 얘기할 것도 없이 맨 위의 음을 보자. 너무 높게 올라가 있지 않은가?

☷은 땅이 물을 끌어들이고 있는 모습이고 관문의 모습이다. 이때 우리는 ☷의 위쪽을 얘기하고 있는 것이다.

한 가지 괘상만 더 살펴보자. ☴은 원천에서는 들어감(入)으로 설명한다. 양이 음 속으로 들어가려는 모습이라는 뜻이다. 이는 위에서 바라봤기 때문이다. 흩어진 모습도 이 괘상인데, 이는 아래에서 봤기 때문이다. ☴은 위에서 보면 양이 붙으려고 하기 때문에 음괘이지만, 아래에서 보면 넘치고 있는 모습으로서, 양인 것이다.

이상에서 설명하는 개념은 원래 인간의 의식 속에 내재하는 관념 때문에 발생하는 것인데, 스스로를 통제할 수 있다면 관점을 분명히 할 수 있다. 그래야만 괘상의 뜻을 온전히 파악할 수 있는 것이다.

필자는 ☴과 ☷의 뜻을 이해하는 데 10여 년이나 걸렸는데, 이는 괘상을 바라보는 위치를 선정하지 못했기 때문이었다. 이제야 차분히 괘상을 바라볼 수 있게 되었지만, 진리란 언제나 단순하고 아름다운 것이다.

사물을 '중앙에서 바라본다', 이 얼마나 단순하고 아름다운가! 축구장의 A석이 중앙에 위치하는 것도 이 뜻을 반영한 것이다. 이제 우리는 위에서 보자는 둥 또는 아래에서 보자는 둥의 싸움을 해서는 안 된다. 예전에 필자와 다투었던 친구도 지금쯤은 '중앙 관점론'을 깨달았을 것이다.

그럼 여기서 중앙 관점이 필연적으로 등장하는 또 다른 세계를 살펴보자. 이는 필자가 중앙 관점의 개념을 확립한 이후에 발견한 것이다. 하나의 진리가 또 다른 곳에서 필연적으로 등장한다면 얼마나 반가운 일이겠는가! 이는 진리가 처음 발견될 때보다 더욱 흥분을 자아내게 한다.

이러한 상황이 전개될 때 학자들은 생각한다.

'아, 지난날이 틀리지 않았구나!'

주역에 있어서는 언제 어디서 어려움이 나타나 모든 것을 허물어 버릴지 모르기 때문에 개념이 두 번째로 등장하면 너무 반가운 것이다. 필자는 스스로 세운 체계를 수십 번이나 허물어 버리면서 눈물을 흘린 날들을 아직도 기억한다. 똑같은 개념이 저절로 자주 등장할수록 학문의 체계는 그만큼 굳건해지는 법이다.

중앙 관점의 개념은 실로 주역의 괘상을 해석하는 절대적인 방법이다. 그것은 전혀 다른 세계에서 우연히 발견되고 있었다. 처음에 그 개념이 발견되었을 때는 노력에 힘입은 것이었다. 그러나 후에는 그야말로 우주의 중심에 서 있다는 느낌이었다.

자, 여기서 시간 대륙을 다시 한 번 고찰하자.

 이것은 (5, 1) 대륙의 과정을 보여 준다. 양은 올라가고 음이 내려가는 현상은 우주의 가장 근원적인 현상으로서 이는 음양의 본성에 기인한다. 위의 시간 흐름 현상은 우리의 관점이 어디 있든 상관없이 진행되는 과정이다. 우리가 괘상을 해석하기 위해서는 중앙의 위치가 가장 편리하지만 지금은 그것이 문제가 아니다.

 시간은 저 스스로 흐를 뿐이다. 우주에 양이나 음 중 하나의 요소만 존재할 때는 시간이 흐르지 않는다. 시간이란 음양의 교차 작용이므로 단연히 두 가지 요소가 모두 다 필요하다. 시간 대륙에서는 음양이 어우러져 작용을 나타내고 있다. 시간 대륙의 흐름은 하나의 방향, 즉 좌에서 우로 진행되고 있다.

 우리는 여기서 한 가지를 분명히 하고 넘어가자. 시간의 흐름은 우리가 어디에 있든 존재한다는 것이다. 시간이란 본시 음과 양의 교차이므로 우리는 현상의 직각면, 즉 정렬된 괘상을 삼차원 면에서 바라보는 것이다.

 이제 필요에 따라 (3, 3) 대륙을 그려보자.

36 주역 원론

			☷	☷	☷	☷	☷		
☷	☷		☷	☷	☷	☷		☷	☷
			☷	☷	☷	☷	☷		

위의 그림은 익히 알고 있는 중앙 시간 대륙의 지도이고, 여기서 우리는 수평선만을 주목해 보자.

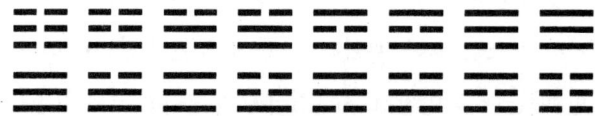

이 괘열들은 어떠한 규칙으로 배열되어 있는가? 아래쪽은 복희 팔괘도의 배열로, 위에서 내려다보면서 변화시킨 것이다. 좌에서 우든 우에서 좌든 상관없다. 반면 위쪽의 괘들은 필자가 처음으로 제안했던 아래에서 위쪽으로 올려다보면서 변화시킨 것이다.

괘상 전체로 보면 중앙 위치에서 상하로 변화시켰다는 뜻이다. 이 과정에서 팔괘는 모두 정확히 규칙에 따라 등장하고 있을 뿐이다. 중앙 대륙의 중앙에 중앙 규칙이 정확히 나타나고 있다. 그러나 중앙 개념을 선포하기 위해 일부러 만든 것이 아니다.

시간 대륙은 독립된 법칙에 의해 만들어졌음에도 불구하고 엉뚱한 중앙 개념이 등장했다. 이는 처음에 우리가 중앙 관점론을 생각해 내지 못했을 당시부터 제자리에서 기다리고 있었던 개념이다. 진리란 사람이 찾든 안 찾든 제자리를 지키고 있는 것이다.

중앙 관점론의 개념은 또 다른 곳에서도 등장하는데, 이 정도로 끝마치자. 왜냐 하면 당연한 것을 지나치게 강조할 필요가 없기 때문이다.

이제 우리는 그 동안 발견한 진리를 사용할 때가 드디어 왔다. 중앙 관점의 원리를 사용하면 64괘 전체에 대해 가장 유용하고 정밀한 지도를 만들 수 있다. 사실 시간 대륙 지도는 좌에서 우로의 진행만을 고려한 것이지 상하의 간격은 편리하게 꾸며놓았을 뿐이다. 이를 잠깐 보자.

그림에서 ☷ 다음을 보자. 두 개의 괘상이 생겨나는 것은 시간 규칙, 즉 ☳ → ☶에서 자연스런 귀결이다. 하지만 ☶과 ☷을 상하로 배치한 것은 중앙에 함께 놔둘 수 없기 때문이다.

다음을 보자.

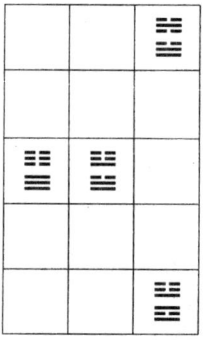

　이번 그림에서는 ☷과 ☶이 한 칸씩 멀어졌다. 그래도 상관없다. 시간 대륙에서 중요한 것은 좌우 관계일 뿐 상하는 의미를 부여하지 않았기 때문이다. 하지만 괘상을 상하로 배치하는 일도 그냥 지나칠 수 없는 일이다. 다음을 보자.

　이 그림은 (4, 2) 시간 대륙 지도이다. 이는 자체적으로 훌륭한 대칭을 이루고 있다. 하지만 본시 (4, 2) 시간 대륙은 상층부에 자리잡고 있는 대륙이다. 아래쪽에도 이에 상응하는 똑같은 크기의 대륙이 있는 것이다. 그들은 서로 대칭을 이루어야 한다. 그런데 하나의 대륙만 떼어내서 자체적인 대칭성만을 그려 놓았다면 과연 이것이

옳은 것일까?

위상 우주에서는 부분 자체의 대칭성보다는 전체의 대칭성이 우선된다. 흔히 치우친 부분은 대칭이 이루어지지 않고 먼 곳의 짝과 대칭 모양을 이루는 법이다. 또는 교차를 할 수도 있다. 처음에 대륙 지도를 그린 것은 하나씩 독립해서 자체적 상대 관계를 그렸을 뿐이다. 이제 우리는 세계 속에서 부분을 정확히 그려내야 한다.

물론 우리가 처음 그린 대륙 지도가 여전히 맞을지도 모른다. 하지만 그것을 단정지을 근거가 없기 때문에 일단은 의심을 해 봐야 한다. 필자가 처음 직관적으로 생각했을 때는 (4, 2) 대륙은 위쪽에 있기 때문에 위쪽으로 치우쳐 있을 것이라고 짐작했다. 반면 (2, 4) 대륙은 아래쪽으로 치우쳤을 것이라고 생각했던 것이다. 이러한 예측은 맞거나 틀리거나를 떠나서 중요한 의미를 갖는다. 진리를 발견하기 전에 생각할 수 있어야 하기 때문이다. 만일 진리를 발견한 순간 예측했던 것과 다르다면 평소 갖고 있는 사고 방식에 문제가 있는 것이다. 지식보다 중요한 것이 지혜이기 때문에 이 점을 염두에 두어야 한다. 필자의 예측을 잠깐 살펴보자.

이 그림은 (4, 2) 지도인데, 수평적으로는 앞의 그림과 같지만 수직에 변화를 주었다. 두 개의 괘상이 들어 있는 경우는 위로 바짝 올려놓았다. 중앙의 세 개짜리는 올릴 데가 없어 그대로 둔 것이다. 이것은 대강 추측해 본 그림일 뿐이다. 물론 다른 모양도 있을 수 있지만 아무튼 위로 치우쳐 있을 것이라고 상상했다. 물론 (2, 4) 지도의 경우는 (4, 2) 지도와 반드시 수평 대칭이어야 한다.

대륙 지도는 수평적인 관계에서는 정확하지만 수직적인 관계는 수정이 가해져야 한다는 것에 요점이 있다. 필자는 처음 시간 대륙을 발견했던 순간부터 이런 생각을 하고 있었다. 모든 대륙이 정확히 하나의 지도 안에 자리잡게 할 방법은 없을까? 각 대륙을 따로 떼어놓고 그리는 것은 각 대륙의 약도일 뿐이다.

64괘 모두를 나타내되 수평 수직이 올바로 되어 있는 시간 대륙은 사실 시간뿐만 아니라 음양의 크기, 즉 공간도 함유할 것이다. 따라서 그러한 지도는 시간 지도가 아니라 시공간 지도인 것이다.

우리는 이미 중앙 관점을 얻은 바 있고, 또한 그로써 만들어진 팔괘도 두 개를 가지고 있다. 이것으로 시공의 지도를 만들 수 있다. 우리는 높낮이 공간에서 중앙을 발견했듯이 시간의 세계에서도 중앙의 위치를 차지해야 한다.

사실 오늘날 과학에서는 시간과 공간은 분리될 수 있는 존재가 아니다. 이는 아인슈타인이 발견한 진리이고, 우주에는 시간과 공간이라는 개념은 따로 없다. 오직 시공간 개념만 있을 뿐이다. 우리는 이제 시공의 중심에 서서 사물을 바라볼 것이다.

玉虛眞經 (2)

不出戶知天下 不窺牖見天道 是以聖人 不行而知
不見而明 不爲而成

문을 나가지 않고 천하를 알고, 창으로 엿보지 않고도 하늘의 흐름을 본다. 그렇기에 성인은 가지 않고도 알고, 보지 않고 이름 짓고, 하지도 않고 이룬다.

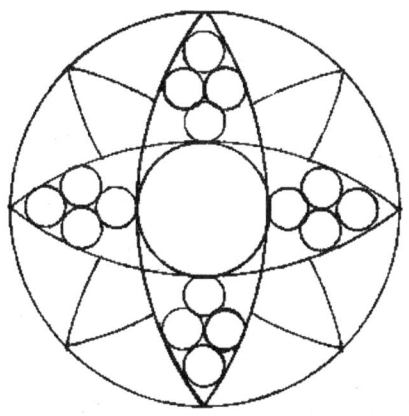

시공의 지도

자신의 운명을 무척 알고 싶어하는 사람이 있다. 이런 사람들은 용한 점쟁이를 찾기도 하지만 스스로 운명 공부에 뛰어들기도 한다. 미래를 알고자 하는 것은 예부터 있어 온 모든 인류의 꿈이었다. 물론 미래를 알고자 한다는 것과 미래를 안다는 말은 매우 큰 차이가 있다.

운명을 믿는 사람은 흔히 인간뿐만 아니라 모든 사물의 운명이 정해져 있다고 믿는다. 개나 고양이·파리·모기·개구리·오징어·개미 등도 모두 운명이 있다는 생각이다. 그러나 이는 크게 잘못된 것이다.

모든 생물의 미래가 운명적으로 완전히 정해져 있다는 것은 자연 법칙상 불가능한 일이다. 반면에 인간에 한해서만 모든 운명이 정해져 있다는 생각은 어떨까? 이것도 마찬가지이다. 인간의 모든 미래, 즉 시간 속에 인간의 내외적 현상이 모두 정해져 있다는 것은 절대 있을 수 없는 일이다. 그것은 시간 자체의 결정성 문제이다. 상당히 어려운 문제이지만 자유 의지 문제도 있다.

인간에게 다소 유동적인 운명적 요소가 있다면 그것은 불가능한 일은 아니다. 점을 치거나 사주 등을 조사해서 사업·결혼·출세 등을 알아낸다는 것은 그리 어려운 일도 아니다. 하지만 언제 어디서 밥을 몇 알 먹고, 등을 긁어서 세포 가루가 몇 알 떨어진다거나, 12월 7일 숨쉬는 데 공기 분자 몇 개를 들이마신다는 것은 절대로 알 수가 없다.

그것은 능력의 문제가 아니다. 자연의 원리상 그렇다. 인간에게 운명적 요소가 있다거나 많다고 말하는 것은 괜찮다. 하지만 인간의 미래 전부가 운명적으로 결정되어 있다고 말하면 절대 안 된다.

사실 운명이란 시간의 문제가 아니다. 그것은 일종의 신의 법률 같은 것으로서, 신체의 문제가 아니라 정신의 문제인 것이다. 전생 또는 신의 섭리에 의해 단명할 것이라고 한다면 이는 얼마든지 받아들일 수 있다. 하지만 이 사람은 전생에 죄를 지어서 25살 3개월 3일 2시가 될 때 병으로 죽으며, 병균 37,000,400,062마리에게 당한다는 식으로는 안 된다는 것이다.

운명은 크게 나타나는 결과이다. 크다는 것은 얼마든지 운명적일 수 있다. 그러나 작게 나타나는 것은 우연이다. 물론 우리는 아직 우연의 뜻을 정의하지 않았다. 다만 필연적이거나 운명적이 아닌 것을 우연이라고 가정해 두자.

오늘날 과학에서는 미래를 불확정적인 것, 즉 비운명적인 것으로 보고 있다. 이는 양자 역학이라는 학문에서 이루어지고 있는데, 이 이론은 시간상에서 사물의 무한한 가능성을 보장하고 있다. 물질 내지 정신의 미래는 자유스러운 것이다. 이로 인해 우리는 자유 의지를 가질 수 있다. 단지 우리는 한정된 범위에서 미래를 예측할 수는 있다. 주역이라는 학문은 바로 그런 일을 하기 위해서 만들어졌다.

양자 역학에서는 사물의 미래를 확률적으로 예측하는데, 예를 들어 10m 두께의 강철 장벽이 100m 높이로 쌓여 있을 때 인간이 이것에 뛰어들어 통과할 확률은 1조 분의 1의 1조 분의 1의 10억 분의 1 정도라고 계산한다. 이외에 파리가 갑자기 개구리로 변할 확률은 훨씬 더 적은 것으로 보고 있다.

오늘날의 과학은 모든 가능성을 향해 문을 활짝 열어놓고 있는 셈이다. 그러나 수억조 분의 1 등은 별로 현실적 의미가 없다. 주역에서 규명하고자 하는 것은 아주 높은 확률로 일어나는 사물의 변화이다. 즉, 미래를 거의 정확히 알고자 하는 것인데, 시간의 속성상 완벽하게 미래를 아는 것은 불가능한 일이다.

물론 주식 값이 떨어진다거나, 전쟁이 난다거나, 축구에 이긴다거나, 사고가 난다거나, 이혼을 한다거나, 사업에 성공한다는 것에 대해서는 충분히 알 수 있다. 그러기 위해서는 먼저 사물의 상황을 괘상으로 완전히 묘사할 수 있어야 한다.

현재 인류는 미래를 알기 위한 수단으로서 주역 이상의 학문을 갖추고 있지 못하다. 과학자인 아시모프가 저술한 소설을 보면 어떤 과학자가 미래를 아는 수학 방정식을 개발해서 인류의 수만 년

앞날을 차례대로 예언하고 있다. 이것은 충분히 가능한 일이다. 아시모프는 주역을 공부한 것이 틀림없는데, 주역과 컴퓨터를 합치면 미래를 계산해 낼 수도 있을 것이다.

물론 한 개인의 미래를 장난스레 계산할 수 있다는 뜻은 아니다. '내가 이 물건을 발로 차겠습니까, 아니면 손으로 집겠습니까?' 이런 내용은 절대로 알 수 없다. 왜냐 하면 사람이 얼마든지 미래를 조작할 수 있기 때문이다. 그러나 인구가 많은 국가의 운명은 개인이 쉽게 조작할 수 없다. 이럴 때는 고도의 계산 능력을 가진 슈퍼 컴퓨터와 사물의 상황을 질적으로 파악해 내는 주역이 합쳐진다면 미래를 미리 알 수 있을 것이다. 주역이란 둔감한 사물의 미래를 추적하는 학문이다.

오늘날에는 초기 조건에 아주 민감한 자연의 속성을 규명하고자 하는 카오스 이론이 있다. 이는 나비 날개짓과 관련된 폭풍 등을 연구하는데, 이는 자연의 속성을 넘어서 그것을 파악하는 인간의 방법, 즉 방정식에 관한 문제점이기도 하다.

어쨌건 인류는 현재 모든 방법을 동원하여 미래를 알기 위해 애쓰고 있다. 이 때 주역을 공부하고 있다는 것은 상당히 가치 있는 일이라고 아니할 수 없다. 주역은 카타스트로피나 카오스, 또는 게임 이론을 넘어서 사물의 현상을 가장 깊게 통찰하는 이론이다.

우리는 주변의 학문을 습득하는 일에도 게을리 해서는 안 된다. 주역의 사물의 총체적 의미를 부여하고 그 변화를 체계적으로 규명하는 학문이기 때문에 인간의 다양한 사물 이론을 접하는 것이 본령을 높이는 좋은 수단이 된다.

오늘날 자연과학은 대학이라는 학문의 전당에서 그 가치를 어느 학문 못지않게 높이 인정해 학생들이 힘들여 공부하고 있다. 그러나 주역은 그렇지 못하다. 그 이유가 무엇일까? 주역을 보는 세상의 눈이 졸렬해서일까? 절대 그렇지 않다.

그 책임은 주역을 공부하는 사람에게 있다. 주역 학자가 스스로 합리적인 태도를 저버린 까닭에 이제는 주역을 학문으로 취급하지도 않는 것이다. 이것을 타파할 책임은 주역을 사랑하는 사람들에게 있다.

주역은 인류의 문명을 앞선 고도의 학문으로서, 그것이 사회에 이바지할 내용은 실로 무궁무진하다. 단지 주역을 공부하는 사람이 그것을 모를 뿐이다. 우선 세상의 학문을 이해하고 난 후에야만 주역이 그것을 능가한다는 것을 알 수 있다. 밖을 모르면서 안이 훌륭하다는 것을 어찌 알 수 있겠는가!

예부터 서양의 지성인들은 주역에 관심이 많았는데, 오늘날에 있어서도 그 숫자가 급격히 많아지는 추세이다. 필자는 조만간 미국에서 출간된 책을 번역해서 주역을 공부할 날이 올 것이라고 생각한다. 주역이라는 과목도 서양의 대학에서 먼저 만들어질 것이다.

현재 우리 나라에 그러한 학과가 없는 것은 아니다. 그러나 우리 나라에 있는 주역학과는 그 존재가 있으나마나이다. 아니, 없는 것이 훨씬 낫다고 생각한다.

왜냐 하면 우리 나라에서는 주역에 대한 접근법이 틀린 것이다. 서양에서는 주역을 공부하는 사람들이 수학자나 물리학자・정신의학자 등 주로 자연과학자이다. 그러나 우리 나라에서는 철학 부문에 속한다.

이래서는 안 된다. 철학이 필요 없다는 것이 아니라, 주역은 철학이 아니라는 것이다. 주역은 고도의 과학이다. 대학에서도 주역을 연구하려면 자연과학 분야에서 이루어져야 할 것이다. 오늘날, 아니 수천 년 동안 주역은 진보가 이루어지지 않았는데, 그것은 주역을 철학적 세계에서 바라봤기 때문이다.

필자는 지금 푸념을 하는 것이 아니다. 단지 주역을 확실히 이해시키기 위함이다. 다른 방법으로는 절대로 주역을 이해시킬 수 없기 때문에 이렇게 하는 것이다.

오늘날 과학을 보자.

$CH_3 OH + CH_3 OH \rightarrow CH_3 OCH_3 + H_2 O$

이는 메틸알코올이 에테르를 만드는 과정을 보여 주고 있다. 여기에는 긴 설명이 필요 없다. 단순 명료하게 에테르가 만들어지는 과정을 나타내고 있을 뿐이다. 주역을 보자.

이것은 시간의 변화와 그 이유를 보여 주고 있다. 여기에 무슨 사상과 철학이 있는가?

$$av = a'v'$$

이것은 관 속을 흐르는 물의 관계식이다. 이것은 종교·문화·사상·철학·인종·국가 등 모든 것을 초월한 공통적인 자연의 원리를 보여 주고 있다.

$$2 + 3 \rightarrow 5$$

이것은 어린아이도 아는 계산법이다. 여기에서도 진리는 단순하게 나타난다. 학문은 이래야 된다.

달도 차면 기울고, 겨울이 깊으면 봄이 온다. 때에 이르러 양의 기운이 돌아오니 군자는 이것을 보전하여 '때를 기다릴지니……' 운운했다.

읽고 이해하기는 쉬우나 주역의 본질을 가리는 신비한 문구일 뿐이다. 이러한 식의 이해법은 주역의 실체를 알고 난 후에 포장법으로 알아두면 좋을 것이다. 주역은 결코 그런 식으로 이해되는 것이 아니다. 재삼 당부하거니와 신비는 나중이고 실질이 먼저이다.

다음 문장을 보자.

지난 달 귀국에서 우리 나라에 사절을 보내와 귀국의 입장을 설명하고 예의를 취한 것에 대해 감사 드립니다. 특히 귀공께서 우리 나라의 전통을 이해해 준 것에 감사 드립니다. 또한 귀국이 우리와 전통과 문화가 달라 우리의 요구를 받아들일 수 없다는 것도 이해

합니다. 하지만 우리는 일전에 제시한 국경 조건을 철회할 수 없다는 것을 밝혀 드립니다. 이는 우리 국민과 국회의 물러설 수 없는 입장입니다. 귀공과 저의 개인적 친분에도 불구하고 이런 서신을 보내게 된 것을 유감스럽게 생각합니다.

　이 글은 정부의 허락 내지 지시에 의해 작성된 것임을 이해해 주시기 바랍니다. 우리는 이 글을 마지막으로, 더 이상 대화를 하지 않겠습니다. 귀공께서도 더 이상 필요 없는 노력을 하지 않는 게 현명한 처사일 것입니다. 우리는 앞으로 10일 후 국경에 군대를 파견할 것입니다. 다시 말하지만 대화는 없습니다. 우리의 군대가 국경에 도착했을 때 귀국의 군대가 아직 그 곳에 남아 있다면 경고 없이 즉시 퇴치될 것입니다. 귀공의 아버님께도 안부를 전해 주십시오.

○○○ 서명

　위의 문장은 무엇인가? 간단하다. 10일 후까지 국경에서 물러나지 않으면 쳐 없애겠다는 뜻이다. 문장이 아름답다거나, 예의가 있다거나, 위협적이거나, 뜻은 오직 '물러가라'일 뿐이다. 요점이 중요하다.

$CH_3\ CH_2\ OH$

　이는 술의 구조식이다. 이것을 알코올이니 술이니 酒이니 wine이니 올랭이니 곡차니 해 봐야 아무 소용 없다. 요점이 이미 나와 있다. CH₃ CH₂ OH의 작용과 성분이 나와 있으니 할 말을 다한 것이다.

☱은 인간의 언어로 해석하면 물이 연못에 들어간 모습이니 안정되고 절제가 있으며, 또한 ☵은 북방이고 ☱은 서방인바, 북방에서 몰려와 서방에서 안정할 것인바……라는 식이 된다. 그러나 우리는 괘상에서 이미 그것을 보고 있는 중이다. 말이 많으면 본질을 흐릴 수가 있으므로 주역 공부로 돌아가자.

앞에서 우리는 사물을 중앙에서 바라봐야 한다는 논점을 확인한 바 있다. 그것은 괘상을 이해하는 데 있어 절대적이고 유일한 방법이거니와, 이 장에서는 모든 괘상에 대해 시간성과 공간성을 완벽하게 그려 보일 것이다. 또한 그러한 시공 지도상에 분포하는 괘상들의 뜻을 음미할 것이다. 먼저 괘상을 배열하자.

☰ ☱ ☲ ☳ ☴ ☵ ☶ ☷

이 괘열은 아래에서 위로 변화시킨 것이므로 대성괘를 이룰 때는 위쪽에 배치된다. 평면 좌표에서는 x나 y 어디든 상관없지만 y축에 배치하기로 하자. 다음 괘상을 보자.

☰ ☱ ☲ ☳ ☴ ☵ ☶ ☷

이 괘열은 위에서 아래로 변화시킨 것인바, 대성괘를 이룰 때는 아래에 배치되는데, 평면 좌표에서는 x축에 배치할 것이다.

주역은 ($\frac{a}{b}$)의 구조를 갖고 있는바, 이러한 구조는 주역이든 아니든 우주 어디에서도 직교 좌표에 배치할 수 있는 것이다. 일부러 평면에 배치하는 것이 아니고, 어쩔 수 없이 그렇다는 것을 이해하자. 이제 괘상을 그려 보자.

상/하	☷	☶	☵	☴	☳	☲	☱	☰

(8×8 괘상표)

이 그림은 현대 수학적 형식으로 그려져 있다. 선대칭으로 옮기면 4가지 그림으로 만들어질 수 있는데, 내용은 마찬가지이다. 이제 시공 지도가 만들어졌는데, 이는 전상도(全像圖)라고 명명할 것이다. 문자 그대로 완전한 괘상도라는 뜻이다.

지금부터 이것을 살펴보자. 우선 알아두어야 할 것은 대륙 지도에서 좌측에 있던 ☷은 2상한으로 옮겨져 있다는 것이다. 상관없다. 필요하다면 책을 회전시켜 ☷을 좌측에 놓으면 된다.

처음부터 이렇게 하지 않은 이유는 현대 수학의 체제를 따르기 위함이다. 그리고 현대 수학에서는 (+ +), (+ −), (− −), (− +) 등을 제 1, 2, 3, 4상한이라고 부른다. 중요한 내용은 없다. 그저 번지를 붙인 것뿐이다.

이제부터 시공 지도, 즉 전상도를 조사할 텐데, 유의해야 할 것은 시간의 분포이다. 전상도에서 과거는 ☷이고, 미래는 ☰이다. 즉, 시간은 ☷ → ☰로 흘러가는 것이다. 우리는 지금 5차원 초공간에서 우주를 내려다본다고 상상하면 된다.

전상도에서 ☰은 높은 곳이고 ☷은 낮은 곳이다. 실제 우주에서 낮은 곳이란 별들의 밀집 지역이다. 하지만 그것은 잊어도 좋다. 우리는 지금 주역 64괘의 상관 관계를 규명하는 중이다. 가장 흥미 있는 것은 시간의 흐름이다. 우선 (3, 3) 체계인 괘상들을 찾아보자.

O							
	O	O		O			
	O	O		O			
			O		O	O	
	O	O		O			
				O		O	O
				O		O	O
							O

중앙 시간 대륙의 광대한 모습이 드러났다. 번거로움을 피하기 위해 괘상을 직접 쓰지 않았는데, 기묘한 대칭을 이루고 있는 것이 보기에 아름답다. 이 그림은 시간의 시작과 끝이 닮았다는 것을 여실히 보여 주고 있다. 여기서 대칭이란 시간 공간 모두에서 나타나는 것이다.

우주는 아무리 차원이 높아져도 대칭이 유지된다. 이는 주사위의 평등성과 관계 있는 것이다. 주사위는 중앙에 음극이 있고 둘레에 양극이 있다. 양극은 바로 천(天)인바, 천은 무한한 곳을 순간적으로 관통하여 평등 관계를 유지하는 것이다. 전상도를 다시 보자.

	O	O		O			
X			O		O	O	
X			O		O	O	
		X	X		X		O
X				O		O	O
		X	X		X		O
		X	X		X		O
				X		X	X

O은 (4, 2) 대륙이고 ×는 (2, 4) 대륙이다. 두 대륙은 각각 남극과 북극으로 치우쳐 있으나 전체적으로는 대칭이다. 이는 앞장에서 예측한 것과 많이 틀리지 않는다. 다만 여기서 중요한 것은 중앙 영역에 괘상 하나가 서로 교차하고 있다는 것이다. 대륙들은 자체적으로 시간 선대칭을 이루지 않는다. 이는 자연의 법칙이 부분적

조화보다 전체적 조화를 우선한다는 뜻이다.

 물론 (3, 3)의 경우는 부분 자체가 이미 우주의 중앙에 있어 부분 대칭이 바로 전체 대칭을 손상시키지 않는다. 이 점은 유의할 대목이다. 우주란 전체의 대칭을 파괴하지 않는 한, 부분 자체 대칭을 허락하고 있는 것이다. 전상도를 다시 보자.

			O		O	O	
							O
							O
X							
							O
X							
X							
	X	X		X			

 그림은 (5, 1)과 (1, 5) 대륙을 그린 것이다. 두 대륙은 남극과 북극으로 크게 치우쳐 있다. 이는 당연한 일로서, (5, 1)은 양기를 많이 머금고 있는 괘상이고, (1, 5)는 음기를 많이 머금고 있는 괘상이기 때문이다. 위상 우주의 모든 사물은 음양이 섞여서 만들어지는바, 평등률에 의해 모든 괘상은 시간 선대칭이고, 또한 공간 선대칭으로 배열된다. 전상도를 보자.

표시된 곳은 남극 즉 양극이고, 또한 북극 즉 음극이다. 괘상으로도 ☱과 ☶이거니와, 이들은 시간의 중간에 있다. 시간은 음양 모두에게 평등하게 적용되는 것이다. 위상 우주의 남극과 북극은 사물에 있어서는 양성인가 음성인가를 나타내 주고 있지만, 시간의 처음 즉 ☳과, 시간의 종말 즉 ☴은 양음의 섞임을 나타내 주고 있다.

우주의 처음은 섞임의 극대 상태인데, 이를 현대 과학에서는 엔트로피의 극소 또는 정보의 극대 상태라고 말한다. 여기서 정보의 극대란 우주 초기에 모든 공간이 한 점에 집결해 있기 때문에 성립되는 개념이다. 이는 에너지의 집결과 분산과 같은 뜻이 있다. 에너지가 분산되는 것처럼 정보도 분산되는 것이다.

주역의 괘상은 에너지 덩어리인 반면에 정보의 덩어리로 볼 수 있는데, 정보가 무엇인지 정의를 내리기가 까다로운, 즉 단순히 음 에너지 또는 양 에너지로 말하면 된다. 다만 가장 분명하게 알아두어야 할 것은 음 에너지는 높은 곳에 있어야 가치가 있고, 양 에너지는 낮은 곳에 있어야 가치가 있다는 것이다. 이는 정보가 무엇이며 에너지가 무엇인지를 이해하기 위한 절대적 근거가 된다.

여기서 오늘날 과학의 중요 논점을 살펴보자. 이는 상당히 흥미로운 문제이기도 하다.

세상에 가장 빠른 것이 무엇이냐?

이 질문은 실제적인 질문이다. 부모가 자식 생각하는 마음이 가장 빠르다고 대답하면 문제의 본질을 흐리고 만다. 질문은 가장 빠른 물질을 요구하는 것이다.

그것은 빛이다. 뉴턴 당시에는 빛의 속도가 무한이었다. 그러나 현대 과학은 이를 정밀하게 측정하여 대략 1초에 30만km로 결정해 놓았다. 이는 지구를 1초에 7번 반 도는 속도인데, 현대 과학에서는 빛의 속도를 C라는 기호로 표시하고 있다. 생각하기에 따라서는 빠른 빛도 있고 느린 빛도 있을 것 같은데, 빛의 속도는 일정하다. 빨간 빛이나 파란 빛 또는 노란 빛은 속도가 같은 것이다.

그런데 중요 문제가 있다. 빛보다 빠른 것이 있느냐이다. 아인슈타인의 상대성 원리에 의하면 우주에서 그 무엇도 빛보다 빠를 수 없다는 것이다. 그것은 다음의 방정식으로 표현되고 있다.

$$m' = \frac{m}{\sqrt{1 - v^2 / c^2}}$$

이 방정식에서 알 수 있듯이 물체는 속도가 증가함에 따라 질량이 증가한다. 광속도 이상이 되면 물체의 질량은 무한대가 되기 때문에 빛 속도 이상으로 움직일 수 없다는 주장이 성립된다.

그러나 이는 상대성 원리가 밝혀낸 우주의 단면이다. 만일 질량이 0 이하인 물질이 있다면 어떻게 되겠는가? 이러한 물질은 타키온이라고 불려지는데, 최근에는 이를 발견했다는 보고도 있다. 타키온은 속도가 광속도를 능가하는 정도가 아니라 무한한 속도를 가질 수 있다.

과연 이러한 물질이 있을까? 이는 과학자들이 연구할 과제이지만 주역의 관점에서 보면 아주 쉬운 문제이다. 타키온은 있는 것이다. 또한 이것과 틀림없이 관련되어 있을 만유 척력이란 것도 존재한다. 우주에는 물질 이외의 존재도 있는 것이다. 주역에서는 단순히 물질을 음으로 놓고 에너지 또는 그 이상의 가벼운 존재, 즉 타키온 같은 것을 양이라고 보면 된다.

물론 주역의 괘상은 위상 관계를 나타내기 때문에 우주에 존재하는 실제의 사물보다 더욱 다양한 사물을 함유하고 있다. 주역에 있어 음기의 하강이란 실제 우주에 있어 만유 인력을 나타낸다. 반면 양기의 상승이란 만유 척력을 나타내는 것이다.

그러나 우리는 인력이니 척력이니 하는 한정된 표현을 쓰지 말기로 하자. 물질 과학자들이 주역을 응용하여 자연의 비밀을 파헤치는 것은 그들의 자유이다.

하지만 우리는 지금 주역 자체를 공부하는 중이니 응용에 관해서는 잠시 잊어버리자. 이제부터 중심 관점에 의한 괘상의 뜻을 살펴보고 시공 지도의 숨은 뜻을 살펴보겠다. 다음을 보자.

이들은 모두 (4, 2)에 속한 괘상들이다. 하지만 그것이 문제는 아니다.

☶ 은 양기가 가득 쌓여 있는 모습인데, 우리가 그렇게 생각하는 이유를 생각해 보자. 단순히 주역 원전에 괘상의 이름이 대축이기 때문이라고 대답하면 안 된다. 우리는 이유를 따져 보자는 것이고, 우리의 정신 구조도 살펴보자는 것이다. 계속하자.

☳ 은 피한다, 또는 숨는다는 뜻을 가진 괘상인데, 아래로 산이 숨어 있고 위로 하늘이 피하고 있다.
여기서 ☶ 과 ☳ 을 비교하자. ☶ 은 ☰ 이 아래 있어서 쌓여 있는 것이고, ☳ 은 ☰ 이 위에 있어서 흩어지는 것이다.

☱ 을 보자. 아래의 ☱ 은 연못인바, 아래로 양기가 쌓여 있다. 위의 ☳ 은 양기가 위로 흩어지는 모습이다. ☱ 을 보면 아래에 쌓여 있는 양의 기운이 위로 흩어져 가는 것을 보여 준다. 여기서도 아래에 있는 양은 쌓여 있는 것이고, 위에 있는 양은 흩어진다는 것을 보여 준다.

이제 우리가 직접 괘상 속으로 들어가 보자. 살펴볼 괘상은 ☴이다.

☴
○
☴

○의 위치에서 보기로 하자. 이 때 아래쪽에서 양의 기운이 몰려오는 것을 느낄 수 있을 것이다. 바람을 타고 있는 것이다. 집 속에 바람이 파고들었다고 생각하면 된다. 위쪽의 ☴은 막아 주고 있는 것이다. 다만 ☴은 ☴을 막아 주기에 역부족이기 때문에 위태로움을 느끼게 한다.

괘상 ䷖은 어떤가? 이는 유명한 괘상이거니와, 아래쪽에 양이 있으므로 쌓이기 시작한다는 것을 뜻한다. 괘상 ䷖은 위쪽에 양이 있어서 닳아 없어지는 모습이다. ䷖은 ☷이 달아나고 있다. 반면 ䷖은 ☷이 아래에 정체되고 있는 것이다.

䷖은 위에 있는 물이 떨어지려고 한다. 이는 높은 산 위에 있는 호수에 담긴 물과 같은 뜻이다. ䷖은 아래에 물이 쌓여 있다. 바다에 물이 있는 것과 같은 뜻이다. 물이란 음기이기 때문에 아래로 향한다. 따라서 음이 위쪽에 있으면 쌓여 있는 것이다. 산 위의 물이 그것이다.

현대 과학에서는 이를 위치 에너지로 표시하는데, 높은 곳에 있는 물은 위치 에너지가 크다고 말한다. ☷은 위에 있는 음기가 아래 쪽으로 강타하는 모습이고, 아래쪽의 음기는 잔뜩 엎드려 있다. 즉, 음이란 위에서 쌓이고 아래로 풀리는 것이다.

☳은 위로 잔뜩 쌓여 있는 모습이다. 괘상의 이름은 풍(豊)인바, 음기가 쌓여 있다는 뜻이다. 건물의 이름이 풍이라면 튼튼히 지어야 할 것이다. 무너질 수도 있다.

☴은 위로 양기가 달아나고 아래로 음기가 얼어붙어 있다. ☵은 양기가 달아나고 음기가 흩어진다. 괘상의 이름이 환(渙)인 것은 바로 흩어진다는 뜻이다.

예를 들자면 한이 없다. 64괘 모두가 그런 것이다. 요약하면 간단하다. 즉, 괘상을 중앙에서 보면 위에 있는 양은 달아나는 것이고, 아래에 있는 양은 쌓인 것이다. 또한 위에 있는 음은 쌓인 것이고, 아래에 있는 음은 달아나는 것이다.

이상과 같은 결론은 양의 상향성과 음의 하향성, 그리고 중앙 관점이 만들어낸 진리이다. 이것을 다르게 표현할 수도 있다. 즉, 양은 아래로 쌓이고 위에서 활동한다. 또한 음은 위로 쌓이고 아래로 활동한다.

여기서 쌓인다는 말은 축적되어 있다는 뜻이고, 활동한다는 말은 소모되고 있다는 뜻이다. 이를 한문으로 유식하게 말할 수 있다. 즉, 양의 체(體)는 아래에 있으며 용(用)은 위에 있다. 또한 음의 체(體)는 위에 있고 용(用)은 아래에 있다.

이제 이러한 법칙을 염두에 두고 괘상을 보자.

☷
○
☰

○은 우리가 있는 위치이다. 어떨까? 아래쪽에서 양기가 치솟아 오른다. 그리고 위쪽에서는 음기가 덮치는 것이다. 중앙에서는 최대한 압력을 받게 된다.

☷
○
☰

이 괘상도 위에서 누르고 아래에서 쳐 받든다. 천장과 기둥 관계로서, 옛 성인이 이것을 본받아 궁궐을 지었다는 것은 앞서 말한 바 있다.

☷
○
☷

이는 위로 날아가고 아래로 빠져나가는 모습이다. 중앙에서는 압력이 해소되고 있는 것이다.

☷
○
☰

이는 아래에서 쳐 받들지만 위로 빠져나가고 있다. 압력은 조금씩 증가할 것이다. 위로 빠져나가는 것보다 아래에서 올라오는 힘이 크기 때문이다.

☰
○
☷

이것은 위로 최대로 올라가고 아래로 최대로 내려가서 중간의 압력은 최소가 된다. 이는 ☷와 완전히 반대 상황인데, 우주의 초기와 말기의 극단적인 모습을 보여 준다.

시간의 흐름이란,

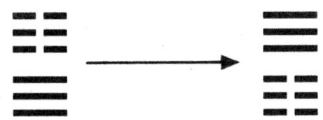

로 전체를 망라할 수 있는데, 우리는 이제 모든 괘상에 대해 정확한 수명과 나이를 말할 수 있다. 괘상의 수명과 나이는 앞에서도 다루었지만, 이제 시공 지도에 따라 정밀하게 다룰 수 있는 것이다.

다음 괘상을 보자.

☷ ☷ ☷
○ ○ ○
☷ ☷ ☷

이상은 모두 하나의 양으로 이루어진 괘상이다. ○의 지점에서 보면 ☷은 가장 깊은 곳에 양기가 자리잡고 있다. 이는 위치 에너지가 가장 큰 것으로, 축적도가 높다고 할 수 있다. 반면 ☷은 양기가 가장 얕은 곳에 있어서 위치 에너지가 작고, 따라서 축적도가 낮다.

여기서 우리는 한 가지의 사실을 발견할 수 있다. 즉, 중심에서 아래쪽으로 멀어 갈수록 양의 축적도는 높아진다는 것이다. 물론 음의 축적도는 중심에서 위쪽으로 멀어 갈수록 높아진다. 또한 양의 소모는 위쪽으로 멀어 갈수록 커지고, 음의 소모는 아래쪽으로 멀어 갈수록 커지는 것이다.

이는 단순히 중앙에서 보면 멀어진다와 가까워진다로 통일할 수 있다. 이는 중앙에 집결하는 에너지이거니와, 현대 과학에서 말하는 엔트로피의 시각화이다. 엔트로피의 시각화는 그 개념을 더욱 분명하게 해 주는데, 주역에서 성립된 해결(解結) 관계는 엔트로피의 개념보다 정밀하다.

우리는 이것들을 계량화할 수 있다. 이는 아주 유용한 것인데, 모든 괘상의 나이와 수명을 통합한다는 뜻이 있다. 방법은 아주 단순하다. 중심에서 보면 모든 효는 멀어지거나 가까워지는바, 그로 인해 다음 관계식을 만들 수 있다.

$$\begin{pmatrix} a \\ b \end{pmatrix}$$

이것이 괘상을 나타낼 때,

b - a

는 중앙에 집결하는 압력을 나타낸다. 여기서 물론 a와 b의 값은 중앙에서 바라보는 값이다. 예를 들어 보자.

괘상 ☰☷ 에서 ☰은 7이고 ☷은 -7인바, 이것을 b - a에 대입하면 다음과 같이 된다.

$7 - (-7) = 14$

14가 바로 중앙의 압력을 뜻하는 것이다. 이런 방법으로 괘상 몇 개를 조사해 보자.

☷ → $(-7) - 7 = -14$

이는 중앙에 모이는 기운이 최소임을 보여 준다.

☰ → $(7) - (7) = 0$

☷ → $(-7) - (-7) = 0$

이는 음과 양이 평등하다는 것을 보여 주고, 또한 상하 괘가 같으면 중앙의 압력은 일정하다는 뜻이 된다. 그러나 다음을 보자.

☱ 은 0이 아니다. 왜냐 하면 중앙에서 보면 위쪽 ☰와 아래쪽 ☷는 값이 다르기 때문이다.

☳ 은 0이다. 왜냐 하면 아래에 쌓이는 것과 위로 달아나는 양이 같기 때문이다.

```
━━  4
━━  2
━ ━ -1

━ ━ -1
━━  2
━━  4
```

따라서,

$(5) - (5) = 0$

이지만 ䷁은 아래에서 보는 바와 같이 다르다.

```
━ ━ -4
━━  2
━━  1

━ ━ -1
━━  2  →  (5)-(-1) = 6
━━  4
```

이는 중앙에 압력이 작용한다는 뜻이다.

다음은 ䷁과 ䷁을 비교하자.

䷁ → (-7) - (1) = -8

☷ → (1) − (−7) = 8

두 괘상은 엄청난 차이를 보인다. 내친 김에 (1, 5) 대륙을 다 조사해 보자.

☷ → (1) − (−7) = 8
☶ → (−3) − (−7) = 4
☵ → (−5) − (−7) = 2
☴ → (−7) − (−5) = −2
☳ → (−7) − (−3) = −4
☰ → (−7) − (1) = −8

이를 다시 쓰면 다음과 같다.

☷　☶　☵　☴　☳　☰
8　4　2　−2　−4　−8

이는 시간이 진행됨에 따라 사물은 건더기(?)가 점점 줄어든다는 것을 보여 준다. 시간이란 쉬지 않고 흘러가는 것인바, 결국 우주는 남을 것이 없다는 뜻이 된다. 원전 주역에 ☷ 을 태(泰)라 하고 ☰ 을 부(否)라고 한 것도 그런 뜻을 담고 있다.

다음을 보자.

68　주역 원론

☷　→　☰
가득 찼다　　텅 비었다

이것을 우주의 중앙에서 바라보면 다음과 같다.

14　→　0　→　-14

이는 우리가 과거를 바라보면 별들이 응집되어 있고, 미래를 보면 별들이 분산된다는 것을 뜻한다. 이와 같은 결론은 현대 과학의 결론과 일치한다. 소위 우주 팽창이라는 것인데, 우주의 운명은 모든 에너지가 확산하여 종래에는 텅 빈 허무한 세계로 몰락한다는 것을 예고하고 있다.

여기서 우리는 현대 과학에서 말하는 엔트로피 개념을 주역적인 용어로 명명하자. 제아무리 현대 과학이라 해도 주역의 심오한 원리를 넘어설 수는 없다. 사물의 상태는 주역의 내용에 입각한 이름을 붙였을 때 뜻이 더욱 단순해지는 것이다.

다음 괘상을 보자.

☰ 은 상하가 풀려 나가는 상황을 보여 준다. 즉, 해(解)가 커지는 것이다.

☷ 은 상하가 심하게 뭉치는 것을 보여 준다. 즉, 결(結)이 커지는 것이다.

따라서 우리는 풀리고 맺히는 것을 문자 그대로 해결도(解結度) 라는 단어로 사용할 수 있다. 해결도가 마이너스 값을 가지면 풀리는 것이고, 플러스 값을 가지면 맺히는 것이다. 이는 정보가 맺히고 풀리는 것과 같은 뜻이 있다.

원래 ☷ 은 정보의 극대화를 뜻한다. 정보란 의미라는 뜻이려니와, 주역에 있어 의미란 기정(機晶)을 말하는 것이다. 그리고 기정은 곧 해결값이 큰 것을 뜻한다. 이제 전상도 내에 있는 모든 괘상에 대해 해결값을 나타내 보자.

-14	-12	-10	-8	-6	-4	-2	0
-12	-10	-8	-6	-4	-2	0	2
-10	-8	-6	-4	-2	0	2	4
-8	-6	-4	-2	0	2	4	6
-6	-4	-2	0	2	4	6	8
-4	-2	0	2	4	6	8	10
-2	0	2	4	6	8	10	12
0	2	4	6	8	10	12	14

이상의 그림으로 모든 괘상의 해결값을 나타냈다. 따라서 이를 활용하면 각 괘상을 서로 비교할 수 있는 것이다. 또한 괘상의 뜻을 알고자 할 때는 제일 먼저 괘의 해결값을 살핌으로써 괘의 이미지를 즉각 떠올릴 수 있다. 예를 들어 보자.

☷ 은 해결값이 -12로서, 상하의 괴리가 심하다는 것을 알 수 있다.

☶ 은 값이 8인바, 중심 압력이 높다는 것과, 같은 괘상이라도 위치에 따라 의미가 달라진다는 것을 보여 준다.

다음 괘상을 보자.

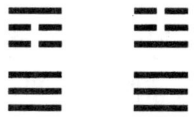

두 괘상은 축적의 모양을 보여 준다. 원전 괘명은 대축(大畜)과 대장(大壯)인데, 어떤 것이 더 강한 괘상일까? 이것을 알기 위해서는 해결값을 살펴보면 된다.

☶ → 8
☳ → 12

이로써 어느 것이 더 강한 괘상인가 하는 것은 판명이 났다. 모든 괘상들에 대한 해결도의 조직적인 응용은 다음 장에서 살펴볼 것이다. 이 장에서는 시공 지도의 구성법이 중앙 관점에 의한 자연 발생이란 점이 가장 중요하다.

그런데 우리는 오래 전부터 추구해 온 거대 황금 순환, 즉 모든 괘상의 선형 순환도를 이룩하지 못했다는 것을 상기하자. 전상도는 시간의 흐름을 완벽하게 보여 주지만, 모든 괘상을 일직선으로 배열하는 방법을 알려주지는 않는다.

이 문제는 아직도 요원한 것일까? 아니면 중앙 관점보다 더 보편적인 관점을 요구하는 것일까? 우리는 하나의 괘상에 대해 유일한 값을 찾기를 원하고 있다. 해결도는 하나의 값에 여러 가지 괘들이 매달리고 있다. 예를 들어 4의 값을 갖는 괘상은 6개나 된다.

다음을 보자.

이러한 사정 때문에 모두 괘상을 한 줄로 정렬시키는 것이 어렵게 되어 있다. 하지만 우리는 이 장에서 주역의 기초 과정은 완전히 통과한 것이다. 이제 괘상의 해석에 대해 근본적인 어려움은 정복했다고 봐도 무리가 없을 것이다. 지금은 현재까지 얻어진 결실을 음미하며 자연스러운 진로를 모색하여야 한다.

보물섬은 어디일까? 우리는 주역이라는 드넓은 바다의 어느 곳에 와 있는 것일까? 또다시 사방을 둘러 보자.

玉虛眞經 (3)

聖人無常心 以百姓心爲心

성인은 항상한 마음이 없고, 백성의 마음으로써 마음을 삼는다.

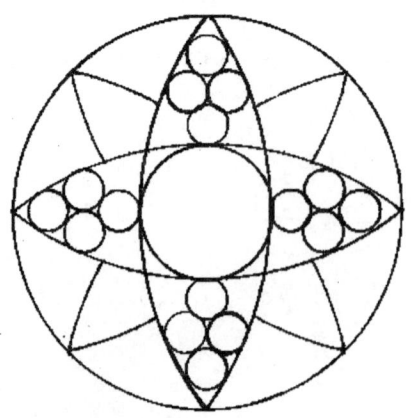

사물의 운명

　인간 외의 생물에 대해 '운명이 있는가' 하는 문제는 참으로 애매하다. 만일 생물이 운명의 지배를 받는다고 한다면 그 한계가 어디까지인가를 정할 수 없다. 파리나 모기·하루살이·아메바·세균까지도 적용할 것인가? 그리고 더 나아가서 비생물에도 운명이 있다면 문제는 더욱 복잡해지기만 한다.
　바닷가에 가면 배를 진수시키기 전에 고사를 지내는 것을 흔히 목격할 수 있다. 이는 배의 운명을 기대하는 제사 같은 행위이다.
　소강절은 장독의 운명을 예언하고 그것이 깨지는 시간에 그것을 목격했다는 일화가 전해지고 있다.
　더 먼 옛날 《초한지》에 나오는 위대한 인물인 장량은 어떤 도인으로부터 예언을 들은 바 있는데, 묘한 내용이 나온다. 도인은 장량이 천하를 평정하고 제사를 지내게 될 때 황석을 발견할 것이라고 예언했다.

　후에 장량은 과연 천하를 통일하고 제사를 지낼 때 황석을 발견했던 것이다. 장량은 그 황석을 귀히 여겼거니와, 도인의 이름은 아예 황석공으로 불려지게 되었다. 황석공은 장량의 미래를 예언했을 뿐 아니라 돌덩이의 운명도 예언한 셈이다. 과연 사물에도 운명이 있는가?

　세계적으로 유명한 배인 타이타닉 호는 운명을 실감나게 해 주는 사물인데, 그것의 침몰을 사전에 감지했던 사람이 상당수 있었다고 전한다. 타이타닉 호는 영국의 위용을 나타내기 위해 당시 세계 최대의 배로 만들어졌던 것이다. 그것은 처녀 출항했을 시에 침몰하고 말았다.

　오늘날 미국의 여객선 회사에서는 타이타닉 호와 똑같은 것을 다시 건조 중이라고 한다. 크기에서부터 모양도 똑같고 장식마저 똑같이 하고, 물론 이름도 타이타닉이라고 정한다는 것이다. 그것의 운명은 과연 어떠할까?

　미국 회사에서는 타이타닉의 유명세를 빌려 돈을 벌려는 속셈이겠지만, 사람들이 꺼림칙해하지는 않을까? 미국에는 용감한 사람이 많으니 필경 그 배의 손님이 만원이겠지만, 필자라면 타지 않을 것이다. 거저 태워 준다고 해도 말이다.

　물론 그 배가 예전의 타이타닉 호와 같은 운명을 갖는다고 볼 수는 없을 것이다. 어쩌면 성명학자들이 그런 주장을 할 수도 있겠지만, 필자는 그런 생각을 하지 않는다. 다만 운명을 상대로 게임을 하고 싶지는 않을 뿐이다.

사물에도 운명은 있는가? 이는 쉽사리 단정할 수는 없지만 주역의 관점에서 보면 반드시 그런 운명은 존재한다. 우리는 사물의 운명에 대해 실례를 흔히 찾아볼 수 있다.

성수대교의 붕괴도 운명적이라는 느낌을 주지만, 특히 청량리 대왕 코너는 한 곳에서 몇 차례 불이 났기 때문에 더욱 운명적이라는 느낌이 드는 것이다. 필자는 대왕 코너가 불나기 전에 그 건물에 불이 날 것이라는 소문을 들은 바 있다. 운명이란 것은 반드시 인간에게 국한되지 않는다는 것이 주역의 논리이다.

그것은 금방 논의하겠지만, 운명에 대한 얘기를 좀더 해야겠다. 운명으로서는 가정의 운이라는 것도 있고, 회사나 국가의 운명 같은 것도 있다. 우리 나라의 경우, 21세기가 되면 세계 1등 국가가 된다는 예언도 있지만, 근거가 있는 것 같지는 않다. 어느 민족 어느 국가도 대개 그러한 예언이 난무하고 있는 것이다.

지금 그것이 문제는 아니다. 운명이 있느냐인데, 먼저 분명히 할 것이 있다. 운명이란 분명히 존재하는 것이지만, 모든 것이 운명은 아니라는 것이다. 대개 큰 사건은 운명적이고 작은 사건은 우연이려니와, 그렇지 않은 경우도 있을 수 있다.

주역의 관점에서는 운명적인 것을 중시하지만, 운명이 아닌 자연스러운 현상도 그 못지않게 중시하고 있다. 다만 우리는 운명이 그 필연성과 단순성 또는 강제성 때문에 이해하기 쉬운 것으로 생각하고 있다. 운명이란, 이유도 따질 필요 없이 곧장 결과를 향해 달려가는 것이니 편안히 바라볼 수는 있을 것이다.

사실 운명이란 그런 것이 아니다. 운명은 자연의 모든 현상과 마찬가지로 이유가 있다. 다만 운명이 일반 현상과 다른 점이 있다면 그것은 결과를 향해 조준이 되어 있다는 것이다. 삼국지에서 제갈공명은 현덕이 천하를 얻지 못할 것을 알았다고 한다. 그것은 당시 천하의 운명이었겠지만, 제갈공명은 그래도 인간의 편에 서서 싸웠던 것이다.

어쨌건 운명이란 선택된 결과이다. 어째서 그런 운명이 선택되었는가는 종류에 따라 다를 것이다. 종교적으로 따지자면 신의 뜻이거나 혹은 전생의 업보일 수도 있다. 우주에는 그런 일이 빈번히 일어날 수 있는 것이다. 물론 운명이란 그토록 거대한 이유가 아닌 사소한 이유에 의해서도 발생할 수가 있다.

운명을 생각하는 데 있어서 빼놓을 수 없는 요소는 운명에도 강약이 있다는 것이다. 이는 만일 어떤 사람이 운명을 미리 알아서 그것을 더 큰 힘으로 변화시킨다면 그렇게 될 수도 있다는 뜻이다. 이럴 때 운명의 정의가 문제되겠지만, 운명은 신이 관여된 절대적으로 강력한 현상은 아닌 것이다. 다만 특별히 강한 결정력을 갖고 목표로 향하는 현상으로 보면 무난하다.

이유는 다양하게 존재할 것이다. 오늘날 과학에서는 카오스 이론을 통해 숨겨진 자연 속의 질서를 찾고자 하는데, 그 중에서 어트랙터라는 개념이 있다. 이 개념에 대해서는 앞에서 잠깐 언급했지만, 이것이 바로 사물의 운명인 것이다.

어트랙터는 끝개라는 멋진 단어로 번역되어 있거니와, 우주에는 수많은 끝개가 존재하고 있다. 이것이 주역에서는 진작부터 상정되어 있어서 변화 이론의 주축을 이루고 있는바, 이 장에서 공부할 내용이 그것이다. 시작하자.

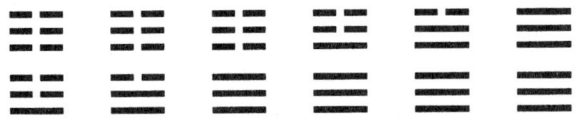

이들은 무엇인가? 이제껏 잘 공부한 사람은 당장에 군주괘라고 말할 것이다. 맞는 말이다. 하지만 군주괘는 어째서 존재하느냐고 묻는다면 잠시 혼돈을 겪을 것이다. 6환군에 대해서도 같은 질문을 할 수 있다. 이것들이 주역의 괘상을 공부하는 데는 필요하지만 실제 세계에 응용할 경우에는 어떻게 되느냐는 것이다.

군주괘는 달력을 품위 있게 장식하는 데는 분명 필요하다. 하지만 6환군의 용도가 겨우 그것에 그치는 것일까? 걱정할 필요는 없다. 이제 6환군을 깊게 설명할 때가 된 것이다.

사실 필자에게서 6환군에 대해 10년씩이나 공부한 어떤 주역 학자가 이렇게 물은 적이 있다.

"6환군은 무엇에 쓰지요?"

또 어떤 사람은 이렇게 말한다.

"6환군의 쓸 데를 모르겠어요."

충분히 이해가 되는 얘기이다. 독자들도 지금쯤 그런 생각을 하지 않을까? 아니, 어떤 독자들은 아예 '이까짓게 뭐야, 되게 재미없네.'라고 할지도 모른다. 이런 독자들은 지금 이 글을 읽기 전에 책을 덮어 버렸을지도 모를 일이다.

필자는 10명에 9명 꼴로 그런 질문을 받는다. 그리고 나머지 1명도 실은 참고 있을 뿐이라고 생각되어진다. 이제 확실하게 질문에 답하려 한다. 지금껏 미루어 왔던 것은 답을 이해할 만한 기초 실력을 갖출 때를 기다린 것이다. 다시 괘상을 보자.

괘상을 나열한 뜻은 무엇일까? 아니, 괘상을 이렇게 나열했다면 그것은 무슨 뜻이 있는가? 순환군도 아니고 시간 대륙도 아니다. 28수도 아니고 황금 순환도 아니다. 이제껏 공부한 어떠한 것도 아니다.

그렇다면 괘열은 무슨 뜻이 있을까? 관찰력이 예민한 사람은 아주 재미있는 것을 발견할 수 있을 것이다. 연구력이 왕성한 사람은 책을 덮고 잠시 생각해 보는 것도 좋을 것이다. 하지만 마음이 급한 사람은 책을 계속 읽어도 좋다. 위에 배열한 괘상을 다시 쓰자.

거리를 띄워 놓은 것은 이유가 있어서이다. 중간에 있던 괘상들은 생략했다. 하지만 그 중간의 괘상들은 완전히 잊어버린 후에라도 다시 쓸 수 있다. 처음과 끝을 보면 중간이 필연적으로 채워진다는 뜻이다. 이제 위의 두 괘상을 다시 써 보자.

☷ → ☵

이는 무슨 뜻인가? ☷에서 ☵로 변한다는 뜻이다. 왜 변하느냐고? 그것은 운명 때문이라고 해 두자. 다음을 보자.

 과장 → 부장
 결혼 → 이혼
 여행 → 사고
 사업 → 파산
 복권 → 당첨

이상의 과정은 반드시 일어나는 일은 아니다. 단지 운명적으로 그런 일도 일어날 수 있다는 것이다. 우리는 지금 운명적으로 일어나는 현상에 대해 고찰하고 있는 중이다. 운명의 이유에 대해서는 묻지 말자.

☷ → ☵

이 과정은 자연적이 아니고 운명적인 것이다.

☷ → ☷

이 과정은 자연적이다. 시간 흐름에 따라 해결도가 낮아지는 현상인 것이다. 현대 과학을 좋아하는 사람이라면 엔트로피의 증대라고 해도 된다. 무엇이라고 부르든 ☷ → ☰ 은 자연의 현상 또는 사물의 법칙이다. 그러나 다음을 보자.

☵ → ☰

이 과정은 필연성이 없다. 다만 그와 같은 과정이 일어나는 경우를 상정하는 것이다. ☵ 은 어트랙터이다. ☵ 은 어느 것으로든 변할 수 있지만, 지금 ☰ 로 변하는 중이라고 보고 그 과정을 추정해 보자는 것이다. 운명을 미리 발견하기 위함이다.

사물은 자연 현상에 의해, 즉 법칙에 따라 일정한 곳으로 가게 마련이지만, 카오스 현상, 즉 쏠림 현상이 발생하면 사물은 엉뚱한 곳으로 가게 된다. 그 엉뚱한 곳이 바로 운명인 것이다.

우리는 지금 ☵ 이 운명적 이유에 의해 ☰ 로 흘러간다는 가정하에 그 과정을 살피려는 것이다. 충분히 납득하였으리라고 믿는다. 길게 얘기한 것은 중요하기 때문이다. 다시 괘상을 보자.

이번 괘열에는 ☵ 이 두 번 나온다. 어쨌건 이 과정은 ☵ → ☰ 의 과정이다. 어떤 것이 합리적인 것일까?

다음 괘열을 보자.

이상은 군주괘인데, ䷁ → ䷀ 을 보여 준다. 중간에 있는 괘상들은 어떻게 도출된 것일까? 이는 앞에서 다룬 바 있는데, 이번 기회에 뜻을 더욱 분명히 하자.

다음 그림을 보자.

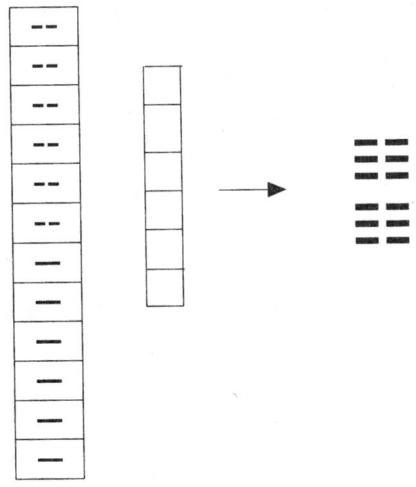

이 그림은 시간 영사 장치인데, 좌측은 필름이고 우측의 빈 칸은 6효만을 통과시키는 렌즈 필터이다. 현재는 ䷁ 만 통과해서 화면에 ䷁ 을 나타내고 있는 중이다. 필름이 위로 진행하여 한 칸을 이동시키면 어떻게 될까?

☷ 이 화면에 나타날 것이다. 한 단계 더 진행시키면? ☳ 이 나타날 것이다. 계속 진행시키면? 그 때는 군주괘들이 줄지어 나타나게 된다. 이 모든 것은 무엇을 뜻하는가? 그것은 명명백백하다. 군주괘란 다음의 과정을 나열한 것뿐이다.

☷ → ☰ 또는 ☰ → ☷

다만 여기서 확인할 것은 운명의 끝개는 아래에서부터 머리를 쳐들며 일어난다는 것이다. 필름을 보라. 필름 속에서는 ☷ 과 ☰ 이 움직이지 않고 판에 박혀 있다. 필름을 위로 돌리면 다음과 같이 나타나게 된다.

☷ → ☳ → ☱

그러나 필름을 아래로 돌리면 다음과 같이 나타나게 될 것이다.

☰ → ☴ → ☵

다음을 보자.

⚏ ⚎ ⚍ ⚌

이것은 4상이란 것으로, 흔히 순환하는 시간을 표현하는 데 사용

한다. 그런데 이것도,

⚌ → ⚋ 또는 ⚌ → ⚊

을 나타낸 것뿐이다. 필름은 다음과 같이 생겨 있다.

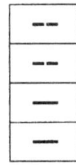

이 필름을 위로 돌리면 ⚌ ⚊ 등이 차례로 나타난다.

여기서 우리는 무엇을 알 수 있는가? 옛 사람은 시간 필름을 위로 돌렸다는 것이다. 그래서 발생한 것이 군주괘열이다. 문제는 어째서 시간 필름을 위로 돌렸는가이다.

여기서 미래의 결과가 판에 박혀 나타나는 이유는 묻지 말자. 그것은 운명이라고 이미 상정한 것이다. 이는 뱃속에 있는 어린아이가 머리부터 밖으로 나오는 것과 닮아 있다. 운명은 미래의 결과를 틀 지어 놓고 현재로 밀어내는 것이다. 다만 문제가 되는 것은 머리부터 나오느냐이다.

다음을 보자.

　이 괘열은 꼬리부터 내려온 것이다. 우리가 사다리를 타고 오를 때는 머리부터 들이밀지만, 내려올 때는 다리부터 내려온다. 옛 사람이 생각했던 것은 운명의 결과가 아래부터 올라온 것이었다.

　문제를 분명히 하자. 과연 어느 것이 맞을까? 그런데 어떤 사람들은 이것이 과연 문제가 되느냐고 물을 수도 있을 것이다. 그것은 신경 쓰지 말자. 문제가 된다. 아주 중요한 문제인 것이다. 이는 미래가 내게로 찾아오느냐, 아니면 내가 미래로 찾아가느냐의 문제인 것이다.

　독자들은 어떻게 생각하는가? 우리가 동해안을 갈 때는 몸소 찾아가야 한다. 그러나 내일이라는 시간은 우리가 가는가, 찾아오는가? 쉬운 문제가 아니다. 현대 과학에서 최근 논의되고 있는 것으로 타임 머신이라는 것이 있다. 이것은 자동차처럼 시간을 가로질러 여행을 하는 장치이다. 미래로든 과거로든 마음대로 이동한다. 이 때 타임 머신은 비행기처럼 어디론가 날아간다. 원하는 시간으로 찾아가는 것이다.

　이 상황을 보면 시간이란 찾아가는 것 같다. 그러나 이는 타임 머신이라는 기계가 있을 때이다. 평소 우리가 어떻게 찾아갈 수 있겠는가? 시간은 저절로 우리에게 다가온다. 그러고는 과거로 점점 멀어져 간다. 이것이 시간의 실상이다.

　다르게 말하면 우리는 미래로 가고, 미래는 우리에게 온다고 해도 된다. 우리가 가는 것은 자연 현상이다. 그리고 오는 것은 시간이다. 더 정확히 얘기하면, 우리는 공간에서 활동하고 시간은 다가와서 무대를 제공한다. 이 때 운명이란 것은 우리를 이끌어 가는 현상, 즉 어트랙터 현상이다.

어트랙터의 발생 원인은 일률적으로 말할 수는 없다. 단지 그것은 현상을 유도한다는 것이 분명하다. 괘상으로 말하면 미리 준비된 괘상이 다가오는 것이다. 물론 현재는 무너진다. 이는 자명한 현상이다. 다만 문제는 미래가 찾아올 때 머리와 꼬리 중 무엇이 먼저 오느냐이다.

독자들은 어떻게 생각하는가? 옛 사람은 군주괘에서도 알 수 있듯이 미래의 머리가 현재의 아래쪽에서 고개를 든다는 것이다. 그리고 지금껏 군주괘에 익숙해진 독자들도 그렇게 생각할 것이다. 그러나 쉽게 생각해서는 안 된다. 과연 무엇일까?

이 문제의 해답을 찾는 일은 신념만 가지고는 되지 않는다. 합리적인 이유에 의해 정답을 내야 하는 것이다. 그것을 규명해 보자. 방법이 있다.

먼저 생각할 것은 미래가 음인가, 양인가를 따져 보는 일이다. 과거부터 따져 보자. 과거는 변하는가, 변하지 않는가? 임진왜란이 있었다는 사실을 신이 지워 버릴 수 있는가? 책이나 인간의 정신 속에서는 지울 수 있을지 모른다. 그러나 과거의 역사적 사실 그 자체는 여전히 존재하는 것이다. 과거는 절대로 변할 수 없다. 그것은 이미 지나간 것으로 상황이 종료된 것이다.

이제 다시 묻겠다.

과거는 음인가, 양인가? 음이다. 움직이지 않기 때문이다. 아래 있느냐, 위에 있느냐? 아래에 있다. 음이기 때문이다. 그렇다면 미래는 음인가, 양인가? 이것은 쉽다. 대칭성의 원리에 의해 미래는 양인 것이다. 또한 위에 있는 것이 양이다.

현재를 잠깐 보자. 새로운 사건들은 어디서 오는가? 밖에서 온다. 안에서도 일어나지만 이는 변화의 성장이라는 것으로 나무가 자라는 것과 닮아 있다. 이는 발생학적인 자체 구현일 뿐이다. 그러나 상황의 변화라는 것은 외부의 조건이 안으로 파고드는 것이다. 미래는 위에 있고 또한 양이다. 이는 확정적인 것은 아니지만 때로는 확정적 모양을 갖추고 찾아온다.

지금 우리는 미래가 확정적으로 찾아올 때, 즉 운명적일 때를 논의하고 있는 중이다. 그런데 미래는 평소에는 모양을 갖추지 않고 찾아오지만, 운명적일 때는 모양을 갖추고 찾아오는 것이다. 다른 말로 운명적 미래는 조직적인 틀을 갖추고 강하게 찾아온다고 할 수 있다. 방향은 위쪽이다.

재삼 강조하거니와 새로움이란 밖으로부터 찾아와서 현재에 자리 잡고 종래에는 아래로 사라진다. 과거는 아래에 침몰되어 있는 것이다. 현재는 침몰의 대열에서 살아 견디고 있는 일시적인 현상일 뿐이다. 현상이란 미래가 찾아와서 새로움을 줄 때만 유지된다.

이제 이런 정도의 미래관을 가지고 괘상에 적용해 보자. 현재를 ☳ 이라 하자. 그리고 이것이 운명적으로 변해 ☰ 이 된다고 하자. 이 때 상황의 변화는 다음과 같이 될 것이다.

제5권 사물의 운명　87

　이 괘열들은 군주괘와 반대 방향이다. 움직이지 않는 시계판에 다시 써 놓으면 방향을 따질 필요도 없다. 중요한 것은 운명적 흐름이란 미래가 모양을 갖추고 위로부터 찾아온다는 것이다.
　운명의 모양은 임의적이다. 즉, 모든 상황이 전개될 수 있다. 이것을 괘상으로 하면 하나의 괘상이 64개의 괘상으로 변할 수 있다는 것이다. 우연히 부분적으로 변하는 것은 일단 제외하자. 우리는 지금 운명, 즉 통째로 변하는 상황을 연구하는 중이다.
　모든 사물은 64개로 묘사될 수 있다. 그리고 이들은 또한 64개의 운명적 미래를 가질 수 있다. 따라서 변화의 경우의 수는 모두 64 × 64 → 4096가지가 된다. 이 중에 한 가지를 적어 보자.

☷ → ☰

　이것은 현재가 ☷이고 운명적 미래가 ☰이라는 뜻이다. 그 전개 과정은 다음과 같다.

　이 괘열은 위에서부터 운명이 찾아오는 모습을 그린 것이다. 우리

는 임의의 현재를 설정하고, 또한 임의의 미래를 설정하여 얼마든지 그릴 수 있다. 그것은 위에서 얘기한 대로 4096가지나 된다.

이를 모두 조사하는 일은 다음으로 미루자. 다만 특정한 어느 변화는 조사해 볼 필요가 있다. 그것은 임의의 괘상이 자기 자신과 정반대로 변화하는 과정이다. 운명이란 극단적일 때도 있기 때문에 우리는 아예 가장 이상한 변화, 즉 정반대로 흘러가는 과정을 조사하자는 것이다. 이는 다음과 같은 변화를 의미한다.

☷ → ☰
☷ → ☱
☷ → ☲
☷ → ☳
☷ → ☴
☷ → ☵ …… 등등

이러한 변화는 모두 64가지 경우가 될 것이다. 왜냐 하면 괘상의 수가 64개이고 그것의 반대가 64개이기 때문이다. 하필 정반대의 괘상으로 변하는 것을 따져 보자는 것은, 그렇게 함으로써 가장 멀리 가는 변화를 알 수 있기 때문이다. 큰 변화를 연구해 두면 작은 변화란 이해하기가 쉽다.

또한 하나의 괘상으로부터 가장 먼 곳이 어디인가를 따져 보는 것은, 그 외의 모든 괘상이 그 내면에 자리잡게 된다는 뜻이다. 그물을 넓게 펼치는 것은 그 안에 모든 것을 담기 위함이다. 하나의

제5권 사물의 운명 89

괘상에서 가장 멀리 있는 괘상은 정반대의 괘상이므로 그물을 넓게 펼친다는 뜻이 된다.

그물은 64개가 될 것이다. 그래서 우리는 4096가지 중 64개만 조사함으로써 모든 변화를 그 속에 수용할 수 있다. 얼마나 줄어든 것인가! 4096가지를 일일이 조사하다 보면 몇 날 며칠이 걸릴지 알 수 없다.

이제 64가지 변화를 조사하기 앞서서 왜 하필 64가지 변화만 알면 된다는 것인지 깊이 유념해 두어야 한다. 64개는 4096개보다 아주 적다. 적어서 그렇게 하는 것은 아니다. 64개의 변화만 살펴보면 다 되기 때문이다. 이제 64개의 변화를 조사해 보겠다.

그런데 잠깐, 좋은 소식이 있다. 다음을 보자.

☷ → ☰
☷ → ☰
☷ → ☰
☷ → ☰
☷ → ☰
☷ → ☰

이상의 변화를 먼저 조사해 보자. 독자들이 직접 노트에 써 보라. 그러면 놀라운 결과를 발견할 것이다. 이상 6개 과정은 64개 괘상을 모두가 반대로 가는 과정을 함유하고 있는 것이다.

예를 들어, ☷ → ☰ 의 과정은,

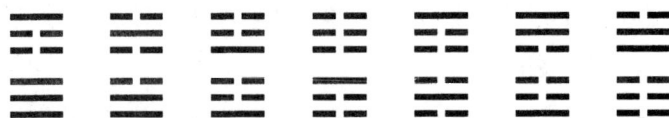

인데, 위에 열거한 ☷→☶을 보자.

어떤가? 두 괘열은 같은 것이다. 무엇을 뜻하는가? 64개 괘상이 정반대로 변화하는 과정은 6개의 괘상이 정반대로 변화하는 과정 속에 모두 포함된다는 것이다. 얼마나 놀라운 일인가! 4096 → 64 → 6으로 줄어든 것이다. 이제 6개 정도는 쉽게 조사할 수 있을 것이다.

그러나 이것도 조사해 볼 필요 없다. 우리는 이미 저 앞에서 이것을 조사했다. 그것이 바로 6개 순환군이다. 순환군은 이래서 중요하다. 6개 순환군은 주역 64개 괘상이 정반대로 변화해 가는 과정을 모두 포함한다는 것이다. 우리는 이로써 운명적 변화의 극단적인 모습을 모두 알 수 있게 된 것이다.

이제 6개 순환군이 무엇인지 알았을 것이다. 이것을 실제 세계에서 응용하는 일은 아주 유용하다. 조심성 있는 사람이 최악의 상황을 염두에 두듯이 하나의 현실에서 가장 극단적인 변화란 바로 6개 순환군인 것이다.

제5권 사물의 운명 91

큰 변화를 알고 있는 사람은 작은 변화에 대처하는 것이 쉬울 수 밖에 없다. 산이 바다가 되는 것을 준비한 자람이, 언덕이 조금 무너져 내린 일에 대해서는 크게 자극받지 않을 것이다.

운명이란 그리 빈번하게 일어나는 사건은 아니다. 순환군은 운명을 연구하기 위해 존재하는 것도 아니다. 다만 우리는 순환군을 통해 가장 극단적이고 조직적인 변화를 이해할 수 있는 것이다.

오늘날 과학에서 연구하는 카타스트로피 이론도 극단적인 변화를 연구하기 위해 만들어졌지만, 그 이론은 비약이 지나치기 때문에 그 과정을 알 수 없다. 하지만 주역에서의 변화는 그 과정을 알 수 있는 것이다. 순환군 전개는 아주 중요한 시간 변화이다.

그러나 이 장에서 중요한 것은 하나의 괘상이 운명적으로 어떤 괘상으로 변해 갈 때 그 과정을 전개하는 방법이다. 그것은 위로부터 찾아들어 오는 것이다. 다시 예를 들어 보자.

이 과정은 산을 떠난 불이 하늘 아래에 도달한 모습을 보여 준다. 과정은 다음과 같다.

이 과정은 ☷ 위에 ☴을 놓고 차례로 위로 이동하면서 본 것이다. 고전 주역에서는 처음 괘상은 원괘(原卦)라고 하고 나중에 도착한 괘상을 지괘(之卦)라고 한다. 다만 고전 주역에서는 그 과정을 밝혀 놓지 않고 있다.

이 장에서는 운명적 변화에 대해 살펴보았다. 그리고 6개 순환군의 의미를 극명하게 밝혀 놓았다. 운명적 변화란 현대 과학에서 말하는 카오스적 현상이다. 그리고 순환론은 카오스 현상 중에서 가장 극단적이고도 조직적인 현상을 정리해 놓은 것이다. 운명과 **6환군**의 뜻을 충분히 이해했을 것으로 믿는다.

玉虛眞經 (4)

天下有始 以爲天下母 旣得其母 復知其子 旣知其子
復守其母 沒身不殆

천하에 시작이 있으니 이를 천하모라 한다. 그 어머니를 얻고 그 자식을 안다. 아들을 알고 그 어머니를 지키니 몸이 다하여도 위태롭지 않다.

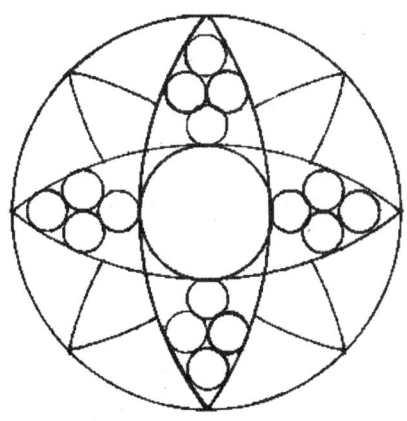

운명의 무게

 무모한 저항을 일컬을 때 종종 수레바퀴에 대항하는 사마귀에 비유하곤 한다. 구르는 힘이 대단한 수레바퀴를 가냘픈 손으로 막아 보겠다는 사마귀의 용기는 가상하지만 그보다는 어리석음이 훨씬 더 돋보인다. 이처럼 자연 현상은 극대화되었을 때 이를 막아서기가 쉽지 않는 것이다. 특히 운명적인 현상은 더더구나 그렇다.
 하지만 모든 현상에는 그 크기가 있는 법이다. 카오스적인 운명 현상도 집요한 힘으로 전개되지만 힘의 한계가 있다. 만일 산에서 거내한 바위가 굴러 떨어지고 있다면 여간해서 이것을 막을 방법이 없다. 그러나 축구공이 날아오는 것은 손이나 발 또는 머리로 차단할 수 있다.
 한 여자가 마음이 변해서 애인을 버리려고 결심했다면 이는 좀처럼 막을 방법이 없다. 그러나 어린아이가 토라져 있는 것은 사탕 하나로도 달랠 수가 있다. 자연 현상은 이토록 크기가 정해져 있는 것이다.

운명도 마찬가지이다. 운명은 다 같은 것이 아니다. 내용도 갖가지이지만 그것이 이루어지는 강도도 정해져 있다. 죄수의 경우 대법원에서 확정 판결이 나고 국가가 사면을 거부했을 경우 이의 집행은 운명적이다. 돈이나 권력으로 이것을 막을 수는 없다. 이는 아주 강한 힘으로 운명이 결정되었다고 볼 수 있다.

우리는 앞장에서 운명이 카오스적 현상이라는 것을 공부한 바 있다. 이러한 현상은 천문학적 단위에서 이루어질 수도 있고, 또는 극히 미세한 세계, 즉 양자(量子) 수준에서도 이루어질 수 있는 것이다. 다만 그것은 크기가 있다.

따라서 한 개인의 운명이라 할지라도 거대한 힘이 미리 알아서 막으려 한다면 막지 못할 것도 없다. 인간이 막지 못하는 것 중에는 국가간에 일어날 운명적인 전쟁, 혜성의 충돌, 화산 폭발 등이다. 이러한 문제들은 어쩔 수 없는 것이므로 논의 대상으로 삼고 싶지도 않다. 다만 우리의 힘으로 다룰 수 있는 운명이라면 관심의 대상이 된다.

운명에 있어서 문제점은 그것이 진정 운명인지 모른다는 것에 있다. 운명은 비밀스럽게 진행된다. 그러나 무엇인가 집요하고 또한 자연스럽지 않은 진행이 존재하면 이는 운명이라고 의심할 수 있다.

주역에 있어서 운명적 조짐은 자연스럽지 않은 변화를 보면 금방 알 수 있다. 즉, 현재의 상태가 별다른 이유 없이 큰 변화를 보이면 이는 운명인 것이다. 사람도 갑자기 유난한 행동이 보이면 일단 운명적인 현상이 발생하고 있다고 생각할 수 있다.

군자의 행동은 무리가 없어야 한다. 시기가 유리하면 그에 편승하는 것이고, 불리하면 노력하는 것이다. 그러나 지나친 현상이 발생하면 운명을 판단해야만 한다. 운명은 은밀하지만 강한 움직임으로 나타난다.

이는 사물의 자기 유지력을 보면 알 수 있다. 가벼운 물건은 외부의 힘에 의해 움직일 수 있지만 큰 물건은 일부러 움직이지 않으면 제자리에 있기 마련이다. 사물은 처음에 움직이려면 힘이 드는 법이다. 자동차도 처음에는 속도를 내기가 어렵지만 일단 넘어서면 그 다음부터는 수비 자세를 취해야 한다. 연애를 하는 데 있어서도 여자가 처음엔 말을 잘 안 듣는다. 그러나 일단 경계심을 넘어서면 술술 풀려나가는 법이다.

사물이 정지해 있을 때 이것을 처음으로 움직이게 하는 힘을 과학에서는 구동 토크라고 하는데, 운명은 구동 토크 이하의 힘에서 자발적으로 움직이는 모습을 띤다. 괘상에 있어서 우리는 자연스러운 변화, 즉 시간 변화를 살펴보았지만 자발적이고 조직적인 변화도 살펴보았다.

이 장에서는 운명의 유지력을 논하고자 한다. 운명 유지력이란 단어는 과학적 개념이 아니기 때문에 다소 모호하다. 하지만 의미만 통하면 된다. 여기서는 단지 운명이 제자리에 멈추어 서서 있는 현상을 얘기하려는 것이다.

이해하기 쉽게 실생활에서 예를 들어 보자. 어떤 부자가 있었다. 그는 평생토록 실패를 겪지 않고 계속 잘사는 사람이다. 반면 가난한 사람이 평생 그 가난을 못 벗어나는 경우도 있다. 이는 운명이 일정한 테두리 안에서 맴돌기 때문인데, 대개의 경우 농사꾼은 그 운명이 변하지 않는 것 같다. 반면 투기 사업을 하는 사람은 도깨비 운명이다.

운명이 제자리에서 맴돈다는 것은 어떤 모습일까? 흔히 다람쥐 쳇바퀴 돌 듯한다는 말이 있는데, 자연에는 이와 같은 현상도 있다. 다음의 괘상을 보자.

☰ → ☰ → ☰ → ☰ → ······

이것은 무엇을 뜻하는가? ☰ 상태가 전혀 변함없이 유지된다는 뜻이다. 황제나 도인의 운명이 이러하다.

☷ → ☷ → ☷ → ······

이것도 역시 마찬가지로 ☷ 상태가 유지되는 것이다.

그러나 우리는 시간이 흐르고 있다는 것을 유념해야 한다. 처음 괘상이 ☰이고 나중도 ☰이라 해도 두 괘상에는 시간적 차이가 있다. 이러한 현상에 주의를 기울이며 관찰해 보자.

☷ → ☷ (A)

이는 시간적 변화이기도 하지만 또한 운명적인 경우라고 생각할 수도 있다. 다음을 생각해 보자.

☷ → ☷

이는 자기 자신에서 자기 자신으로의 변화(시간)이다. 이것의 과정을 보자.

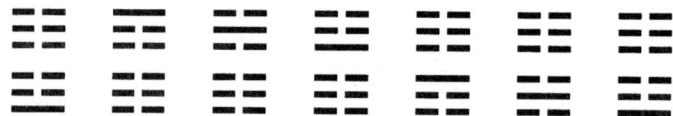

이 과정은 어렵게 생각할 것 없다. ☷ 위에 ☷이 내려오는 모습일 뿐이다. 이 과정에는 (A) 과정도 숨어 있는 것이 보인다. 중요한 것은 자기에서 자기에로 변화도 단계가 있다는 것이다. 위의 패열은 파도가 계속 밀려오는 듯한 모습이다. 주기적으로 자기화가 이루어진다.

이것을 카오스 이론에서는 한계 순환이라고 말하는데, 일정한 범위를 벗어나지 못한다는 뜻이다. 인간의 운명에도 이러한 모습이다. 대개는 이런 식으로 맴도는 것이 인생이다.

이러한 자연의 현상을 주역의 이론을 통해 관찰하면 중요한 하나의 특성이 밝혀진다. 그것은 한계 순환, 즉 자기 보존 변화는 일정한 계통이 있다는 것이다. 다음을 보자.

이 변화는 다른 괘상을 수용하지 않는다. 즉,

☷ ☷ ☷ ☷ ……

이러한 괘상이 연속되는데, 이는 (6, 0)이 계속 나타난다는 뜻이다. ䷁ → ䷁ 도 마찬가지이다. 순양과 순음의 경우 자기 보존 한계 순환은 가장 단순한 변화이다. 이러한 변화는 실제 세계에서 바라보면 전혀 변하지 않는 현상처럼 보인다. 다음을 보자.

䷗ → ䷗   A
䷆ → ䷆   B
䷒ → ䷒   C
䷭ → ䷭   D
䷬ → ䷬   E
䷊ → ䷊   F

이상의 과정은 모두 (1, 5)에 속한 괘상들의 자기 유지 변화인바,

그 내용은 다음과 같다.

```
☷ ☷ ☷ ☷ ☷ ☷ ☷ ☷   A
☷ ☷ ☷ ☷ ☷ ☷ ☷ ☷   B
☷ ☷ ☷ ☷ ☷ ☷ ☷ ☷   C
☷ ☷ ☷ ☷ ☷ ☷ ☷ ☷   D
☷ ☷ ☷ ☷ ☷ ☷ ☷ ☷   E
☷ ☷ ☷ ☷ ☷ ☷ ☷ ☷   F
```

등이다. 이들은 모두 (1, 5)에 속하는 괘상인바, 이는 (1, 5)에 속하는 모든 괘상이 자기 유지 변화가 일어날 때 그 과정은 (1, 5) 한계 내에서 이루어진다는 것을 보여 준다.

그런데 더욱 중요한 것은 이들의 변화가 역자연 현상이라는 것이다. 이는 현상을 유지하는 데 모종의 힘이 필요하다는 것을 뜻한다. 결국 자기 자신을 유지한다는 것도 운명 현상이라는 것이다. 운명 유지력이라는 것도 이 때문에 필요하다.

그리고 앞에서도 봤듯이 자기 유지 현상이라는 것은 자전(自轉) 구조를 갖고 있다.

다른 괘상을 보자.

제5권 사물의 운명 101

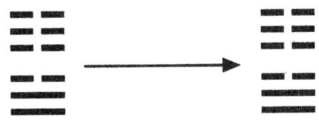

이 변화는 (2, 4)에 속하는 괘상의 자기 유지 과정을 나타내는데, 그 과정은 다음과 같다.

이 변화도 역시 (2, 4)에 속하는 괘상들로만 이루어지는데, (1, 5)처럼 모든 (2, 4)를 망라하지는 않는다. 다음을 보자.

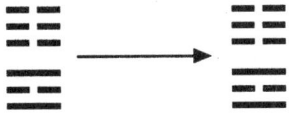

즉,

여기서도 (2, 4)를 벗어나지 않는다. 수학 용어로 말하면 (2, 4)에 속하는 괘상은 자기 유지 현상에 의해 닫혀 있다고 말한다. 이는 모든 시간 대륙에서 성립되는 것이기 때문에 다음과 같이 일반적으로 말할 수 있다.

(a, b)에 속하는 괘상은 자기 유지 현상에 의해 닫혀 있다고…….

다시 괘상을 보자.

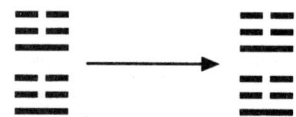

즉,

☳ ☳ ☳ ☳

이 과정은 괘상이 세 개밖에 소요되지 않는다. 결국 (2, 4) 대륙은 3개의 그룹으로 나누어진다. 우리는 지금 자기 유지 현상, 즉 운명 고정 현상을 연구하고 있는데, 하나의 특기할 만한 내용이 드러나고 있다.

각 대륙은 그 자체 내에서 다시 지역 분할이 이루어지는데, 분할된 그룹들은 회전체 모양을 갖춘다는 것이다. 이는 운명 유지가 결국 괘상군들의 자전을 의미한다는 것이다. 이제까지 드러난 사실을 정리하자.

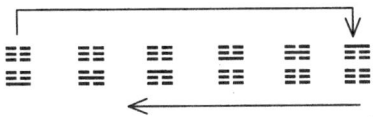

 이 그림은 역자연 현상과 자연 현상의 비약을 동시에 보여 준다. ☷에서 ☶로 변화한 것은 자연 현상이기는 하지만 몇 단계를 건너뛴 것이다. 그 외에 변화는 모두 역자연 현상이다.

 우리는 실생활에서 갑작스런 현상을 보더라도 그것이 새롭다고 보면 안 된다. 자기 유지 현상에서도 비약이 있기 때문이다. 다만 좋은 일이든 나쁜 일이든 현상이란 유지력이 필요한데, 이는 거지도 노력해야 거지 상태를 유지할 수 있음을 보여 준다. 즉, 나쁜 버릇을 애써(?) 지켜야 하는 것이다.

 여기서 우리는 운명 극복의 중대한 실마리를 찾을 수 있다. 그것은 불행한 사람은 무엇인가 변화를 시도하라는 것이다. 특별히 잘난 일을 하라는 것이 아니다. 평소와는 다른 옷을 입거나, 음식 취향을 바꾸거나, 색다른 노래를 불러본다거나, 바람을 피운다든지, 여행을 해 본다는 등 평소 안 하던 짓을 해 보라는 것이다. 반면 행복한 사람은 가급적 하던 짓을 계속하라. 다만 어느 경우라도 저절로 바뀌는 운명은 어쩔 수 없다.

 다시 괘상을 보자. (5, 1)의 경우 자체 내에 지방 구획은 존재하지 않았다. 그들은 통째로 변화에 상응하는 것이다. 그리고 하나 주목할 것은 한계 순환의 위상 변화이다. 이들은 아주 단순하다. 즉,

☴ → ☳ → ☶

이 과정은 풀리고 맺히는 과정을 보여 준다.

다음을 진행하자. (2, 4)의 경우 3개의 구획으로 나누어지는바, 이를 전체 지도에서 표시해 보자.

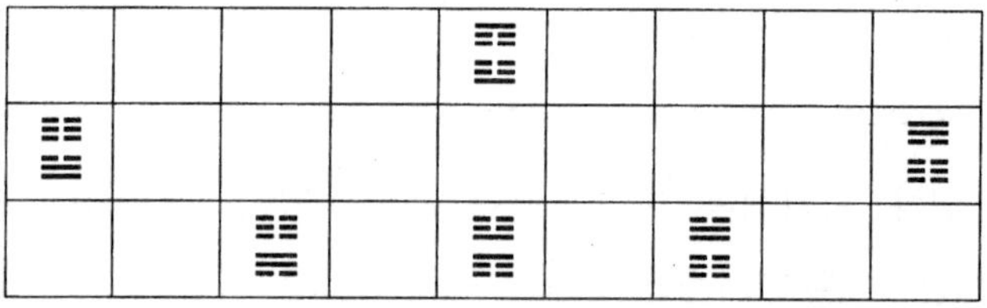

이 그림은 ☷ → ☳ 등의 계열을 그린 것인데, 순서에 따라 조사하여 자연 현상이 두 번이고 역자연 현상은 4번이다. 그리고 위의 그림은 회전체와 치우친 대칭을 보여 주고 있다. 위상 변화는 4단계, 즉

☷ ☳ ☷ ☳

인데 (5, 1)의 경우보다 짜임새가 있다. 다른 괘를 보자.

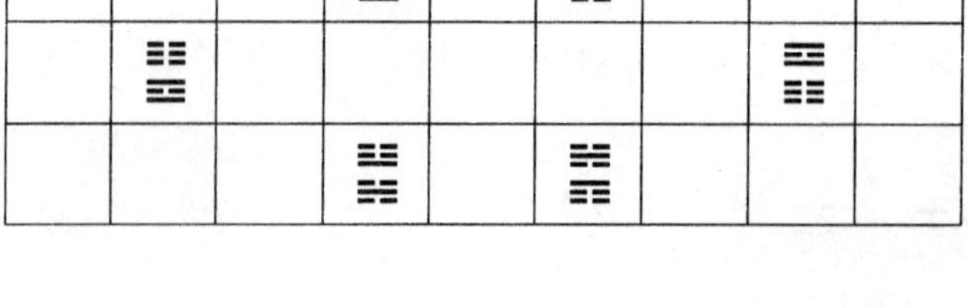

제5권 사물의 운명   105

이 그림은 대칭인데, 순서에 따라가 보면 기묘한 현상을 보인다. 이를 축소해서 나타내 보자.

	3	2	
1			4
	6	5	

2와 3이 비틀려 있다. 이는 위상 우주에서의 법칙이거니와, 우리가 괘상을 음미할 때도 순서에 따라 진행하는 것이 좋다. 뒤틀림 현상은 자연의 카오스적 맥박이라고 보면 된다. 이것은 자연의 구조가 훨씬 더 역동적임을 보여 주는 대목이다. 이들의 위상 변화는,

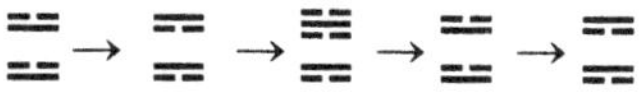

☷ → ☶ → ☳ → ☶ → ☷

인데, 뒤틀린 곳은 ☶ ↔ ☳ 이다. 다음을 보자.

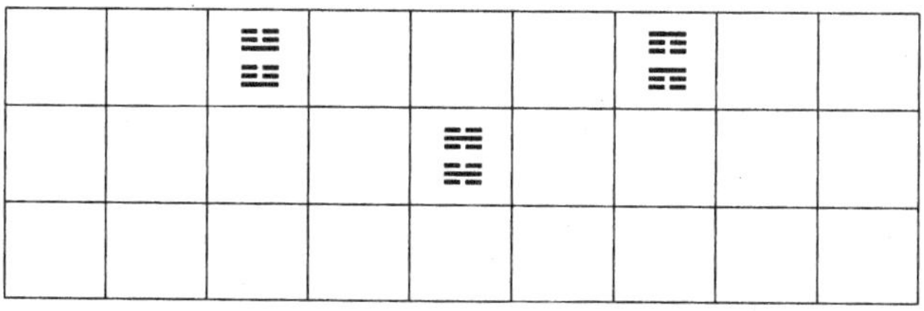

		☶			☶		
				☳			

이 그림은 단순하다. 위상 변화는,

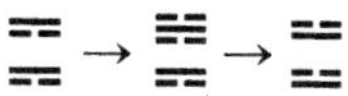

☷ → ☳ → ☷

106 주역 원론

인데, 이는 뒤틀림이 풀린 모습이다. 이제 (2, 4) 지도 전체를 그려
보자.

		C	B	(A)	B	C		
(A)	B			C			B	(A)
		A	B	(A)	B	A		

 이 그림은 칸을 채운 것은 대칭이지만 그 내용을 보면 대칭이 아
니다. 그러나 저 위쪽 (4, 2)의 지도와 대칭을 이루게 될 것이다. 이
것은 자연의 본성이다. 한 곳에서 비대칭 현상이 발생하면 자연은
그것을 해소시키기 위해 다른 곳에 비대칭을 만들어 낸다. 위 그림
에서 (A)는 대칭을 이루는데, 이는 괘상을 이해하는 방법을 제시해
준다. 다음을 보라.

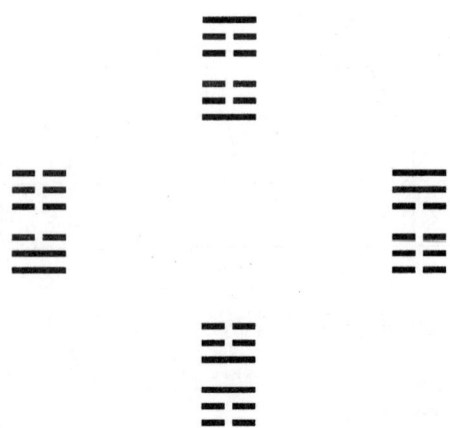

위에 제시된 괘상 4개는 기묘한 대칭을 이루고 있다. 이는 양의 기운이 아래로 차 있고 다 날아간 상황 사이의 괘상을 멋지게 보여 주고 있다. 위도 아래도 아닌 중간 괘상이 두 개인 것이다. 이는 앞으로 괘상의 회전을 연구할 때 중요한 의미가 있다.

(3, 3) 대륙을 살펴보자.

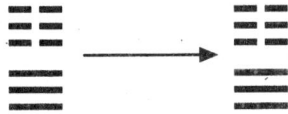

이 과정은 주역 64괘 중 자기 유지 현상의 중앙을 차지하고 있다. 자체 대칭을 보여 줄 것이라 기대되는데 진행 내용은 다음과 같다.

이것을 대륙 지도에 나타내 보자.

			☷		☳		
☶							☶
			☷		☵		

108 주역 원론

　이 그림은 모양이 좋다. 비틀림이 없는 대칭형이다. 위상 변화도 아주 간편하다. 즉,

☷ → ☶ → ☳ → ☰

　이 과정은 역자연 과정이 포함되어 있지만 완전한 순환이다. 다음을 보자.

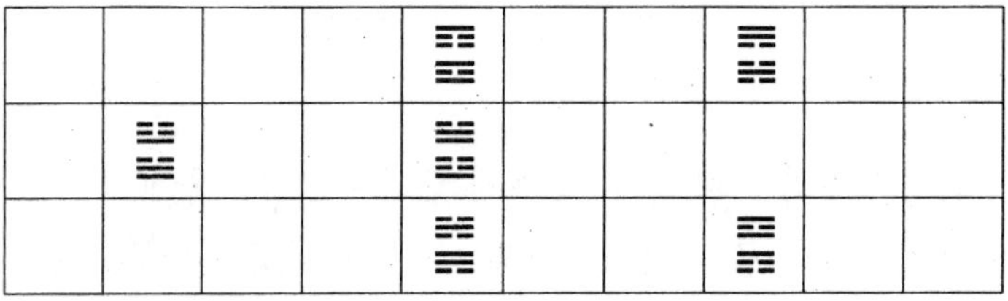

			☳		☶	
	☷		☶			
			☰		☳	

　이상한 모양이 등장했다. 물론 우리 눈에는 그렇게 보일 뿐이다. 그러나 자연의 눈으로 보면 대칭으로 보일 것이다. 이 점이 인간과 자연의 차이점인데, 우리의 눈을 고치는 것이 합리적이다. 학문이란 자연의 구조를 파헤치는 것인바, 우리의 마음도 자연을 닮아가야 한다. 그것이야말로 최고의 지혜를 습득하는 길이다.

　위의 그림을 축소하자.

제5권 사물의 운명 109

	2	3
1	4	
	6	5

← 표 모양이다. 아름답게 느끼는가? 다음을 진행하자.

		☷		☷			
				☷		☷	
		☷		☷			

이 모양도 이상하다. 관찰이 예민한 사람은 앞의 그림과 대칭이라는 것을 금방 발견할 수 있을 것이다. 그럼 두 그림을 한 곳에 포개 보자.

		(5)		2	(6)	3		
	1			4	(4)		(1)	
		(3)		6	(2)	5		

멋진 대칭이 나타났다. 자연의 섭리는 부분의 비대칭을 또다시 보강한 것이다. 물론 우주가 탄생될 때 미리 예정된 일이다. 그리고 초시간적으로 볼 때는 동시에 생긴 것이다.

우주를 초시간적으로 보는 것은 아주 중요하다. 시간적으로 우주를 바라보면 우주는 곳곳에 비대칭이 발생한다. 이는 현대 과학의 애로점이거니와, 주역은 이를 훌륭히 극복하고 있다.

위의 그림은 좌우 대칭이라는 것이 특이하다. 그리고 시계 방향으로 회전하는 것을 보이는데, 모든 대륙에서 마찬가지이다. 이는 분명 비대칭이지만 우리는 이미 미래가 위에서 온다는 비대칭을 이해했기 때문에 각오한 내용이다.

대칭 비대칭이 나왔기 때문에 조금만 더 설명하자. 시계의 경우 좌 상 우 하로 회전하는데, 이는 대칭이다. 좌우의 뜻이 없고 사람이 9와 3을 배치했을 뿐이다. 12와 6도 마찬가지이다.

그러나 주역의 시간 대륙에서는 다르다. 좌측은 과거, 우측은 미래로 지정되어 있고, 또한 위는 양, 아래는 음으로 정해져 있다. 이는 과거 → 양 → 미래 → 음과, 과거 → 음 → 미래 → 양은 질적으로 다르다는 뜻이다. 주역의 자기 유지 한계 순환은 과거 → 양 → 미래 → 음을 선택하고 있다. 이는 분명한 비대칭인데, 그 의미는 심대하므로 다음에 상세히 다뤄야 할 것이다.

잠시 다른 길로 왔는데 괘상으로 돌아가자. 우리는 방금 (3, 3)에 속하는 괘상을 살펴보았는데, 괘상은 6 × 3 → 18개였다. 본래 (3, 3)에 속하는 괘상은 20개이다. 따라서 나머지 괘상이 2개 남았다. 이는 어떤 위치에 있을까? 미리 상상하는 것은 통찰력을 높여 주는 일이 될 것이다. 이를 보자.

			☷		☳		

대칭이다! 당연하지만 마지막 남은 2개의 괘상이 ☷과 ☳인 것은 재미있다. 통쾌한 느낌이 들지 않는가? 원래 이들 괘상은 특별한 괘상이었다. 그런데 지금 둘만이 남아서 의젓하게 중앙을 차지하고 있다.

주역 원전에는 이들 괘상을 맨 마지막에 배치하여 특수성을 강조했다. 주역 64개 괘상 중에서 이들보다 더 특수한 것은 ☷과 ☳이다. 이 2개의 괘상은 자기 유지 순환에 있어 오직 스스로의 모양을 유지할 뿐이다. ☷과 ☳은 자기 유지 순환에서 서로를 왕복한다. 순환 원소가 3개인 것은 ☷ ☷ ☷ 이다. 물론 이들의 대칭인 ☷ ☷ ☷도 3원소 순환이다.

이상으로 자기 유지, 즉 운명 고정 현상을 살펴봤는데, (4, 2), (5, 1)은 생략하자. 이들과 수평선 대칭이기 때문이다. 이 장에서는 자기 순환 구조를 살펴보았지만, 각 대륙이 내부 구획을 갖는다는 것도 알았다. 이것은 또 하나의 소득으로서, 각 대륙을 해석하는 데 유리하다.

그리고 하나 설명해 둘 일이 있다. (2, 4) 대륙에서 비틀림 과정이 있었는데, 이는 미래가 위에서 오기 때문에 일어나는 현상이다. 만일 미래가 아래에서 오는 존재라면 비틀림은 아래쪽에 나타난다.

결국 초시간적으로 보면 대칭이 되는 것이다.

 이와 같은 것을 일컬어 현대 과학에서는 초대칭이라고 부르는데, 주역의 세계에서도 초대칭이 빈번히 나타난다. 이는 가끔 착각을 일으킬 정도로 사람을 놀라게 하지만, 비대칭 → 대칭 → 비대칭 → 대칭, 이와 같은 과정이 절대 세계의 섭리이다. 운명 고정 이론은 대륙 구획 이론과 합치되어 있다는 것을 음미하면서 이 장을 마치자.

玉虛眞經 (5)

知者不言 諸不知
잘 아는 사람은 말을 안하고 모르는 사람은 말을 한다.

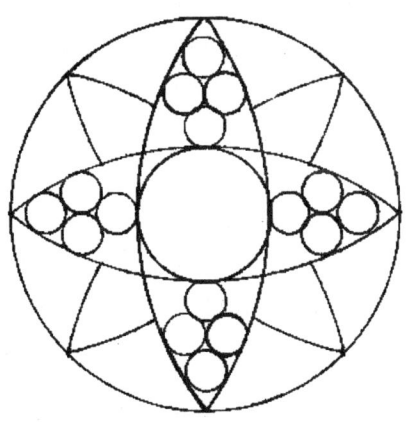

피라미드와 주역

 우리 나라의 국보인 팔만대장경 목판은 수백 년째 제 모습을 유지하고 있다. 나무로 된 물건이 이토록 오랜 세월 동안 잘 보존되고 있는 것은 놀랍기만 하다. 성신(聖神)의 가호가 있을지도 모르겠지만 과학적으로 그 이유가 밝혀지고 있다. 합천 해인사 경내 대장경 보관소는 통풍도 잘 되고 습기도 없으며, 일 년 내내 온도의 변화도 심하지 않다고 한다. 그로 인해 보물인 목판이 신선하게 보전되고 있다.
 그런데 그 곳은 왜 그토록 기후가 좋을까? 첫째는 거시적인 위치 선정에 있을 것이다. 한반도 동서남북의 위치를 뜻한다. 둘째는 가까운 거리의 산이나 하천·수림 등 각종 조건이 부합되어 있을 것이다. 셋째는 기타 종교적 이유라 해 두자.
 중요한 것은 서고 근처의 공간적·시간적 구조이다. 우리 나라의 어떤 산에는 그리 높지도 않은데 여름에도 얼음이 붙어 있거니와, 그 곳도 주변의 구조상 기(氣)의 작용일 것이다. 기는 풍수지리나 인체 또는 옥내 풍수 등에도 아주 중요한 개념이다.

필자도 오랫동안 기 수련을 해 왔다. 예부터 신선이나 도인들은 기 수련을 아주 중시해 왔는데, 기란 주역에서도 절대적 요소이다. 주역은 음양으로 구성되어 있는데, 그것의 작용은 곧 기이다. 인체에 있어 기는 신(神)과 정(精)이라는 양 음의 두 요소에 의해 지배되고 있다.

그런데 인체 외의 자연의 기는 주변 물체의 작용에 따라 크게 좌우되고 있다. 대개 도인들은 상서로운 장소에서 도를 닦고 있는데, 이러한 장소란 기가 잘 통하는 곳을 뜻한다. 그 곳은 동굴 속이나 바닷가·계곡, 또는 도심의 건물 등 다양하겠지만, 기의 발생 내지 소통에는 일정한 법칙이 있다. 예를 들어,

☷
○
☰

이 괘상의 의 장소에는 기가 모이고,

☰
○
☷

이 괘상의 ○ 지점은 기가 흩어지는 것이다. 주역의 괘상은 실로 다양한 기의 공간을 갖고 있다. 삼국지에 보면 제갈공명이 진법(陣法)을 구사하는데, 이것도 기의 공간을 다루는 기술이다. 기라는 것은 광대한 우주나, 또는 원자 내면까지 없는 곳이 없다. 우주 자연은 곧 기의 활동처인 것이다.

기는 우리의 절대적인 관심사인데, 오늘날에 와서는 자연과학에서도 이를 심각하게 논의하고 있다. 특히 신과학의 영역에서는 물질의 공간적 배치에 따른 기의 변화를 깊게 연구하고 있다.

이는 기하 역학(幾何力學)이라는 근원적인 학문의 영역에 해당된다. 기하 역학은 물질이나 그 이전의 시간 공간 등 우주의 모든 것을 기하의 작용으로 파악하려는 이론이다. 필자도 이에 큰 흥미를 가진 적이 있었는데, 그 학문은 결국 주역에 편입될 것이다.

주역은 6개의 효가 있지만, 효와 효 사이는 기의 공간이고, 효 자체는 바로 위상 기하인 것이다. 우리가 만일 건물의 다양한 구조를 정확하게 괘상으로 결정하는 법을 안다면 기하 역학은 곧바로 주역이 될 것이다.

건축물의 모양에 따른 기의 작용에 관한 것으로는 유명한 것이 많은데, 피라미드도 그 중의 하나이다. 오늘날은 과학이 매우 발전했음에도 불구하고 피라미드의 신비는 여전히 밝혀지지 않았다. 어떤 사람은 피라미드를 부정하는 경우도 있겠지만, 오늘날의 과학에서는 이를 실증적으로 연구하고 있다. 물론 피라미드는 신비와 함께 실제적으로 기의 작용을 간직하고 있다.

피라미드 파워는 피라미드 속에서는 음식이 상하지 않는다거나,

면도칼이 날카로워지거나, 환자가 치료되는 현상을 말한다. 이에 대해서는 많은 이야기가 떠돌지만 대체로 긍정적으로 밝혀지고 있다.

물론 주역의 입장에서는 피라미드 파워는 딱 잘라 진실이라고 말할 수 있다. 주역은 갖가지 기의 공간을 다루는 학문으로, 피라미드 파워를 부정할 리 없다.

피라미드 파워란 피라미드 모양에 따른 특수한 기의 형태이거니와, 자연의 각종 형태의 기운을 곳곳에 간직하고 있다. 언젠가 우리 나라의 어떤 피라미드 파워 연구가가 자그마한 피라미드를 짓고 그 곳에서 생활한다는 얘기를 들은 적도 있다.

이 장에서는 피라미드 파워에 대한 실마리를 제공하고자 한다. 그러나 피라미드 파워라고 해서 대단할 것은 없다. 그저 제갈공명이 펼치는 수많은 진법 구조 중에 하나라고 생각하면 된다. 실제 우주에서는 실제 상황이 중요하지 꾸며댄 신비는 절대 신비가 아니다.

주역에는 448개의 진형 공간이 있는데, 피라미드도 그 중의 하나이거나, 또는 그 복합적 공간에 지나지 않는다. 주역을 공부하는 사람은 448개의 진형 공간을 익혀야겠지만, 이 장에서는 괘상 영역에 속한 기의 뜻을 알면 된다.

우리는 그 동안 괘상 자체의 뜻을 알기 위해 충실했거니와, 이를 지형으로 볼 때 우리가 그 속에 머물고 있을 때는 그 지형의 기의 영향을 받게 되는 것이다. 옛날 한고조 유방은 서축 땅에 머물게 되었는데, 그 곳은 금의 땅이었고, 유방은 화의 성질이어서 그 땅을 지배할 수 있었다.

이는 오행으로 구분한 공간의 특성이지만 주역은 64괘가 있으므로 더욱 다양한 공간의 특성을 이해할 수 있다. 피라미드도 그 중에 하나이지만 실은 오행처럼 주어진 특성이라기보다는 복합적인 특성이다.

주역은 448개의 세세한 진형에 대해 규명하고 있지만 세속에서는 주역의 신비를 잘 모른다. 세속 사람들은 잉카니 마야·피라미드·모아이 등 별로 수확(?)이 없는 것에만 매달린다. 하지만 신비를 동경하는 인간의 마음은 언제나 희망적인 것이다.

피라미드에 대해 얘기해 보자. 우선 모양이 특이하지만 그 어떤 것보다도 안정적이다. 피라미드는 단순하지만 그렇다고 옹졸한 느낌을 주지는 않는다.

우선 공간 도형에 대해 따져 보자. 정다면체는 온 우주를 통해 오직 5개만 존재하는데, 이에 대해 플라톤이 상당한 의미를 부여했다는 것은 앞서 얘기했었다. 정다면체 5개는 정4면체·정6면체·정8면체·정12면체·정20면체 등이다.

이 중에서 피라미드는 중앙 범주에 속하는 정8면체이다. 물론 지표면에 나타난 것 외에 그와 똑같은 모양이 지표면 아래로 묻혀 있을 경우이다. 아무튼 피라미드는 정8면체 또는 반정8면체인데, 정8면체는 정다면체 범주의 중앙이라는 점 외에도 아주 중대한 특성이 있다.

그것은 피라미드의 꼭지점을 연결하면 3차원 공간 좌표가 된다는 것이다. 피라미드는 지표면에 5개의 꼭지점이 나타나 있지만 지하에 숨은 1개를 더하면 6개가 된다. 그리고 꼭지점 연결에 의해 만들어진 3차원 공간 영역은 8개인데, 이것들은 모두 정3각형 8개로 덮을 수 있다. 지표면에는 그 중 4개 면이 나와 있다.

만일 우주 공간에 피라미드가 있다면 그것은 필경 6꼭지점 8면인 피라미드일 것이다. 필자는 우주 공간에 떠도는 피라미드가 반드시 존재한다고 믿는다. 그에 대한 이유는 충분하지만 여기서는 피라미드 구조에 대해서만 언급하자.

기하 역학에서 가장 먼저 생각할 것은 공간의 구조물이 기의 출입을 막아주는 역할을 한다는 것이다. 이러한 구조물은 적절히 배치했을 때 기의 렌즈 역할을 할 수 있을 것으로 예상할 수 있다. 구조물이 기의 반사와 취합을 할 수 있기 때문이다. 다음을 보자.

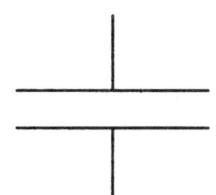

이 그림은 평면 두 개를 마주보게 배치한 것이다. 재료가 금속일 경우 전자 공학에서는 이와 같은 구조를 콘덴서라고 하는데, 전기를 저장하는 역할을 한다. 저장 용량은 판의 면적과 거리에 비례하게 되어 있다.

그런데 최근의 과학 분야에서는 이와 같은 판 구조 안에 심상치 않은 기의 현상이 포착되었다. 이는 구조가 기의 흐름에 관여한다는 뜻이다. 그리고 기는 전기·자기·에너지·중력파·공간력 등으로, 모든 기의 흐름을 뜻한다.

구조물은 바로 이러한 기의 흐름을 제어하고 또는 임의의 공간에서 기를 발생시킨다는 것이다. 이런 뜻에서 보면 우주에 분포되어 있는 수많은 별들은 그 자체로서 하나의 진식(陣式)이라고 볼 수 있다. 진식이란 삼국지 또는 무협지에도 등장하는데, 주역에서는 괘상을 만드는 근본 요소이다.

다음을 보자.

└

이는 판자 두 개를 직각으로 세워놓은 것이다. 상자의 모서리로 생각하면 된다. 여기에 판자 하나를 더 덮으면 삼차원 모서리가 되는데, 그 공간에서는 구조에 대응하는 기의 작용이 일어나고 있다.
여기서 기란 바람이나 열·빛·습도·기압·전기·자기 등 모든 것을 뜻하지만, 특히 중요한 것은 구조물 근방에서는 외부에서 공급한 기를 제외하고도 스스로 발생하는 기가 있다는 사실이다.
기는 어느 것에나 흐르는데, 삼차원 모서리에서는 세 개의 골짜기를 따라 흐르게 된다. 3차원 모서리는 골과 판면이 마주보고 있기 때문에 판에서 반사된 기, 또는 발생된 기가 정면의 골로 향한 다음 안전하게 빠져나간다. 콘덴서 구조의 경우 평면과 나란하게 사방 팔방으로 기가 확산된다. 좀더 쉽게 이해하기 위해서는 바닥과

천장만 있는 원두막을 생각하면 될 것이다. 그러나 만일 한쪽 벽을 막아 놓으면 기는 세 방향으로 흩어질 것이다. 다음을 보자.

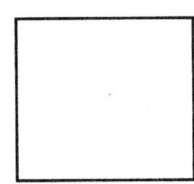

위의 그림은 사방을 판자로 막아 놓은 구조인데, 판과 판이 마주보고 있다. 이는 2중 콘덴서 구조인데, 피라미드의 경우는 뾰족한 됫박처럼 한쪽 공간을 막아 놓았다. 이는 비스듬한 콘덴서가 2차원 평면을 모두 막고, 또한 3차원의 한쪽을 막아 사각형의 뾰족 모자와 같은 모양을 이룬 것이다.

피라미드 구조에서 가장 중요한 것은 꼭지가 막혀 있다는 것과 삼각형 덮개 판이 서로 마주보고 있다는 것이다. 이는 로켓 엔진처럼 점차적인 확산 구조를 가지고 있다.

존재하는 모든 정다면체는 모두 5개밖에 없는데, 이들은 어느 것이나 꼭지점에서 열린 쪽으로 확산하는 구조이다. 그런데 정4면체·정6면체·정12면체·정20면체는 어느 쪽 판이든 수직선을 세우면 그것은 골짜기와 만난다.

그러나 유독 정8면체만은 판에서 수직선을 세워도 반드시 판에 도달하게 되어 있다. 게다가 정8면체는 3차원 공간 영역을 정확히 8개로 나누어 준다. 주역의 팔괘를 정8면체에 존재하는 8곳의 모서리 공간에 배치하면 완전히 현실과 부합한다. 그러므로 피라미드는 팔괘를 배치할 수 있는 구체적인 공간인 것이다. 이는 모든 다면체 중에 유일한 구조이다.

정8면체의 8개 모서리 공간에서는 기의 반사와 발생 등이 가장 순조롭게 이루어질 것이라고 예상되는데, 그 이유는 바로 구조 때문이다. 피라미드 구조, 즉 정8면체는 그 특성이 아주 풍부하고 가장 조직적이다.

정12면체나 정20면체는 아름답기는 하지만 그 내면의 공간에서 기의 흐름은 한 곳에 모여 있다.

정4면체는 급격하거나 쏠려 있다. 급격한 이유는 3차원 공간 8개 요소를 감안하지 않은 칸막이 때문인데, 그러한 구조 속에서는 기의 흐름이 골짜기로 쏠리게 마련이다. 정6면체는 기가 선형으로 소용돌이치게 되는 구조이다. 판과 골짜기가 마주보고 있어서 기의 흐름은 중간에 선형으로 집결된다.

이에 비해 피라미드에서는 기가 4각면으로 형성되고 꼭지점에서 멀어질수록 기가 유연하게 확산된다. 주역에서는 이를 괘상 면으로 환원할 수 있는데, 만일 태양이 존재하는 상황이라면 64괘와 피라미드 공간을 완전하게 대응시킬 수 있다. 이렇게 해서 만들어진 피라미드 괘상 공간은 실제로 주어진 공간에서 괘상의 기를 발산할 것이다.

하지만 이는 실험 과학자에게 맡길 일이고 우리는 주역 공부에 충실해야 할 것이다. 이 장에서는 피라미드 공간에 대응하는 괘상 분포를 규명하겠는데, 실증적인 것은 잊어버리고 괘상의 고도 조직에 대해 음미하는 것만으로도 충분하다. 여기서 잠시 주역의 괘상과 대응하는 피라미드 방향을 먼저 설정하자.

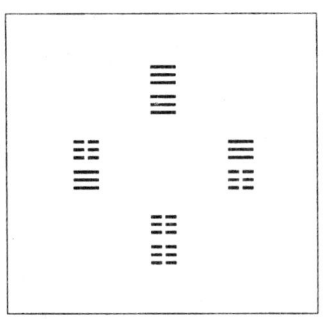

그림은 꼭지점 영역에 4개의 괘상이 모여 있는 것을 보여 주는데, 좌측은 동쪽, 위쪽은 남쪽이다. 우리 나라 지도를 뒤집어서 본다고 생각하면 된다.

이제부터 피라미드 괘상 공간을 만들어 보고 모든 괘상들의 체계적인 성질들을 살펴보자. 먼저 할 일은 피라미드 공간과 괘상 평면도를 조율하는 일이다.

잠시 방법을 설명하겠다.

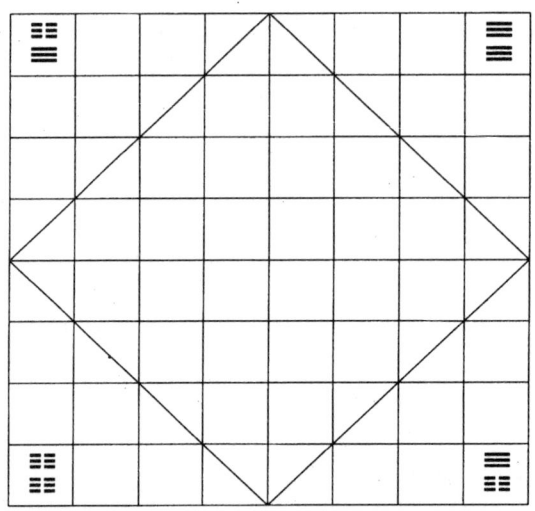

그림은 시공 지도, 즉 전상도인데, 사선을 그은 곳을 접는다고 생각하라. 중앙 지점은 이미 접혀서 땅 속으로 들어가 있는 상태이다. 이제 땅 위의 피라미드를 만들 차례이다.

사선을 따라 접으면 ☰과 ☷이 만나고 또한 ☵과 ☲이 만난다. 실제로 3차원 공간이 만들어지기 위해서는 평면 도형의 모양을 조금 바꿔야 하지만 상관없다. 위상 공간이라는 것은 본시 늘이거나 줄이거나 상관없다. 중요한 것은 상대적 위치인데, 이는 위상 관계로, 주역에서 가장 중요한 것이다.

그림에서 땅 속에서는 ☷과 ☰이 만나고, 또한 ☲과 ☵이 만나는 상태이다. 독자들은 실제로 만들어 보아라. 피라미드 공간은 정삼각형의 쪽지 8장을 붙여놓은 것이다. 이왕이면 적색·청색·녹

색·백색 등 색종이를 사용하라.

 필자는 나무나 플라스틱을 사용하여 여러 가지 크기로 수십 개를 만들어 보았다. 이것을 가지고 재미있는 주역놀이 게임도 할 수 있다. 이 게임은 나중에 소개하기로 하고 갈 길을 가자. 피라미드가 만들어진 상태를 살펴보자.

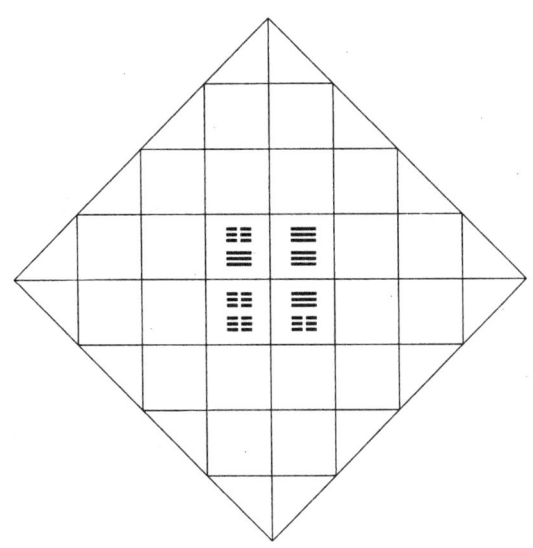

 이것은 피라미드를 위에서 본 모양이다. 아래쪽에도 이와 같은 모양이 있다는 것을 유념하라. 빈 칸은 독자들 스스로가 채워 보라. 채울 수 없는 사람도 걱정할 필요 없다. 이제부터 각 부분을 상세히 설명하면서 괘상을 배치할 것이다.

 피라미드의 방위는 이미 얘기했다. 현재 위에서 내려다보이는 피라미드는 괘상이 32개이다. 나머지 32개는 지하에 들어가 있기 때문에 당연한 일이다. 이제부터 상상력을 발휘해서 작업을 하자. 아예 피라미드 모형을 만들어 놓으면 손으로 들고 이리저리 돌려가며 작업을 하면 된다.

  피라미드는 세워 놓고 옆에서 보면 사각형 팽이 모양이다. 사실 팽이가 이런 모양이라면 어리석겠지만 우주 공간에서는 상관없다. 그 정도가 아니다.

  만일 피라미드 모양의 거대 인공 위성을 공간에서 팽이처럼 돌린다고 생각해 보라. 그 안에서는 최대한의 평면이 생겨 도시들이 들어설 수 있고, 또한 올라갈수록 쉬운 산과 깊어질수록 떠오르기 쉬운 바다도 만들 수 있으며, 지구와 똑같이 적도와 극지방도 만들어질 수 있고, 기후를 조절하기도 쉬울 것이다.

  왜냐 하면 평면으로 규격화된 공간에서는 기의 흐름도 순탄하기 때문이다. 만일 우주의 어떤 고도 문명이 있다면 도넛 형태의 인공 위성보다 피라미드 형태의 인공 위성을 만들 것이다. 필자가 우주 공간에 입체 피라미드가 있다고 믿는 이유는 이 때문이다.

  다시 본론으로 돌아와 피라미드 팽이를 보자. 우리는 여기에 한 가지 장식을 하고자 한다. 단순히 수직선을 긋고자 하는 것뿐이다. 이는 지도상에 경도를 긋는 것과 마찬가지이다. 다만 팽이를 돌려가며 수직으로 내리긋는 것이다.

  한 면을 보자.

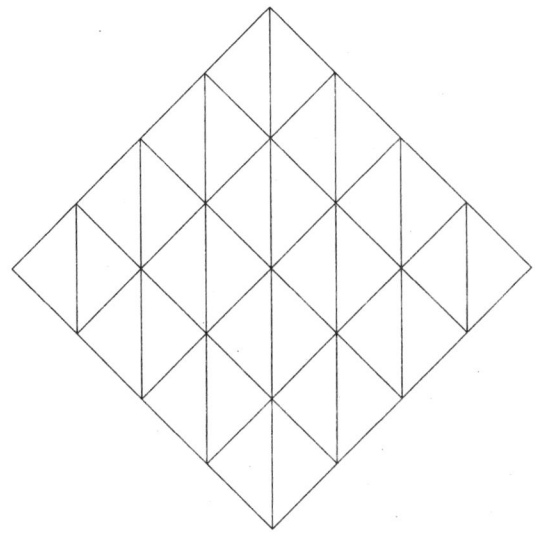

 이 그림은 피라미드 팽이를 옆에서 보면서 수직선을 내리그은 것이다. 그러나 공에 긋는 것과는 차이가 난다. 피라미드 팽이에는 면이 4개 있다. 잘 이해가 안 되는 사람은 피라미드의 모형을 만들어서 그려 보라.
 여기서 중요한 것은 내리그은 선이 7개라는 것이다. 따라서 피라미드 형태의 팽이 전체에는 28개의 수직선이 있다. 이에 대해 손뼉을 치며 감탄하는 독자가 있을 것이다 그는 주역을 열심히 공부한 사람이다. 28은 신비의 숫자인 동시에 주역의 숫자이기 때문이다. 또한 28수나 윷놀이 말판을 만드는 숫자이기도 하다.
 다시 피라미드를 보자.

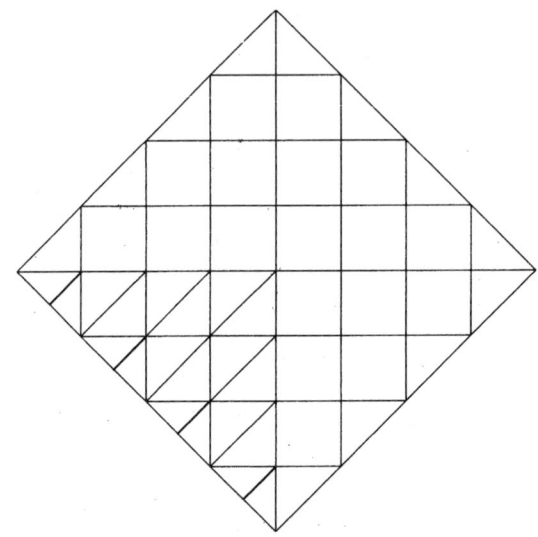

그림은 피라미드 형태의 팽이에 나 있는 수직선을 위에서 본 모양이다. 한쪽 면을 그린 것으로, 여기서 유의할 점은 바로 그 한쪽 면의 구성에 있다. 사각형 6개가 있으며, 그 반쪽짜리가 4개인데, 이 중에서 반쪽짜리는 아래쪽에서도 보인다는 뜻이다.

이제 피라미드 표현에 있어서 구획도를 다 그렸는데, 모두 64개이다. 이 구획은 피라미드 내부 공간을 향해 자신의 성질에 맞는 기를 발산하고 있다. 그 현상은 오늘날 신비주의자들이 말하는 피라미드 파워로, 그들은 그 힘이 꼭지점 근처에서 가장 강할 것으로 추정한다.

주역에서 그 공간은 ☷ ☰ ☷ ☷ 등 네 가지 기운이 배합되는 곳이다. 물론 지하 쪽에 있는 꼭지점에서는 의미가 다르다. 그리고 괘상에서 알 수 있듯이 피라미드 파워는 태양의 위치에 따라 약간의 움직임이 있을 것이다.

이제 피라미드 형태의 팽이에 배치된 괘상을 살펴보자. 먼저 ☰이 속한 수직열인데, 이를 남중(南中)괘라 하고, 그들은 다음과 같다.

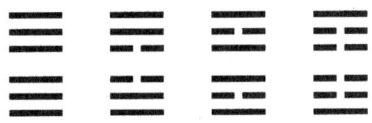

이 괘상은 중앙에서 바라보면 상하가 같다. 회전 대칭이라 일컬어지는데, 이들은 모두 ⚌의 구조를 갖고 있다.

⚌은 양극으로서, 중앙에서 위로 빠져나가는 양과 다시 중앙으로 들어오는 양이 같다. 그러므로 양은 사라지지 않고 계속 유지되는 모습을 나타낸다. 가장 격렬한 양극, 또는 불멸의 에너지로서 하늘의 도리, 천황의 위치, 도인의 마음, 꺼지지 않는 등불 등 마치 오늘날의 원자력과 같은 것이다. 이는 살아 있는 것의 극치로서 가장 맑으며, 끝없는 자연의 신(神)과 같은 존재, 영혼 또는 과학에서 등장하는 타키온 등이 이에 속한다.

우주의 근원에는 이와 같은 힘이 존재하며, 도인들은 이 곳과 통하는 수련을 한다. 어린아이의 마음이 바로 이런 상태이다. 한마디로 끊임없이 샘솟는 에너지라고 말할 수 있다.

☱은 격렬하게 샘솟는 에너지가 적당히 활용되는 모습이다. 수치로 비교해 보면 5만큼의 양으로 저장되어 있던 에너지가 5만큼 다시 쓰이는 것이다. 이는 사전에 충분히 배정되고 계획된 대로 활용되는 것이다. 조준된 탄환이 발사되는 모습과 같다. 사전에 준비된 에너지는 모든 상황에 대비한 것이므로 마음껏 쓸 수 있다. 씨앗이나 알·묘목, 어린아이의 성장 등이 이 괘상에 속한다. 이는 화산 폭발과는 다른 차분한 에너지의 폭발이다. 어린아이가 어머니의 뱃속에서 나오는 것이나, 알이 부화되거나, 학생이 졸업하는 것 등이 이에 속한다.

☲은 에너지가 적절히 모양까지 갖춘 모습이다. 준비된 물건을 내놓거나, 군자의 실력이 비로소 그 진가를 발휘하는 격이다. 훌륭한 여인의 몸매가 드러나는 것도 이 괘상에 비유된다. ☲은 상하는 크고 중간은 작다. 즉, 미인의 가슴·허리·엉덩이, 음악의 아름다운 선율, 펠레의 축구 묘기도 이와 같은 리듬이 있다. 정밀한 군사작전도 이와 같다.

☳은 자그마한 에너지를 점점 크게 만드는 모습이다. 아래에서 열심히 움직이므로 성장하는 상태로, 국민이 훌륭하면 국가는 성장하게 마련이다. 마찬가지로 근로자가 성실하면 회사는 크게 성장하는 법이듯이 이빨이 튼튼하면 음식도 잘 소화된다. 운동을 해서 건강을 유지하는 모습이다.

위의 괘상은 모두 상하 괘의 에너지 차이가 0이다. 따라서 ☱의 상태는 계속 유지된다.

다음은 남중에서 좀더 변형된 괘상 세 가지이다.

이 괘상은 축적된 에너지보다 좀더 적게 사용되는 것들이다. 따라서 외형적으로는 ☱라 할지라도 내면은 ☵이다. 이로써 알 수 있는 것은 내부에서 사용 압력이 증가하고 있다는 것이다. 그러나 상하 에너지의 차이가 2로서 최소이기 때문에 그나마 견딜 수 있다. 이 정도도 견디지 못하면 안 된다.

☴, 에너지가 많은 사람은 조금만 써도 크게 느껴진다. 부자가 돈을 쓰는 모습으로 그 동안 충분히 비축된 에너지를 쓰는 것과 같다. 원전에 소축(小畜)이라고 명명한 뜻은 바로 여기에 있다. 7만큼 저장되어 있는 에너지를 5만큼 쓰는 것이므로 저축인지 과소비인지 생각해 봐야겠다.

옛 사람은 5라는 양을 무척 많다고 생각해서 소축이라고 명명한 것 같다. 이것을 군사 작전에 비유하면 다소 빠른 속도로 적진에 진격하는 모양이다. 그러므로 충분히 계산되지 않은 상태에서 이렇게 진격한다면 포위당할 염려가 있다. 전투란 적을 물러나게 한 후에 전진하는 것이 최선이다. 무작정 맞부딪치는 것은 실패작이다.

☳, 다 큰 딸이 시집가는 모습. 집에 있으면 아버지가 불편해하고 어머니가 짜증을 낸다. 떠오르는 태양, 충분히 쉬고 난 다음에는 일을 나가야 하는 법, 대포가 멀리 날아가는 모습. 옛날에는 이 괘상을 보고 활과 화살을 만들었다고 한다. 뻥튀기 과자도 이 모습이다. 출근하기 위해 집에서 나온 모습.

원전에서의 괘명은 규(睽)로, 두 명의 실력자가 한 곳에 머물러 있으면서 서로 다투는 모습을 지적한 것이다. 그러나 마침내 실력을 갖춘 선수들이 외국으로 향한다.

☶, 아랫목을 담요로 잘 덮어놓은 상태, 절묘한 곡선의 천도복숭아의 모습, 여인의 풍만한 몸매, 훌륭한 선물을 멋지게 포장한 상태이다. 두툼한 봉투, 약간 노출된 여인의 하체, 신사의 정중한 태도를 나타낸다.

필자는 어려서부터 꼬막이라는 조개류를 좋아했다. 그래서 언젠가는 꼬막을 가지고 산에 놀러 갔다. 그것을 요리하기 전에 흐르는 물 속에 담가 놨는데, 그 모양이 무척 평화롭고 신비해 보였다.

평화롭다는 것은 산 속의 한가한 개울이었기 때문에 그렇게 느낄 수 있다지만, 왜 신비하게 느껴졌을까? 여러 사람들에게 그 이유를 물어 봤지만 시원스레 대답을 해 주는 사람을 만나지 못했다.

그러던 어느 날 주역을 공부하던 중 홀연히 깨달았다. ☶ 괘상이 눈앞에 나타나는 순간의 깨달음이었다. 단정한 스튜어디스의 모습, 복숭아·조개 등은 모두 풍만한 아름다움을 나타내는데, ☶이 바로 그런 모습인 것이다. 성격이 꽉꽉하고 지독한 사람은 아름답지 않다. 미(美)에는 풍만과 단정함이 포함되어 있어야 하지 않을까? ☷을 보면 필자는 항상 그런 생각이 든다.

다시 괘상으로 돌아오자.

상하의 차이가 4인 괘상으로, 제법 압력을 많이 받는다. 물론 둘 다 ⚌이다.

☲, 하늘 위에 떠오른 빛나는 태양, 스포츠나 연예 또는 정치계의 스타, 충분한 역량을 갖춘 군자의 모습이 밖으로 보이는 상태이다. 위대함이란 바로 이런 모습일 것이다. 속으로는 에너지가 충만하고 겉으로는 아름다움이 빛난다. 하지만 영광은 한때뿐임을 명심해야 한다. 영원히 사랑받는 여자는 있을 수 없다.

☵, 군중들이 지도자를 받드는 모습. 아랫사람은 윗사람의 도움을 받고 있다. 훌륭한 집은 높은 담이 있어야만 한다. 적당히 엄격한 아버지의 딸, 오랫동안 저축한 돈을 아껴 쓰는 모습이다.

☷은 ⚌ 괘상 중 상하의 차이는 6으로 압력이 가장 높다. 이 정도면 견디는 것이 결코 쉽지 않다. ☰은 기운이 많이 모여 팽창하

고 있는 모습으로, 군자의 실력이 넘쳐흐르는 형상이다. 덕 있는 사람은 실제로 거대해 보이기 마련이다. 원전의 괘명은 대축(大畜)이다. 인생에 있어 돈보다 더 중요한 것은 인격과 학문이다. 어느 날 갑자기 벼락 부자가 되는 수도 있지만 학문은 하루 아침에 이루어지지 않는다. 인격은 더욱 그렇다.

사람은 누구나 지금 자신이 가지고 있는 것이 무엇인가를 생각해 봐야 한다. 오로지 돈밖에 없다면 학문에 힘 쓸 일이다. 원한만 쌓여 있다면 풀어야 한다. 빚만 쌓여 있다면? 용기를 잃지 말라. 쌓여 있는 것은 언젠가는 없어지게 마련이다.

이상으로 남중의 괘상과 한쪽 날개인 괘상을 살펴보았다. 그러나 아직 한쪽 날개가 더 남아 있다. 이제 그 날개를 살펴보자.

이 괘상들은 모두 ☲에 속하지만 하괘보다 상괘가 2만큼 더 활동하고 있다. 이는 해결 값으로 계산하면 -2다. 해결 값이 마이너스가 나온다는 것은 상하 괘의 압력이 줄어들고 있다는 뜻이다.

지금 살펴보는 괘상들은 피라미드 남쪽 영역에 배치되어 있는 것으로 모두 ☲이다. 다만 ☲ 중에서도 중앙은 0이고, 좌우로 플러스와 마이너스 값을 갖고 있다. 전체적인 구성은 다음과 같다.

-6, -4, -2, 0, 2, 4, 6

모두 ☰ 영역에 있다. 달리 나타내면,

☰(☷), ☰(0), ☰(☷)

여기서 ☰(☷)는 -6, -4, -2이고 ☰(0)은 0이다. 또한 ☰(0)은 ☰(☷)이라고 써도 된다. 이러한 표현은 흐름의 성질을 파악하는 데 필요하다. ☶ ☶ ☶ 은 -2의 해결 값을 갖는 한편 ☰(☷)에 해당된다. 괘상을 음미하자.

☶ 은 앞발과 뒷발의 모습이다. 걸음이란 앞발이 나가면 뒷발은 뒤로 처져 있다가 앞으로 나가는 것이다. 두 발이 함께 나갈 수는 없다. 군대의 전진도 선두 부대의 진행 속도를 감안해서 후속 부대가 따라가는 것이다. 사회 생활도 어른이 앞서고 애들은 그 뒤를 따르게 된다. 좀 뒤늦게 출발한다고 해서 크게 해가 되지는 않는다. 그러나 앞서면 조급하게 생각하여 해를 당할 수도 있다.

☶, 흙 위에서 자라는 나무에 비유되며, 아무리 뛰어난 장수라 해도 부대가 있어야만 그 능력을 발휘할 수 있다. 안내를 따라서 움직이므로, 무리로부터 이탈하지 않는 형상이다. 남편과 아내가 서로 힘을 합친다.

☲, 모여 있다가 분리되는 형상. 옛 성인은 이 모양을 보고 시장을 만들었다고 한다. 시장은 생산지의 물건을 모아 소비자에게 팔아 각각 분리시키는 역할을 한다. 이빨은 음식 덩어리를 부수고, 학문은 숨겨져 있는 진리를 드러내는 것이다. 이렇듯 정부는 백성의 욕구를 자유롭게 풀어 주어야 한다.

이상은 하괘가 상괘를 약간씩 잡아당기고 있는 괘상들이다. ䷚의 ☳은 앞발을 제한하는 뒷발이며, ䷛의 ☴는 나무뿌리를 잡고 있는 흙이며, ䷔의 ☳은 추를 달아놓은 것이다. 모두 겉모습이 ☶이지만 잘 유지되고 있다. 다음 괘상을 보자.

이들은 ☶(☶)인데, 해결 값이 -4로써, 아래가 위를 못 쫓아가는 모습이다.

☶은 멀리 있는 님을 향한 마음을 보여 준다. 도인의 포부는 하늘의 섭리와 함께 하는 것, 미인의 꿈은 영웅의 품에 안기는 것이다. 그러므로 주변의 작은 일에 연연하지 말고 포부를 크게 가져라. 다 함께 가는 길에 나만 홀로 낙오된다면 이는 나의 게으름 때문이다.

☳은 다급하게 제동을 거는 모습으로, 곡괭이가 땅에 박힌 형상이다. 옛 성인은 이를 본받아 농기구를 만들고 농사를 독려했다. 땅속에는 양의 기운이 들어가고, 숨어 있던 에너지가 드디어 겉으로 모습을 드러내는 격이다. 달리는 말의 고삐를 단단히 쥐고 있다.

이상의 괘는 최대한 활동적인데, 이 상태가 유지되면 더 이상 바랄 것이 없다. 하지만 상하의 구조가 심하게 괴리되고 있다. 왜냐하면 아래에는 위의 작용을 감당할 만한 에너지가 부족하기 때문이다. 이제 마지막 남은 ☰의 괘상을 보자.

☷은 ☰(☷)인데, ☰의 괘상 중 가장 격렬하다. -6이라는 해결 값이 그것을 증명한다. 이 괘상은 불이 붙은 건물에서 군중이 한꺼번에 밀려나가는 형상이다. 폭발하는 모습, 마른 하늘의 청천 벽력과 같은 현상이지만, 한 가닥 양기가 아래에 깊이 꽂히고 있다. 급작스런 행운으로 분명하게 희망이 보이고 있다. 이는 분발을 필요로 하는 것으로, 겸손히 호소하며 윗사람과 사귀어야 한다.

이상으로 ☰의 16개 괘상을 모두 살펴보았다. 이들은 전체적으로는 위로 향하는 성질이 있지만, 그 내면에는 두 가지 작용이 일어나고 있다. 즉,

☰(☷), ☰(☰), ☰(☷)

이러한 구조는 괘상의 내적 현상을 이해하게 해 준다. ⚏은 상하 괘가 서로 접근하여 하나로 합쳐지면서 끝내는 대성괘의 구조가 파괴된다. 그리고 ⚌(⚏)은 그대로 유지되고, ⚌(⚌)은 상하 괘가 서로 멀어져 끝내는 파괴된다. 자연 현상은 효가 모여 소성괘가 되고, 다시 소성괘가 모여 대성괘를 이루지만, 대성괘는 붕괴되거나 초대성괘로 커질 수도 있다. 한편 소성괘 자체가 붕괴되어 효로 산산조각날 수도 있다.

자연계는 미세한 기(氣)들의 단편이나 수포와 같은 세계이지만, 이 세계에서 집단, 즉 괘상들이 생겨나는 것이다. 주역은 기의 수포 속에서 덩어리가 형성된 후 이 덩어리들끼리의 작용을 다루는 것이다. 이를 새로이 설명해 보면 주역은 기(氣)의 작용으로 이루어진 기(機)를 살펴보는 것이다.

우리는 방금 기(機)의 집단이 있는 남쪽 세계를 살펴보았는데, 그곳은 16개의 괘상이 존재하고, 그들은 각각 -6, -4, -2, 0, 2, 4, 6 등의 해결 값을 갖는다. 이를 더욱 단순히 분류하면 ⚌(⚏), ⚌(⚌), ⚌(⚌) 등 세 가지로 나눌 수 있다.

이제 정반대에 있는 북쪽 세계를 살펴보자. 먼저 북중을 보면 괘상은 다음과 같다.

이 괘상은 모두 ⚏에 속하고 해결 값은 0이다. 따라서 현상이 잘

유지되고 있다.

☷ 은 위대한 음극으로 물질과 실질 그 자체를 뜻한다. 황무지·천하·경륜(經綸)의 대상이 된다. 유순하게 존재하며 에너지를 수용한다. 대지는 만물을 수용한다. 여인의 덕, 음의 덕을 기르는 것, 포용하는 것이다. 우리는 광대한 대지를 바라보는 것만으로도 큰 덕을 배울 수 있다.

우주는 음극과 양극으로 나뉘어 있는데, ☰ 과 ☷ 을 알면 모든 사물, 즉 괘상을 알 수 있다. 주역은 양극과 음극으로 이루어져 있기 때문에 쉽게 다가갈 수 있다. 공자는 이렇게 말했다.
 "건곤(乾坤)은 주역의 문인가! 모든 변화가 그 곳으로부터 나온다."
음은 아래에서 안정하고 위에서 활동하는 특징이다. 이는 양의 특징과 반대이다.

☶ 은 음이 둘로 나누어지는 모습을 보여 준다. 즉, 높고 낮은 산의 모습과 같다. 괘상의 모양은 마치 새가 날개를 활짝 펼친 것처럼 보이는데, 뜻도 그와 마찬가지이다. 그러나 이는 매우 위험한 상태이다. 음이란 아래로 내려오는 법, 하늘 높이 나는 새도 떨어지기 마련이다. 그러나 상하의 균형이 맞기 때문에 좀더 오래 버틸 수 있다. 물론 괘상 자체가 그렇다는 뜻이다.
 괘상은 무거운 형상을 나타낸다. 위축된 것을 다시 억누르고 있다. 암울한 모습으로서, 좀처럼 분위기를 바꾸기가 어렵다. 한쪽은 마음을 감추고 다른 한쪽은 필요 없는 행동을 해서 결국은 사랑이 깨지고 만다. 육체는 강제로 가질 수 있지만 마음까지 가질 수는 없다.

☷, 계속 아래로만 치달리지만 유연성을 가지고 있다. 물은 그것을 어떻게 사용하느냐에 따라 그 모양이 달라진다. 우선 물을 가두어 둘 그릇이 필요하다. 이와 마찬가지로 백성을 다스리기 위해서도 우선 그들이 정착할 곳을 마련해 주고 각자의 소속을 나누어야 한다. 사람은 많이 모이면 자연히 큰 힘이 생기기 마련이다. 그러므로 각자 가슴 깊숙이 숨겨져 있는 힘을 밖으로 표출시키려면 그들의 마음을 이해하고 받들어 주어야 한다.

☷, 잡지도 못하고 막지도 못해 오히려 한 곳에 몰려 있는 형상이다. 자그마한 일터에 일꾼이 너무 많으므로 노동을 한다 해도 그 수입을 보장하지 못한다. 즉, 조만간 구조 조정이 필요할 것이다. 몸에 종기가 있으면 수술로 도려내고 열기가 있으면 침으로 뽑아내야 한다. 큰 짐을 운반하는 모습인데, 작은 짐으로 나누는 것이 좋을 것이다. 현재는 가까스로 버티고 있다. 접시를 덮어놓은 형상, 단단히 막지 않아서 아래로 흘러내리게 된다. 접시는 원래 보관하기 위한 도구로 만들어진 것이 아니었다. 모임을 형성하기 위해서는 먼저 그 구성원들의 욕구를 생각해야만 한다. 남자의 마음을 사로잡기 위해서도 억지로 쫓아다니지 말고 달콤한 것을 줘야 한다.

제5권 사물의 운명 141

이상은 ☷(☷)으로서, 하향 균형이 이루어지고 있는 괘상이다. 여기서 눈여겨볼 것은 ☶이 강한 하향이고, ☵은 약한 하향이라는 점이다.

다음 괘상을 보자.

이 괘상은 북쪽에서 벗어난 것으로, 해결 값이 2이고 ☷(☷)이다. 이는 누르는 힘이 작용한다는 뜻이지만 그 힘은 별로 강하지 않다.

☶, 내면에는 힘이 있으나 겉으로는 따르는 겸손한 모습이다. 낮추고 또 낮추면 자신의 본 모습이 드러나게 마련이다. 고요 속에 대군이 숨어 있는 모습으로 6.25 때 압록강 근처의 상황과 같다. 중공군은 대부대가 숨어 있다가 한꺼번에 남하하여 국군을 궁지에 몰아넣었다. 그리고 1.4후퇴, 흥남 철수의 상황에 비견된다.

굳게 닫힌 문 안쪽에서 부인이 벼르고 있다. 이왕 꾸지람을 들을 상황이라면 차라리 더 늦게 들어가는 게 낫다

☶, 바위에 막혀 샘물이 오르지 못한다. 고지대에 있는 마을로, 홍수 걱정은 없다. 혼돈이 풀리면서 실마리가 드러난다. 난관에서 서서히 빠져나가는 중이지만 아직 마음을 놓을 단계는 아니다. 모든 난관은 최후에 거대한 요동이 일어나기 때문이다. 질서 있는 탈

출이 이루어지는 모습, 그러나 자유도 질서를 지키지 않으면 폭동에 지나지 않는다. 빨래를 쥐어짜는 모습, 궁색하면 친구도 멀어지는 법이므로 끝까지 자신의 곁에 남는지를 살펴보면 누가 과연 의리 있는 사람인지 알 수 있을 것이다.

☷, 접시 위의 음식, 여러 사람이 손쉽게 먹을 수 있도록 접시를 사용하는 것이다. 샘물은 만인의 것, 인심이 피어나고 있는 모습이다. 구름이 비를 모으고 있으므로 비를 기대해도 좋을 듯하다. 깊숙이 파고들어 개발하는 모습, 티끌 모아 태산이라는 말도 있듯이 작은 일도 열심히 하다 보면 곧 길이 열리는 법이다.

이들은 ☵(☵)의 형상. 해결 값이 4로서, 작용이 활발하다.

☷, 군중이 한 곳에 모여드는 모습이다. 대지가 풍부하게 물을 함유하고 있어 우물을 파기 쉽다. 풍파 없는 곳에 자리잡은 백성들. 만물은 각자 제자리가 있는 법, 때가 되면 밖으로 움틀 것이다. 지하에서 의논을 하는 모습으로, 머지않아 행동으로 나타날 것이다. 폭풍 전야.

☷, 튼튼한 말을 타고 있는 장수(말은 원래 ☰ 또는 ☳ 등으로 나

타낼 수 있지만 사람과 비교하면 ☷밖에 되지 않는다). 레일 위를 달리고 있는 기차, 정도를 벗어나지 않은 상태에서 기회를 엿보고 있다. 군대가 열을 지어서 행군하는 모습, 정보나 물건이 체계적으로 이동하는 모습, 잘 닦인 도로를 달리는 자동차, 모두 순탄하게 앞으로 전진하는 모습이다.

배수량이 충분한 배, 줄을 잡고 올라가는 등산가는 아무런 위험이 없다. 멍석 깔고 그 위에서 놀고 있는 모습.

다음 괘상을 보자

☳, 해결 값이 6으로서, 활동이 너무 많은 상황. 이미 싹이 돋아나는 모습으로 상황이 무르익어 활동을 개시할 때이다. 정돈된 군대가 명령을 받은 상태, 계곡의 거센 물줄기, 움직이는 그네, 경쾌한 행진의 모습, 씨앗이 잘 뿌려진 밭이다. 부수입이 좋은 직책, 경기장이나 연예인의 무대, 또는 온 국민이 지켜보는 국회를 말한다. 이상으로 ☵의 한쪽 날개를 살펴보았다.

나머지 날개를 보자.

이들은 ☵(☵) 현상으로서, 해결 값이 -2다. 이는 괘상이 상하로 확산하고 있다는 뜻이다. 단지 -2는 작은 값이기 때문에 확산의 정도는 크지 않다.

☳ , 대지를 뚫고 올라온 우레이다. 잠자는 도시에 군대가 진입하는 모습, 음악을 통해 잠자고 있는 마음을 흥겹게 불러일으킨다. 먼 옛날 우리 조상들은 선돌을 만들었다. 그것은 일으킴이라는 행위를 상징하는 것으로, 자연에 대한 도전을 의미한다. ☳ 은 바로 이처럼 일어남을 표현하는 것이다. 또한 예비한다는 뜻도 있는데, 앞서 나간 우레를 따라갈 준비가 되어 있는 상황이다. 새로운 움직임이 구체적으로 일어난 상황.

☶ , 안개가 산을 덮는 형상으로, 혼란이 와서 꼼짝 못 하는 모습이다. 땀을 흘리는 모습으로, 시련이 닥쳐왔을 때 잘 견딘다. 밧줄로 묶어 놓은 상태.

☱ , 갇혀 있는 모습, 그릇이 커서 벗어날 수 없다. 그릇이 크다는 것이 바로 벗어나기 어렵다는 상징이다. 마음의 굴레도 벗어나기 어려운 큰 그릇이다. 지나치게 개인의 자유를 억압하는 법은 감옥과도 같다. 빈약한 모습, 바닥이 드러나 더 이상 신비할 것도 없다. 몸만 자랑삼던 여자가 하룻밤을 지내고 나면 무엇으로 권위를 유지할까?

　이 괘상은 갇혀 있다는 것이 요점인데, 이는 담겨 있다는 것과는 사뭇 다른 의미이다. 갈 곳이 없어서 가 있는 것을 갇혀 있다고 표현한다. 그러나 좋아서 가 있는 것은 담겨 있다고 말한다. 그릇의 크기란 상대적인 의미이다.

다음 괘상을 보자.

이들은 해결 값이 -4로서, 상하의 간격이 제법 크다. 그러나 ☷(☷)의 형상에서 중간 정도이므로 적당한 모습이다.

☷☵, 대지를 덮고 있는 물, 이는 벌판에 군중이 모여 있는 모습이다. 그들은 어디론가 움직일 것이다. 군대가 적에게 노출되어 있어 공격 목표가 될 수 있다. 그러므로 재빨리 몸을 숨기든지 진지를 구축해야 한다. 백성들이 국토에 있다. 이를 보살피는 것이 바로 정부의 의무이다.

☷☴, 어린 싹을 감싸준다. 사랑은 이처럼 감싸주는 것이다. 두둔하는 것도 사랑이다. 무덤을 만들고 그 주위를 감싸놓은 것은 조상에 대한 정성이다.
부드럽게 애무하는 모습, 바람에 날아갈까 봐 지붕을 묶어놓은 모습이다.
다음 괘상을 보자.

☷☳, 해결 값이 -6으로, 이탈의 힘이 강하다. ☷(☷) 현상의 극한. 전체가 아래로 내려오는 중에 상괘는 밖으로 발돋움한다. 높은

대문의 모습, 환영의 뜻이 있다. 유치원 선생님처럼 아랫사람을 잘 보호하고 있다. 멀리 나가 있는 파견 기지, 대민 창구, 고속 도로 한가운데의 비상 연락 전화, 소방용 비상 기구함 또는 물탱크, 전화 번호부, 야영지의 텐트, 자그마한 임시 안식처.

 이상으로 ==의 괘상을 다 점검했다. 이들은 ==(==), ==(==), ==(==)의 구조를 갖고 있다. 또한 북쪽에 자리잡고 있는바, 이들의 날개는 남쪽의 괘상들처럼 해결 값의 분포를 보여 주고 있다. 해결 값에 대해서는 이미 앞장에서 공부하여 알고 있겠지만 시간 에너지 값, 또는 음양의 섞임을 뜻한다.
 그런데 우리는 지금 피라미드 좌표 내에서는 음양의 값을 논하지 않았다. 지금부터 이것을 살펴볼 생각이다. 앞서 우리는 해결 값을 구하는 방법을 사용하였는데, 그것은 하괘의 값에서 상괘의 값을 뺀 것이었다. 즉, a - b(단 a는 하괘, b는 상괘).
 이에 비해 음양 고저(高低)의 값은 다음과 같은 방식으로 주어진다.

　　a+b

 하나의 괘상은 해결 값과 고저 값을 갖고 있다. 고저 값은 동서의 괘들에 사용함으로써 남북 괘와 함께 전상도의 순환을 확인할 수 있다. 동서 괘에 대해 살펴보자.

제5권 사물의 운명 147

이들은 모두 ☷에 속하는 것으로, 고저 값은 0이다. 이는 음양이 균형을 이루고 있다는 뜻이다.

☷. 최대의 압력을 가진 우주 최초의 괘상이다. 에너지가 극대치로서 오래 견딜 수 없다. 이는 기(氣)의 극한이지만 이것이 장차 쓰여서 기(機)를 이루지 못하면 귀중할 것도 없다. 장독 속에 묻어 놓은 황금으로 영원히 그 상태대로 놓아두면 돌이나 마찬가지이다. 큰 기운은 훌륭한 곳에 쓰여야 한다. 단전 속에 기가 형성된 것으로, 이를 단(丹)이라고 한다. 또한 뇌가 고요한 상태. 남녀가 화합하고 기술과 자본이 합친 상태이다.

☷, 군대가 원대 복귀하는 모습이다. 그러나 시집을 간 여자가 이렇게 행동해서는 안 된다. 먼 곳에 떠나 있던 가족이 돌아오고 새가 둥우리를 찾는다. 이 괘상은 극한으로 축적된 기운이 최초로 풀리는 형태인데, 우선 무엇에 이 기운을 써야 하는지 신경 써야 한다. 떠나가는 사람이 미련이 남았는지 자꾸 뒤를 돌아보고 있다. 출발부터가 상당히 무겁다. 그러나 떠나야 할 사람은 떠나고 돌아올 사람이 돌아와야 한다. 대규모를 동시에 투입할 때는 철저한 사전 점검이 필요하다. 군대가 도시에 진입하는 모습으로, 백성들의 생활을 위축시킬 것이 틀림없다.

☷, 음양의 쓰임새가 적중하고 있는 모습, 위아래의 교감이 충실하다. 음식에 양념이 골고루 퍼진 모양. 국가가 만약 이런 상태라면 돌발 상황에 대비해야 한다.

완전한 것, 아름다운 것은 오래 지속되지 못한다. 완급이 조정되는 능숙한 처신은 경륜에 의해서 가능하다.

☶, 휴식을 취하는 모습. 사물은 정지함이 있어야 다시 크게 움직일 수 있다. 집이란 가두는 곳이 아니다. 갈 곳에 가지 않고 집에만 있는 것은 공연히 피해 있는 것이다. 그러므로 쫓아내야 한다. 용은 물에서 사는 것이 아니라 쉬는 것이다. 중요한 일이 아니면 경솔히 밖에 나가지 않는 것이 군자의 처신이다.

이상으로 ☳(0)을 점검했는데, 모두 동중(東中)의 괘상이었다. 다음을 보자.

이것은 고저 값이 2로서, 약간 위로 떠올려지는 현상을 나타낸다. 약하다는 말은 그 자체 내의 부분적인 차이를 말하는 것이므로, 외부에서 볼 때 이 괘상들은 아주 강력하게 상하가 밀착되어 있다.

☶, 거대한 물체가 하늘 위로 올라가 권력을 장악한 모습이다.

높은 산이나 건물, 강력한 무기로 중무장한 군대. 이 괘상은 자체적으로 압축, 상쇄되어 밖으로 2 정도의 상향성을 가지고 있을 뿐이다. 그러나 안으로는 압축력이 대단하다.

옛 성인은 이 괘상을 보고 집을 지었는데, 아래에 있는 양은 기둥, 위의 음은 써까래로 표현했다. 거대한 항공모함이 바다에 떠 있는 것도 이 괘상으로 나타낼 수 있다. 물이냐 하늘이냐는 중요하지 않다. 괘상이란 상대적인 관계를 표현하는 것이기 때문이다.

나무의 입장에서 보면 물과 하늘은 각기 다르다. 물에서는 뜨고 하늘에서는 떨어지기 때문이다. 그러나 쇳덩이 입장에서는 물이나 하늘이나 마찬가지이다.

이 괘상은 무거운 물체가 떠 있다는 그 자체가 중요할 뿐 어느 곳에 떠 있는지는 문제가 아니다. 권력은 거대한 물체에 비유된다. 그것이 떠 있다는 뜻은 유지된다는 뜻이다.

☵, 담겨 있는 모습이다. 그러나 갇혀 있다는 뜻과는 다르다. 연못의 물을 가만히 들여다보면 이를 갇혀 있다고 말할 것이다. 그러나 주역의 괘상에서는 뜻이 매우 중요하다. 방 속에 있다 하더라도 호텔에 있으면 담겨 있는 것이고 감옥에 있으면 갇혀 있는 것이다.

담겨 있다는 것은 예의 범절을 갖춘 모습이기도 하다. 무술의 동작도 사람을 그 속에 담아 놓는다. 군대의 절도 있는 행진은 담겨 있는 것이다.

하지만 강제로 어떤 태도를 취하라고 지정되어 있는 것은 갇혀 있는 것이다. 어린아이가 부모 손에 이끌리는 것은 담겨 있는 것이지만, 형사가 범인의 팔을 잡고 가는 것은 갇혀 있는 것이다.

☵, 갇혀 있는 모습이다. 자유가 억압되어 있을 때는 갇혀 있다고 말할 수 있다. 할 말을 못하고 있을 때도 마찬가지이다. 사회 정의가 권력에 의해 통제될 때도 갇혀 있는 것이다. 이러한 상태는 결코 오래갈 수 없다. ☵은 현재 갇혀 있는 상태이기 때문에, 탈출하려는 압력이 증가하고 있다. 사회가 만약 이런 상태라면 머지않아 혁명이 일어날 가능성도 있다.

이상으로 ☵(☵)인 현상으로 고저 값이 2인 괘상을 살펴보았다. 다음 괘상을 보자.

고저 값이 4로, 압력 때문에 위로 솟구치고 있다.

☴, 안개에 쌓인 하늘의 모습으로, 혼란한 사회를 뜻한다. 즉, 앞길이 보이지 않는 상황이기 때문에 적당한 때를 기다려야 한다. 군대가 숲 속을 통과하는 모습이다. 밥과 반찬. 메마른 공간에 습기를 공급하고 있다. 인간에게는 정서가 필요하다.

☱, 높은 물, 낮은 물. 주렁주렁 열린 열매. 높은 곳에 있는 연못

은 물을 떨어뜨려 공급하고 낮은 연못은 물을 담아 놓는다. 이것저것 살림살이를 마련한다. 군자는 다양한 지식이 있어야 한다.

☱, 주역 64괘 중에 양기가 가장 많이 솟구치는 괘상이다. 고저 값은 6으로, ☱ 중의 극한. 높은 곳에 위치한 폭군을 물리치는 장면. 상음은 주역 384 자리 중 가장 위험한 위치, 신분이 들어난 범인과 같다.

그러므로 체포는 시간 문제이다. 소인배가 제멋대로 군자를 지배한다. 어찌 오래 갈 수 있으랴! 혁명을 일으킬 시간이 임박했다. 약한 봉지 속에 들어 있는 무거운 물건, 곧 터질 것이다. 끝없는 욕심은 모든 것을 잃는다.

다음 괘상을 보자.

☷(☷)으로서 고저 값은 -2, 압축 속에 아래로 집결하는 중이다.

☷, 깊은 바다, 뿌리를 내린 노점상, 터줏대감, 깊은 곳에 감추어진 물건, 구중 궁궐, 깊은 산 속의 계곡.

☷, 꽉꽉 눌러 담은 밥. 지나치게 집요한 성품을 가진 사람은 남을 이해하지 못한다. 살림살이가 불필요하게 많으면 불행을 초래하

는 법, 마음 속에도 여유로운 공간이 있어야만 한다. 대문과 방문을 잠그고 이불을 뒤집어쓰고 있으면 산송장이다. 자신에게 도취된 사람, 자신을 겉으로 내보이지 않는 사람 등을 말한다. 좋은 칼을 만들기 위해서는 천만 번 두들겨야 한다. 훌륭한 전사는 혹독한 훈련을 통해서만 만들어진다.

☷, 사물의 시작, 미래는 미지수이다. 안개 속을 헤매는 군대, 숲 속에 들어선 사냥꾼, 사업을 막 시작한 개인이나 집단, 건국, 삼국지의 도원 결의, 경쟁에 뛰어든 영웅, 뱃속의 어린아이, 물 속에 빠진 벌레, 국물 속의 고깃덩이, 번거롭지만 실속 있는 내용을 말한다. 다음 괘상을 보자.

고저 값이 -4로서, 침울한 괘상이다. ☷(☷)현상인바, 내부적으로 크게 내려앉고 있다.

☷, 한밤중에 돌아다니면 봉변을 당할 수 있다. 천하가 혼란하면 인재는 숨어 버린다. 마음 속에 훌륭한 생각을 품고 있는 군자, 진흙 속에 박힌 진주, 초야에 묻혀 사는 현자. 어둠은 영원할 수 없는 법, 속으로 실력을 기르며 때를 기다릴 것.

☳, 대대적인 보수 작업, 끊임없는 도전, 불굴의 정신, 히말라야 등반대, 캠프를 치고 전진하면서 제2, 제3의 캠프를 설치한다. 군대의 야전 지휘소 하나씩 점진적으로 처리해 나간다. 난관은 계속 이어진다. 성인의 유골을 감춘 높은 탑.

☶, 희망을 주는 괘상. 한 가닥 좋은 소식, 좋은 징조, 고저 값은 -6으로 ☷ 중에서 가장 무거운 괘상이다. 그러나 활로가 보인다. 어린 사자.

이상으로 ☷ 괘상을 모두 조사했다. 이들은 ☷(☷), ☷(0), ☷(☰)의 구조를 갖고 동쪽에 자리잡고 있으며, 남북으로 양팔을 벌리고 있다. 이제 남은 괘상 ☷을 보자.

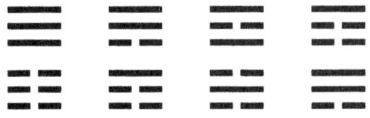

☷(0)인 현상, 고저 값이 0으로 상하가 괴리되고 있는 모습이다.

☷, 최악의 상태, 또는 말끔히 청소가 된 상태이다. 주역 64괘 중 가장 나쁜 모양이다. 부부라면 싸움도 아예 관심을 끊은 상태로서, 우주의 종말이 이러할 것이다. 공간은 밖으로 사라지고 물질은 안으로 붕괴된다. 사업은 무에서 새로 시작한다. 주역 64괘 중 최대의 어트랙터.

☶, 새떼가 점차적으로 날아오르는 상태. 군대가 전진하고 후속 부대는 대기 중이다. 산의 나무, 훌륭한 간판, 끊임없는 퇴적 작용과 풍화 작용, 점차 성장하는 어린아이.

☳, 뿔뿔이 흩어지는 모습. 계약이 만료된 상태, 얼음은 녹고 물은 미지근해지는 상태, 머리는 뜨겁고 손발은 차다. 동상이몽. 사물의 위치가 효과적으로 배치되어 있지 못하다.

☱, 서로 고집을 피우는 모습. 부인이 바람을 피우고 있다가 꼬리가 길어 모든 일이 백일하에 드러난 상태이지만, 아무리 덮으려고 애써도 역부족이다. 속 다르고 겉 다른 모습. 속으로 곪아 있어 수술이 필요하다.

그러나 후유증이 큰 상태이므로 휴식이 필요하다. 또한 접시 위의 고기이므로 칼이 필요하다.

다음 괘상을 보자.

==(☰)로서, 고저 값이 2, 위로 약간 치우친 모습이다.

☶, 하늘 아래 엎드린 산의 모습으로서, 세상으로부터 등을 돌린 상태이다. 다 떠나가고 마지막 남은 모습이지만, 그것도 끝내는 떠

나갈 터이다. 남과 섞이지 않으려고 끼리끼리 뭉쳐 있는 모습. 멀리 떠나 버린 님.

☶, 안개가 걷히고 원한도 풀리고 있는 상태이자 갇혀 있다가 해방된 모습. 대범한 사람의 약점은 치밀하지 못한 점이다. 쏟아진 물그릇. 마음을 비우고 나면 큰 문제가 없다. 잊지 못하는 것은 큰 병이지만 지나치면 자신에게 아무것도 남지 않게 된다. 보편적 사랑과 개인적 사랑 모두 필요하다.

☶, 완성된 모습으로 한 송이의 꽃이 아름답게 피어 있다. 사물의 근원적 형상을 밝히고 있다. 꽃이란 모여서 이루어진다는 뜻, 즉 근원적 형상을 말한다. 공자의 제자인 자로가 말했다.
"산에 핀 대나무 스스로 바르다."
이에 대해 공자가 가르쳤다.
"대나무 앞에 촉을 씌우고 뒤에 깃털을 달면 목표에 더욱 적중하지 않겠는가!"
아무리 마음이 바른 사람이라 할지라도 학문이나 격식을 갖춰야 한다는 말이다.
곡식도 익혀 먹으면 더욱 좋은 법이다.
다음 괘상을 보자.

고저 값이 4로, 상승 작용이 커서 흩어지며 위로 몰리는 현상을 나타낸다.

☶, 비로소 옳고 그름이 가려진 상태로, 안개는 말끔히 걷혔다. 옥석(玉石)이 구분된다. 신분이 너무 다르다. 즉, 오르지 못할 나무는 쳐다보지 말라는 교훈이 담겨 있다. 뜻이 다른 사람, 군자는 천하를 생각하건만 소인은 자신의 가족만 생각하는 법.

☴, 시원한 바람이 불어와 맺힌 것을 풀어 준다. 인간에게는 저마다의 분수가 정해져 있다. 오는 것은 받아들이고 떠나는 것은 그냥 보내 버려라. 기회는 누구에게나 있다. 단지 중요한 것은 그것을 붙들 수 있는 기술이다. 돌고 도는 세상.

☵, 거칠게 달리는 말, 이것을 조종한다는 것은 매우 힘들다. 그러나 고삐를 단단히 쥐고 있으면 된다. 심한 방황, 갈 곳이 없다. 의지를 굳건히 할 것. 고집이 센 여자에게는 좋은 남자가 없다. 착한 여자에게 영웅이 찾아오기 마련이고, 응석은 한계가 있는 법이다. 억지는 오래 가지 못한다.

이상으로 한쪽 날개를 살펴봤다. 다른 괘상을 보자.

제5권 사물의 운명 157

고저 값이 −2로, ☵(☵)의 괘상이며 상하로 벌어지는 현상 속에 아래로 치우친다.

☴, 바람이 대지 위로 불어 소식을 전하고 있다. 대지는 얼어붙은 상태, 숨어서 세상을 바라보고 있다. 여자만 사는 마을, 남자가 필요할 듯하다.

☲, 나그네, 안식처를 찾지 못한 채 방황하고 있다. 저축이 없는 상태, 자유 분방한 성격, 고독한 팔자, 한 곳에 오래 머물지 못한다. 쌓아놓은 물건이 점점 없어진다.

☶, 난관은 벗어났으나 나아갈 방향을 잃었다. 넓은 들판에 들어선 물, 개울을 찾아야 한다. 사람이 많이 다니는 곳으로 골목으로 향해야 한다.

험난을 이기고 우뚝 선 고독한 군자. 그러나 전진하지 못하고 뒤로 물러선다. 산에 안개가 걷히고 있다.

다음 괘상을 보자.

고저 값 -4로서 무겁다.

☷, 조심스러운 전진, 먼길을 떠나는 사람이 서두르다 보면 지치게 마련이다. 세상이 넓다는 것을 알고 조심스럽게 움직여라. 실업난이 해소되고 세상이 점점 밝아오고 있다. 크게 될 사람은 처음부터 한 곳에 잡아 놓지 말 것. 출가하는 모습.

☶, 산 넘어 산, 전진하고 쉬고 또 전진하라. 티끌 모아 태산. 버섯이 천천히 밤새 조금씩 자라고 있다. 험난 속에서도 굳건하게 지킬 수 있으면 행운은 반드시 찾아온다. 큰 집, 작은 집 저마다의 역량이 있는 법.
작은 일에 크게 움직이는 소인배, 군자는 태산 같은 부동의 자세를 배운다.
손자는 이렇게 말했다.
"군대의 움직임은 정지했을 때 산과 같다."
다음 괘상을 보자.

☶, 고저 값이 -6으로, 심하게 처져 있는 모습이다. 산이 허물어지는 형상. 민심이 흩어지는 것을 어떻게든 막으려 한다. 아랫사람의 마음을 휘어잡을 수 있는 것은 오로지 인격뿐이다. 백성이란 으

레 원망이 많은 존재이듯이 아랫사람은 윗사람한테 바라는 것이 많다. 공자가 말했다.

"큰 나라를 다스리는 것은 작은 생선을 요리하는 것과 같다."

아랫사람을 사랑하고 이해하지 못하면 지도자가 될 수 없다. 아랫사람은 자신의 요구 사항을 참고 견디며 우선 위를 받들어야 한다.

이상으로 피라미드 팽이의 표면에 배치되는 64괘 모두를 조사했다. 피라미드 파워는 이들 괘상이 내공간으로 반사하는 기의 흐름이며, 모든 괘상은 일정한 틀을 갖고 있다. 이는 64괘가 28종류의 부챗살 같은 결을 가지고 원을 이루고 있다는 것이다. 그런데 28종류의 부챗살은 다음과 같은 보다 단순한 구조를 갖고 있다.

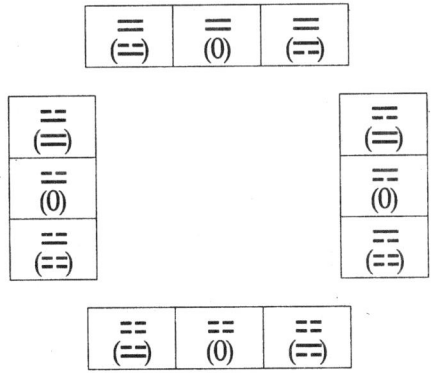

이 그림은 기본적으로 4×3 → 12로서, 12지(支)를 나타내고 있다. 이는 28이라는 순환 체계도 결국 12라는 단순 체계로 환원된다는

뜻이다. 그리고 12라는 체계도 최종적으로는 4로 귀결된다는 뜻이다. 주역의 괘상은 4가지 종류로 구분되는데, 각 묶음은 7개의 단계로 표현된다. 구체적인 값은 다음과 같다.

6, 4, 2, 0, -2, -4, -6.

이와 같은 모양을 갖는다. 이로써 우리는 28수나 12지, 4상 등의 관계를 한꺼번에 정리했다.

이 장에서는 시공 지도, 즉 전상도의 기능 중 전체 순환성을 살펴본 것이다. 괘상은 전상도 안에 단순히 사각형으로 배치되어 있으나 그 내용은 아주 다양한 틀이 숨어 있다. 이들은 차차 살펴보게 되겠지만 괘상은 보는 방법에 따라 뜻도 새로워진다.

물론 괘상의 뜻이 변할 리는 없다. 다만 괘상은 복합적인 뜻이 있으므로, 우리의 인식은 그것을 한 번에 느낄 수 없기 때문에 이리저리 보는 방법을 바꾸는 것뿐이다. 그러다 보면 전체적인 모습이 보일 때가 올 것이다.

괘상은 참으로 단순한 모양을 갖고 있다. 그러나 그 뜻은 인간의 단어처럼 단순하지 않다. 인간의 단어는 세분되어 있고 분석적으로 되어 있으나, 주역의 괘상은 복합적인 것이다.

예를 들어 인간의 언어 중에 사랑은 'love'나 애(愛) 등으로 얘기하지만 ☶ 등 괘상은 여섯 개 단어가 모인 조직적인 문장이다. 만일 우리가 주역의 괘상에 아주 익숙해진다면 말로 내뱉기 전에 확연하게 느낌을 가질 수 있을 것이다. 주역 원전에는 이렇게 표현되어 있다.

'말은 마음을 다 담을 수 없고 글은 말을 다 담을 수 없으므로 성인의 마음은 알 수 없는 것인가? 그렇지 않다. 주역의 괘상을 펼쳐서 모든 것을 보일 수 있다.'

괘상은 언어보다 어렵다. 우리는 사물을 설명하고자 할 때 언어를 사용하는데, 이를 괘상으로 대치할 능력이 있다면 사물의 본질을 이미 단숨에 파악한 것이다. 전쟁터를 방문한 지휘관이 상황을 길게 논문으로 써서 보고할 수도 있지만, 주역의 괘상을 아는 사람은 이를 괘상으로 표현하고 상황 타개의 요점을 즉시 밝혀낼 수 있을 것이다.

주역의 괘상을 이리저리 틀 속에 배치하는 것은 괘상의 용도를 알기 위해서가 아니다. 오히려 그러한 틀을 공부함으로써 괘상 자체의 뜻을 더욱 분명하게 하기 위함이다. 우리는 그 동안의 노력에도 불구하고 괘상에 대해 더더욱 익숙해져야 한다.

쉬어 가기 (1)

　인생이란 어떻게 살아야 하는 것일까? 이는 철학이나 종교에 있어서 제1의 명제가 아닐 수 없다. 종교에서는 인생을 신의 섭리 안에서 벗어나지 않도록 자제하면서 살기를 원한다. 물론 적극적인 교리 전파, 철저한 믿음 등이 요구되는 것이다. 이러한 것이 최선의 인생이라면 더 말할 나위 없이 쉬운 것이 인생길이다. 그저 시키는 대로 살아가면 그만인 것이다. 물론 어느 종교를 택하느냐는 매우 심각한 문제가 된다.
　도인들의 경우는 믿음이나 교리 전파는 큰 문제가 아니다. 그들은 천지의 원리를 탐구하거나 인격을 높이는 일이 인생의 주요 목표이다. 도인의 목표 역시 단순하다면 단순하다. 하지만 이들은 공적(公的)으로 인생을 살아가는 것 같다. 왜냐 하면 천지의 원리는 오로지 하나이기 때문이다. 세상에는 91가지 종교가 있지만 자연의 원리는 하나일 뿐이다. 도인들은 그것을 탐구하며 합일하기 위해 인생을 살아가는 것이다.

인격 수양도 그렇다. 일반적으로 선한 덕을 추구하는 도인으로서는 소속 종교가 필수 사항은 아닌 것이다. 도인은 물론 하늘을 숭배하고 천하를 이롭게 하기 위해 살아가지만, 무엇보다도 중요한 것은 자기 완성이다.

자기 완성이란 몸과 마음을 단련하여 천지의 최고 섭리를 깨닫고 합일하며, 종래에는 성인에 도달하는 길이다. 즉, 도인의 목표는 바로 성인이 되는 것이다. 공자는 이렇게 말한 바 있다.

'아침에 도를 들으면 저녁에 죽어도 좋다(朝聞道 夕死可矣)'

이 말은 도를 깨닫고 나면 언제 죽어도 좋다는 뜻이다. 도가 무엇인지는 간단히 말할 수 없으려니와, 공자는 도인의 일생은 도를 깨닫는 데 있다고 가르친 것이다.

석가모니는 일찍이 도에 대해 가르친 바 있는데, 말로는 전할 수 없기 때문에 꽃을 들어 보였다는 얘기가 전해져 온다. 이 때 가섭이 이를 알고 빙그레 웃었다는 것이다. 성인의 뜻은 마음에서 마음으로만 전해질 수 있다는 것을 보여 준 대목이다.

어쨌건 도인의 일생은 천지의 도리를 깨닫고 수행하는 데 있다는 것을 알 수 있다. 만일 도인의 일생이 모범적 일생이라면 우리는 이렇게 말할 수 있다. 즉, 인생이란 천지의 큰 도리를 깨닫고 수행하는 데 그 뜻이 있다고.

아닌게 아니라 인생에 있어 부귀 영화를 누리며, 자식을 기르고, 나라에 공을 세우고, 널리 사람을 사귀는 등 행복을 얻는다 할지라도 무상함을 금치 못할 것이다. 요는 영원한 가치와 부합되는 것이 무엇이냐이다. '영원한 가치', 이것이 바로 도를 일컫는 것이겠지만, 이는 속인들의 인생과 너무나 거리가 멀다. 우리 자신은 어떠한 사람일까? 왜 인생을 살아가는가?

여기서 한 가지 말해 둘 것이 있다. 주역을 공부하는 사람은 최고의 도리를 얻기 위해 공부하는바, 주역에서 말하는 최고의 도리는 물론 천지의 근원, 즉 성인의 핵심은 아닌 것이다.

주역의 도리는 천지 자연이 있고 나서 존재하는 모든 원리를 설명하고 있을 뿐이다.

공자가 말한 '아침에 듣고 저녁에 죽어도 좋을' 도는 주역 이전의 내용이다. 그것은 석가모니가 꽃을 들어 보인 것처럼 성인의 마음에서 성인이 될 사람에게 전해지는 것이다. 그것은 천지 이전의 섭리이기 때문에 괘상으로는 설명할 수 없다. 왜냐 하면 주역이란 천지라는 존재를 설명하고 있는 도리이기 때문이다.

다만 성인이라 할지라도 천지의 섭리를 알기 위해서는 주역 공부를 해야만 한다. 그래서 공자도 성인이 된 연후에 주역을 공부했던 것이다.

또한 주역은 세상에 참여할 수 있도록 가장 훌륭한 길을 열어 주고 있다. 성인은 천지 화육(天地化育)을 돕는다고 하였는바, 주역의 도리가 아니면 그것이 가능할 수 있겠는가! 하늘의 신이든 땅의 성인이든 최고의 도리는 모두 주역에서 나오는 것이다.

玉虛眞經 (6)

天下多忌諱 而民彌貧
하지 말라 금하는 법이 많으면 반드시 백성은 더욱 가난해진다.

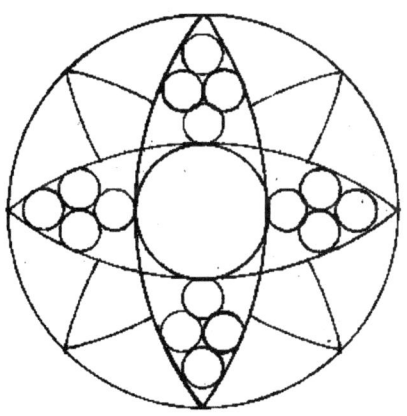

하느님의 뼈

 필자는 어릴 때부터 주역을 탐구하기 위해 종종 깊은 산 속으로 들어간 적이 있었다. 산 속이라고 해서 도서관이나 집 안 서재보다 특별히 나을 것은 없다. 다만 세속과 떨어져 있으므로 사람의 방해를 받지 않게 되고 그윽한 분위기에서 깊게 집중할 수 있기 때문에 산을 찾았던 것뿐이다.
 그 곳에서는 단순히 머리로써 공부하는 것이 아니다. 명상을 하고, 육체를 단련하고, 천지 신명께 빌며, 문제에 집중할 때는 그야말로 생명 전체를 던졌던 것이다.
 30년 전이지만 지금까지도 생각나는 일이 있다. 필자는 주역을 탐구하기 위해 계룡산을 찾았다. 오늘날 계룡산은 육군 본부가 있고, 곳곳에 도로가 뚫려 산의 기운이 다 사라진 상태이다. 괘상으로는 ☶ 로 나타낼 수 있는데, 이는 훼손되었다는 뜻이다.

그러나 30년 전 당시 계룡산은 아직도 깊은 기운이 서려 있어 도인이 수도하기에 적당한 곳이었다. 필자는 정처 없이 며칠간 산을 헤매던 끝에 어느 높은 봉우리에서 심상치 않은 집을 발견하게 되었다. 마침 날도 저문 터라 막연히 그 집으로 찾아들었다.

그 곳에는 아주 근엄하고 단정해 보이는 나이 많은 할머니가 살고 있었다. 할머니는 필자의 행색을 보고 말했다.

"공부하는 사람입니까?"

"아, 네……."

필자는 할머니의 날카로운 질문에 약간 당황하며 정중히 대답했다. 할머니는 방을 안내하고 내일 얘기하자고 하면서 사라졌다. 필자는 상당히 지쳐 있었기 때문에 별 생각 없이 금방 잠이 들었다.

그런데 시간이 얼마나 흘렀을까? 한밤중에 어떤 소리에 놀라 잠에서 깨어났다. 밖으로 나와 보니 주변은 고요하여 신비한 느낌마저 들었다. 그런데 어디선가 경을 읽는 소리가 들려오는 것이었다. 필자는 잠시 귀를 기울였다.

한 사람의 목소리가 아닌 듯싶었다. 경의 내용은 처음 들어본 것이었는데, 그 음성은 고도의 수련에서 나오는 깊고 깊은 느낌을 주었다. 그 소리는 듣는 사람으로 하여금 경건하게 만들고, 마음을 안정시키며, 몸을 상쾌하게 하였다.

필자는 그 소리가 들리는 쪽으로 발걸음을 옮겼는데, 어둠 저쪽에 희미한 촛불을 켜놓고 5~6명의 노인들이 단정히 앉아 있었다. 필자는 감히 다가서지 못하고 집 모퉁이에서 엿보다가 들어왔는데, 경 읽는 소리는 그 후 몇 시간 가량 이어진 것 같았다.

필자는 신비감에 도취되어 밤을 새고 새벽 일찍 살그머니 빠져 나와 지난 밤 노인들이 앉아 있던 곳을 찾아봤다. 그 쪽은 절벽 방향이었는데, 돌로 자리가 조그맣게 마련되어 있었다. 그러나 전날 밤 경 읽는 소리는 필경 사람의 목소리 같지가 않았다.

필자는 절벽 아래를 바라보았다. 마침 날이 약간 밝아오고 있었는데, 절벽 아래는 구름의 바다가 펼쳐져 있었다. 세상의 모든 것은 구름 아래에 잠겨 있을 뿐이다. 필자는 웅대하고 신비한 자연 경관에 도취되어 한동안 서 있다가 다시 방으로 돌아왔다.

그 후 언뜻 잠이 들었는데, 인기척을 듣고 깨어났다. 방문을 열고 보니 할머니가 어느 새 밥상을 차려 왔다.

"어제 요기를 못 했을 테니 어서 드세요."

할머니의 말투는 자상했지만 얼굴이 맑고 단정한 몸매에 적이 놀랐다.

'도인이구나!'

필자는 이런 생각을 하고 있었다. 얼마 후 날이 밝자 할머니가 다시 찾아왔다. 방에 들어선 할머니는 대뜸 말했다.

"거사께서는 어디에서 왔습니까?"

"네, 저는 서울에 삽니다만 우연히 이 곳에 오게 되었습니다."

필자는 최대한 말을 조심하면서 대답했다. 할머니의 말이 이어졌다.

"공부하는 사람이라고 했지요?"

"네, 뭐 조금……."

"무슨 공부입니까?"

"그저 세상을 알려고 이것저것 공부하고 있습니다. 그리고 주역 공부도 하고 있습니다."

필자는 이렇게 말해 놓고 잠깐 후회했다. 근엄한 도인에게 별로 아는 것도 없는 주역을 언급했기 때문에 민망한 기분이었다. 그러자 할머니가 말했다.

"주역이라고요? 좋은 공부를 하고 있군요."

"아, 아닙니다. 이제 조금 해 봤을 뿐입니다."

"그런가요? 젊은 분이 대단하군요. 이 곳이 어떤 곳인지 압니까?"

"아니오, 그냥 우연히 왔습니다."

"허허, 우연치고는 굉장합니다."

"네?"

"이 곳은 찾기가 어려워요. 어제는 왜 엿보고 있었나요?"

필자는 깜짝 놀랐다. 할머니는 필경 경 읽는 일에 몰두했었을 터이고, 필자는 최대한 소리 죽여 숨어서 봤을 뿐인데 어떻게 눈치챘을까? 필자는 겨우 몇 걸음 걸었고 수도장과는 상당히 떨어져 있었다. 게다가 집 모퉁이에 숨어서 잠깐 본 것을 할머니는 눈치챘던 것이다. 필자는 할 말을 생각하고 있었는데, 할머니가 먼저 말했다.

"어제 독경 소리를 들었나요?"

"네."

"무슨 경인지 압니까?"

"모릅니다. 무슨 경이지요?"

"황정경입니다. 황정경을 아나요?"

"모릅니다. 그게 어떤 경이지요?"

"몸과 마음을 닦는 경입니다. 태상께서 지으신 것이지요."
"태상이라니요?"
"노자를 말합니다. 노자를 아나요?"
"네, 노자 도덕경을 읽었습니다."
"아, 그렇구먼. 황정경은 다른 경입니다."
"그건 그렇고…… 어르신네를 뵈올까요?"
"네? 누구를 말씀하시는지요?"
"높으신 분입니다. 우리 스승님이시지요."
"어젯밤에 경을 읽으신 분인가요?"
"아닙니다. 그분은 오늘 저녁에 오십니다."
"그러시다면 한번 뵙고 싶습니다."
"허허, 좋아요. 하지만 그 일은 스승님이 결정하실 일입니다. 우선 산을 둘러볼까요? 적적하실 테니……."
"아, 네, 여기는 어디인가요?"
"태상을 모시는 궁전입니다. 그럼 먼저 박 거사를 소개하지요."

할머니는 잠시 나갔다. 태상이란 노자를 일컫는 존칭이란 것을 안 이상 마음이 놓였다. 필자는 평소 노자를 존경했는데, 궁전이란 말은 그 노자를 섬기며 공부하는 수도장이란 뜻이다.

그런데 박 거사가 누구를 지칭하는지 무척 궁금했다. 신비한 지역에 와서 나 아닌 다른 사람을 만난다는 것이 흥미롭기도 했지만 산속에 머물고 있는 남자를 만난다는 것은 약간 경계심이 드는 일이었다. 잠시 후 할머니가 다시 나타났다.

박 거사는 수염이 덥수룩했고 창백한 얼굴에 눈매가 매우 예리한 젊은이었다. 필자는 겁이 좀 났지만 태연히 인사를 했다.

"처음 뵙겠습니다. 저는……."

필자가 인사를 마치자 박 거사는 약간 거만한 투로 고개를 끄덕이고는 마루에 걸터앉았다. 그는 세속에서 행해지는 통성명의 예를 지키지 않았다. 하지만 필자도 그런 일에는 개의치 않았다. 산 속의 도인이니 그런 형식을 초월했을 것이라고 생각했다.

할머니는 물러가고 곧이어 박 거사와 한가한 대화가 이어졌다.

"어디서 오셨습니까?"

"서울에서요."

"공부하시는 분입니까?"

"글쎄요, 그 물음에는 무엇이 공부인지가 문제겠지요."

필자는 일부러 이렇게 대답했는데, 박 거사의 태도가 오만한 것이 언짢았기 때문이었다. 당시 필자는 제법 사람 보는 눈이 있었는데, 박 거사는 오만하고 표정을 꾸며대는 듯한 느낌이 들었다. 박 거사는 필자를 쏘아보며 말을 이었다.

"공부라는 것은 두 가지밖에 없습니다."

"네? 두 가지라니요?"

"황정경과 주역이지요."

박 거사는 스스로 고개를 끄덕였다. 필자는 당시 황정경이 무엇인지 몰랐기 때문에 그에 대해 물었다.

"황정경은 어떤 경입니까?"

"하하, 속인이 그걸 알 리 없지요. 황정경은 노자가 하늘에서 쓴 책입니다. 땅에 내려와서는 도덕경을 썼지요."

"그렇다면 무슨 내용인지요?"
"음, 황정경은 영혼과 육체의 기운을 강화시키는 책입니다. 우주의 모든 신선과 하늘 나라 사람들이 공부합니다. 이 곳에서도 그걸 공부하지요."
"아, 그럼 그 경을 한 번 볼 수 있을까요?"
"안 됩니다. 황정경은 스승께서 직접 가르치십니다."
"스승이 누구십니까?"
"하하, 무엄하십니다. 감히 스승님에 대해 묻다니. 하지만 이것도 인연이니 대답해 드리지요. 그분은……."
박 거사는 눈을 치뜨며 목소리를 가다듬고는 말을 천천히 이었다.
"스승께서는 150세가 넘었습니다. 일명 신선이지요. 일 년에 몇 번 이 곳에 오셔서 황정경과 주역에 대해 우리를 가르치십니다. 오늘도 오신다고 합니다. 그 어른께서는 먼 곳에서 오시는데, 하루에 천 리를 걷는답니다."
"대단하시군요."
"그분은 우주의 모든 것을 꿰뚫어 보십니다."
"네, 그렇군요. 박 거사님께서는 공부를 많이 하셨나요?"
"하하하, 공부는 끝이 없는 것입니다. 누구나 조금 했다고 말해야 합니다. 나는 하느님의 뼈를 조금 알지요."
"네? 하느님의 뼈라니요?"
"주역을 말합니다."
"주역이 어째서 하느님의 뼈인가요?"
"허허, 이 사람 주역을 도통 모르는군. 주역은 만물의 요지입니다.

핵심이라는 말이지요. 주역에는 64개의 괘상이 있는데, 그것으로 우주의 모든 사물을 설명합니다. 그러니까 하느님의 뼈가 아니고 뭡니까!"

"그렇군요. 주역에 대해 좀더 설명해 주십시오."

"당신은 수골(秀骨)밖에 안 되요. 오골(悟骨)이어야 하는데……."

"수골이 뭐지요?"

"세상의 잡학은 똑똑하게 공부하겠지만 주역은 안 됩니다."

"왜지요?"

"운명입니다. 당신의 관상에 그렇게 나와 있어요."

"제 관상이 나쁩니까?"

"허허, 분수대로 살면 됩니다. 나쁘고 좋고가 어디 있습니까."

"네, 그렇군요. 주역에 대해 말씀해 주시겠습니까?"

"허허, 인간이 인간에게 가르치면 뭐 합니까. 오늘 중 스승님께서 오실 테니 그 때 여쭤 보시지요. 그러나 스승님이 속인과의 면담을 허락하실는지……."

박 거사는 혼자 고개를 끄덕이며 물러갔다. 필자는 박 거사가 공부를 하기는 했지만 으스대기를 좋아하는 것처럼 느껴졌다. 어쨌건 박 거사와의 대화에서는 소득이 없지 않았다. 황정경에 대한 것과 주역이 하느님의 뼈라는 것을 알았던 것이다. 하느님의 뼈, 이는 적절한 표현이었으며, 필자의 마음을 용솟음치게 했다.

'주역의 모든 이치를 통달하리라……'

해가 뜨자 산의 모습이 차츰 드러났는데, 그윽하고 신비하게 느껴졌다. 고요와 적막은 오히려 밤보다 더 깊은 것 같았다. 필자는 주변을 돌아다녔다. 할머니는 멀리 가면 길을 잃는다면서 경치 좋은 곳을 몇 군데 알려 주었다.

과연 그 곳은 절경이었다. 광대한 숲과 고요한 봉우리, 드넓은 하계, 숲 속에는 샘물도 솟아나고 있었다. 너무나 뛰어난 경관과 신비한 숲에 압도되어 감히 시 한 수도 떠오르지 않았다.

'시를 지을 수 있으면 이 곳에서 살고 싶다.'

필자는 자신의 무능을 탓하면서 오래도록 숲 속을 헤맸다. 얼마 후 박 거사가 찾아왔다.

"여기 계셨군. 자, 함께 식사나 합시다."

박 거사는 주먹밥을 건네주며 함박 웃음을 지었는데, 그 표정이 너무도 천진했다. 그 때서야 박 거사가 매우 선량한 사람이라는 느낌이 들었다. 박 거사는 주먹밥을 맛있게 먹고 또다시 얘기 보따리를 풀었다.

"할머니께서 당신은 비범한 사람이라고 하더군요."

"네? 제가요?"

"하하, 할머니는 사람 볼 줄 알아요. 그보다는 역사 얘기를 조금 할까요."

박 거사는 내 의사도 듣지 않은 채 얘기를 시작했다.

"주역은 만 년 전에 만들어졌습니다. 우리 조선의 역사는 5,000년 전보다 그 위로 5,000년이 더 있습니다. 정확히 말하면 단군 조선보다 그 위로 9,000년이 더 있었단 말이지요."

"네? 설마……"

"하하, 놀랐지요? 그러나 사실입니다. 단군님께서는 하늘에서 내려오실 때 주역을 가지고 오셨지요."

"단군께서요? 주역은 중국에서 온 것 아닙니까?"

"하하, 9,000년 전에 중국은 조선의 속국이었습니다. 복희씨는 조선족입니다. 그분이 주역을 최초로 세상에 알리셨지요."

"……."

박 거사는 수많은 역사 얘기를 차근차근 들려주었는데, 꿈 같은 일들이었다. 20여 년이 지나 필자는 그 이야기를 다시 접할 수 있었는데, 그것은《한단고기》라는 우리 나라 고대 역사책에 나오는 얘기였다. 모든 것이 역사적 사실이었다. 우리 민족은 만 년 이상의 역사를 가졌으며, 주역은 바로 우리 민족의 성학(聖學)이었던 것이다. 당시 박 거사의 얘기는 주역에 대한 신비와 함께 우리 민족의 위대한 역사를 일깨워 주었다.

계룡산의 낮은 매우 짧다는 느낌이 들었다. 어느덧 해가 지기 시작했는데, 이 때 할머니가 나타났다.

"어르신께서 오셨는데 보시겠소?"

박 거사가 끼여들어 내 대신 대답했다.

"그래야죠, 인간으로서는 대단한 영광인데…… 자, 갑시다."

박 거사가 앞장 서서 내려가고 필자는 신비한 기분을 느끼며 그 뒤를 따랐다. 속으로는 약간 두려움도 있었으나, 박 거사의 천진함과 할머니의 단정함이 용기를 주었다. 필자는 세수를 하고 어르신의 방을 찾았다. 잔뜩 긴장한 채로.

그런데 이게 웬일인가! 신선이라는 그 노인을 보는 순간 어린아이라는 느낌이 들었다. 단정함은 할머니보다 뛰어났고, 표정은 너무나 편안했으며, 목소리는 샘물보다 맑았다. 필자는 노인을 보는 순간 저절로 경건함이 솟구쳐서 큰절을 올렸는데, 마음은 긴장이 사라지고 친근감이 들었다. 노인은 말했다.

"서울서 오셨다지요?"

"네, 그렇습니다."

"음, 나는 서울에 가본 지가 50년은 더 됐습니다. 요즘은 어떤지?"

"많이 발달해 있습니다."

"그렇겠군요. 학인(學人)께서는 주역을 공부한다지요?"

"네, 이제 시작했을 뿐입니다."

"그래요? 앞으로 큰 공부를 이루도록 하세요."

"네, 고맙습니다. 감히 공부 방법을 묻고 싶습니다."

"허허, 나도 잘 모릅니다. 하지만 젊은 도인이 물으니 주역에 대해 조금 얘기하지요."

"네, 고맙습니다."

노인은 맑고 편안한 목소리로 시작했다.

"우주의 모든 사물은 64괘에 해당되지요. 그것들은 서로 연결이 되어 있어요. 우리 몸의 뼈처럼 말입니다."

"……."

"연결 방향은 6곳, 즉 중심에서 동서남북 상하로 연결되지요. 하나씩 변하면서 모든 괘상이 총망라됩니다."

"……."

"주역의 괘상은 6효가 있는데, 제1의 자리에서부터 제6의 자리까지이지요. 6과 1을 합쳐서 7이 되므로 이들은 상하가 됩니다. 5와 2

는 또한 7이며 이들은 동서가 됩니다. 그리고 3과 4는 역시 7이며 남북이 됩니다. 이렇게 연결하면 64괘가 한 덩어리가 되지요. 그 안에 모든 것이 있습니다."

"……."

노인의 가르침은 이로써 끝났다. 노인은 나가 보라고 말하고는 조용히 눈을 감았다. 명상에 잠기는 듯 보였다. 필자는 밖으로 나와서 노인이 말한 것을 재빨리 적어 두었다. 하루가 지나고 노인을 한 번 더 만날 기회가 주어졌는데, 노인은 또다시 황금 같은 교훈을 내려주었다.

"사물의 개념은 부평초처럼 얇게 떠 있습니다. 그것이 깊은 뿌리를 내리게 하려면 주역의 괘상을 알아야 합니다."

"……."

"주역의 괘상을 하나로 떼어내면 이해하기가 어렵습니다. 인체의 뼈처럼 모든 괘상을 하나로 뭉쳐서 깨달아야 합니다."

"……."

"사물은 하나를 확실히 알면 다른 것도 깨닫게 되지만 그 하나를 희미하게 알면 다른 것에도 해를 끼칩니다. 모르는 것과 아는 것을 분명히 하세요. 사물을 있는 그대로 놔두고 인간의 뜻대로 사물을 보지 마세요."

"……."

노인의 가르침은 이것으로 끝났다. 필자는 큰절을 하고 물러 나왔으며, 그 날 저녁 노인은 어디론가 떠나갔다. 박 거사와 할머니, 그외 몇 사람의 수도인은 필자의 주변에 모여들어 스승께서 무슨 가르침을 주셨느냐고 물었다. 할머니는 필자보다 먼저 말했다.

"깊은 가르침은 직접 듣지 않으면 모르는 법입니다."

"……"

필자의 추억담은 이로써 끝내겠다. 그 후 필자는 계룡산을 여러 차례 찾아갔으나 그 곳을 찾을 수는 없었다. 산 속에서 허깨비를 본 것일까? 아니면 신비의 도량은 사라진 것일까?

이제 다시 주역 공부로 돌아오자. 이 장에서는 30년 전 계룡산 노인에게 가르침을 받은 내용을 전개하고자 한다. 그 내용은 주역의 핵심이다. 다음을 보자.

이것은 (5, 1)의 괘상으로, ☰에서 효 한 개가 변하여 이루어진 것이다. 이 괘가 6개인 것은 괘상의 효가 6개이기 때문이다. 이러한 변화는 임의의 괘상으로도 만들 수 있다. 예를 들어 ☷에 변화를 시도해 보자.

☷ (1) → ☷
☷ (2) → ☷
☷ (3) → ☷
☷ (4) → ☷

☷ (5) → ☳
☷ (6) → ☰

이상은 ( ) 속의 숫자에 따라 변화시킨 것으로 6개의 변화가 나타난다. 6이라는 숫자는 3차원 공간의 좌표 요소인데, 우리는 모든 괘상을 3차원 공간 좌표, 즉 격자 공간에 배치할 수 있다. 그렇게 되면 한 면에 16개씩 되어 있는 판 4개로 이루어진 정6면체가 될 것이다. 괘상간의 변화란 격자 점에 배치된 괘상으로부터 각각 선으로 연결된다는 것을 의미한다.

단지 우리가 합리적으로 지정할 것은 3차원 직교 선분 3개를 무엇으로 하느냐이다. 흔히 생각할 수 있는 방식은 (1, 4) (2, 5) (3, 6)을 x, y, z로 직교시키는 방식이다. 오늘날 과학자들은 모두 이런 방식을 취하고 있다.

하지만 이런 방식에는 문제가 있다. 첫째, ( ) 속의 숫자의 합이 각각 다르기 때문에 평등성의 문제가 제기될 수 있다. 둘째, 우리가 서 있는 위치는 중앙으로, (1, 4) 등으로 연결하면 대칭이 이루어지지 않는다.

이런저런 이유 때문에 계룡산 노인은 자상한 가르침을 내린 것이다. 3차원 직교 선분은 마땅히 (1, 6) (2, 5) (3, 4) 등 평등성과 대칭성을 갖춘 방식으로 조합되어야 한다.

필자는 이 문제를 수십 년간 생각해 봤다. 그리고 계룡산 노인의 가르침이 타당하다는 결론을 얻었다. 신선의 가르침이 무조건 중요하다는 것은 아니다. 다만 어른의 가르침을 단서로 하여 과학적 합리성을 연구한 결과 '역시 그렇구나'라는 결론을 얻었다는 것이다.

이제 좌표 선분을 만드는 방법을 설명하자. 우리의 위치는 임의의 한 점이다. 이 곳에서는 전후좌우 상하로 좌표가 열려 있다. 이 글을 읽고 있는 독자들에게도 좌우가 있으며 전후 상하가 있는 것이다. 우주 어느 곳에 있다 해도 이것은 변치 않는다.

예를 들어 우리가 있는 지점을 ☰이라 하고 이 중에서 (3, 4)의 선분만 생각하자. 하나의 선분은 전후로 사용하든가, 좌우 또는 상하로 사용해도 된다. 우리는 좌우로 사용하기로 하자.

이 배치는 좌측으로 3, 우측으로 4라는 지점을 보여 주고 있다. 여기에 상하를 (5, 2)로 하면 다음과 같은 배치도가 성립된다.

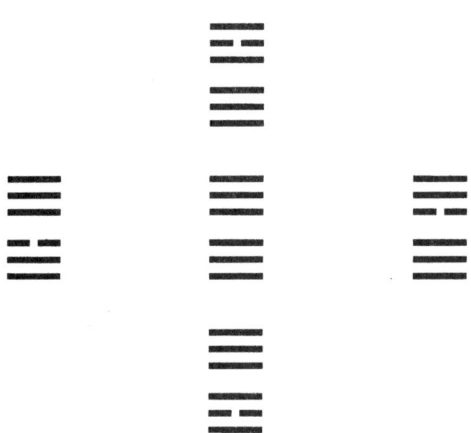

이것은 2차원 직교 좌표이다. 이제 좌우 전후를 연장시켜 보자. 우선 좌우를 보면 ☷에서 좌로 연결은 3효가 변하고 우로 연결은 4효가 변해 있다. 그렇다면 ☷에서 우측으로 진행시키려면 어떻게 해야 하는가?

그것은 3을 변화시키면 된다. 만일 4효를 변화시킨다면 다시 ☷로 환원되기 때문이다. 결국 우로 계속적으로 변화시키려면 4, 3, 4, 3, 4, 3…… 등으로 계속 변화시켜야 된다. 반면 좌측으로 변화시키려면 3, 4, 3, 4, 3, 4…… 등으로 변화시키면 된다. 이러한 규칙에 따라 좌우를 변화시켜 보자.

…… ☰ ☱ ☲ ☳ ☴ ☵ ☶ ☷ ……

이 괘열은 4번만에 되돌아오는 순환 형식이다. 변화하는 요점만

182 주역 원론

간추려 보면 다음과 같다.

······ ☷ ☶ ☳ ☰ ☴ ☲ ☱ ☰ ······.

이 변화는 주역의 가장 기본적인 변화인 4상이다. 이제 이것을 전후에 확장 적용할 수 있다.

이 변화는 전후로 무한히 연결할 수 있는데, 4번만에 원래 괘상으로 돌아온다. 이제 이러한 변화를 함께 사용해 보자. 유념할 것은 좌우는 (3, 4)이고 전후는 (2, 5)이다. 함께 사용하면 평면 좌표를 적어 나갈 수 있다.

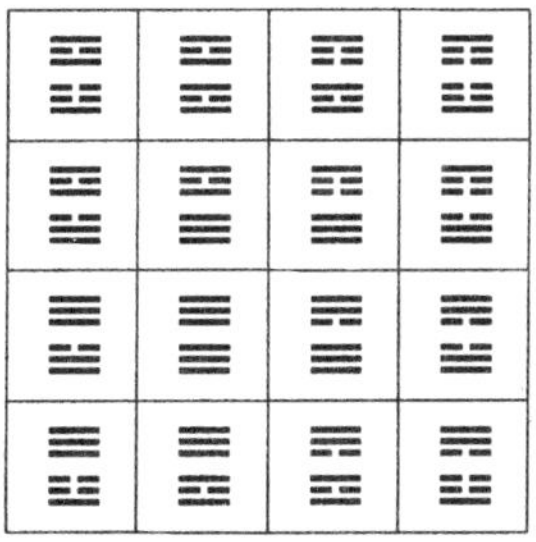

제5권 사물의 운명 183

[4×4 괘 그림]

　이 그림은 평면으로 무한히 퍼져나갈 수 있지만 결국 16개 무늬가 반복해서 나타난다. 이것은 상하로 적용할 수도 있는데, 우리의 눈은 평면을 보기 때문에 책에 그것을 그릴 수는 없다. 다만 인간의 두뇌는 무한하므로 3차원을 머릿속에서 그릴 수 있다.
　이제 (1, 6)을 변화시키는 것이다. 위의 그림에서 1을 변화시키면 상향 쪽인바, 다음과 같은 괘상면이 구성될 수 있다.

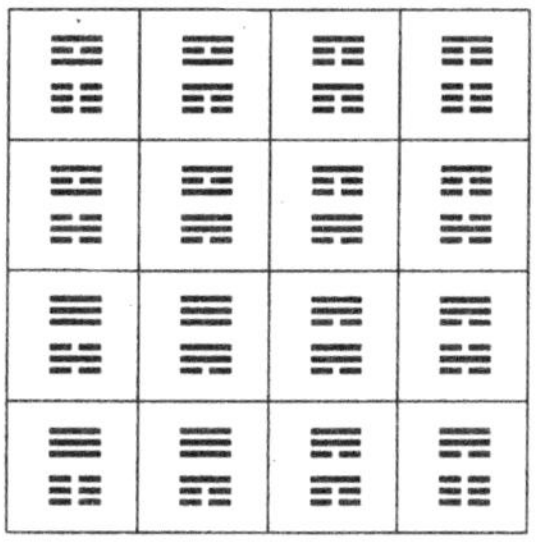

[4×4 괘 그림]

　이 그림은 앞의 그림 위에 쌓여진 벽돌이라고 생각하라. 3차원을 눈으로 볼 수 있는 귀신이라면 앞의 그림과 뒤의 그림을 동시에 볼 수 있을 것이다. 하지만 인간은 한꺼번에 그 둘을 볼 수 없으므로 한 판을 벗겨내야 다음 판을 볼 수 있다. 요점을 분명하게 하기 위해 위의 그림에 한 판을 더 씌워 보자. 방금 1을 변화시켰으니 이번에는 6을 변화시켜야 한다. 상하 좌표, 즉 z좌표는 1, 6, 1, 6……이다. 그림을 보자. 6을 변화시킨 것이다.

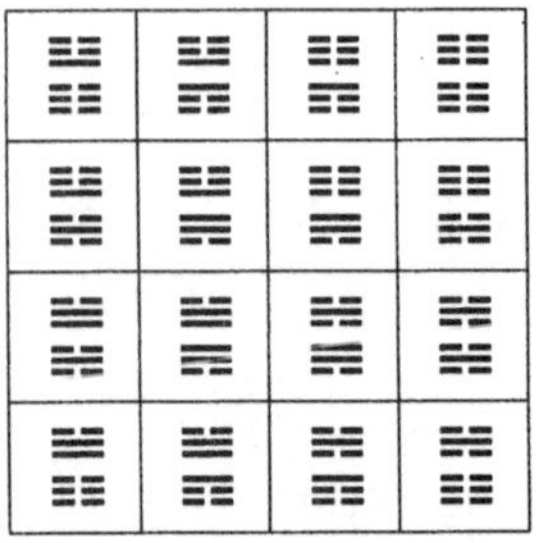

이 그림은 전후좌우 상하로 얼마든지 확산시킬 수 있지만 하던 김에 위쪽으로만 진행시켜 보자. 위 그림에서 1자리를 변화시키면 한 층 더 위의 그림을 얻을 수 있다. 즉,

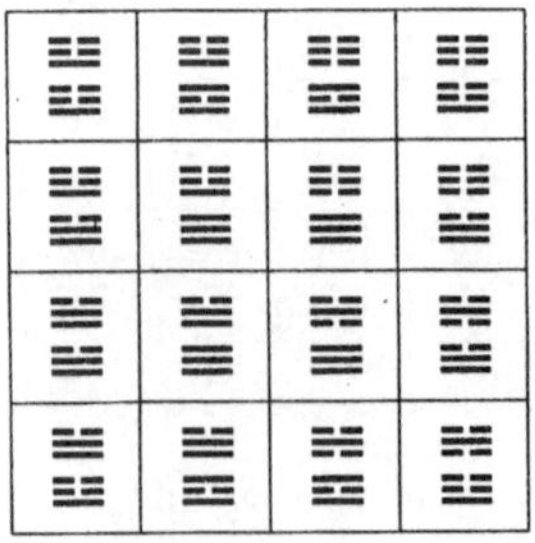

이 그림에서 한 층 위를 더 만들려면 6자리를 변화시키면 되지만

그것은 처음의 판으로 돌아간다. 처음의 판은 ☷ 위치가 중앙점에서 아래로 1, 좌로 1인 위치에 있지만 이것은 임의의 자리로 오게 할 수 있다.

결론적으로 64괘는 정육면체 벽돌 64개로 쌓을 수 있기 때문에 3차원 공간 속에 괘상을 끝없이 확장시킬 수 있다. 물론 괘상이 주기적으로 나타나게 된다. 이 좌표는 공간을 단위 성분으로 나눌 수 있다는 것을 뜻한다. 원래 64괘는 3차원 공간 좌표에 배치하는 것이 가장 완벽하지만, 인간의 눈이 그것을 동시에 다 볼 수 없기 때문에 2차원 평면에 배치했던 것이다.

3차원 공간 좌표는 실제로 만들어 볼 수도 있는데, 중앙에 ☷을 설정하고 그 주위로 퍼져나가는 괘상체를 만들면 된다. ☷을 지구로 보고 그 둘레가 위성처럼 커지는 모습을 볼 수 있기 때문이다. 옛 사람이 이런 좌표 방식을 몰랐던 것은 지구가 공처럼 둥글다는 것을 몰랐기 때문일 것이다. 옛 사람은 땅이 4각형인 줄 알았을 뿐이다.

다만 계룡산의 도인은 전체의 구조를 잘 알고 있었다. 그분은 64괘를 3차원 공간에 배치하는 법을 필자에게 가르쳐 주었거니와, 3차원 좌표를 평면에 압착시키면 바로 전상도가 되는 것이다.

전상도는 시간의 흐름을 보여 주고 기의 높낮이를 나타내며 점차적인 **변화**로서 전체 괘상을 망라하는바, 이러한 기능은 3차원의 공간 좌표에 내장되어 있는 것이다.

그것을 보기 위해서는 ☷을 좌표의 중앙에 놓고 괘상을 그 주위로 퍼져나가게 배치하면 된다. 실제로 우주 초기 빅뱅의 순간은 그와 같은 배치가 이루어졌을 것이다.

하지만 중요한 것은 64괘상 전부는 1효씩 변화함으로써 모두가 연결된다는 사실이다. 예를 들어 ☱에서 ☶까지 가려면 6번의 변화를 거쳐야 한다. 괘상이 서로 가장 먼 거리는 6발자국이 떨어져 있을 때이다. 이러한 원리를 이용하면 64괘 전체를 일목 요연하게 이해할 수 있는 방법을 얻게 된다.

예를 들어 ☱에서 ☶에 이르는 길은 거리가 6발자국에 불과하지만 그 곳에 다다르는 방법은 모두 720종류나 된다. 이것은 3차원 공간 행렬에 의해 필연적으로 나타나는 경우의 수로, 수학적으로 간단히 나타내면,

$$6! = 6 \times 5 \times 4 \times 3 \times 2 \times 1 = 720$$

으로 계산할 수 있다. 괘상 사이의 변화란 결국 720가지의 경우의 수를 연결한 것이다. 그러나 그 과정은 겨우 6단계뿐이다.

이제 3차원 공간 행렬이 갖는 중대한 내용을 살펴보자. 우선 유의할 것은 x, y, z 각각의 선분에 관한 자체 내용이다. 앞서 살펴본 바와 같이 선분은 어느 것이든,

☷ ☰ ☵ ☳ ……

등으로 양끝으로 확산시킬 수 있다. 이것을 더욱 자세하게 이해하기 위해 우리는 ☷의 지점에 있다고 생각하자. 즉,

...... ⚏ ⚊ ⚏ ⚊ ⚌ ......

이 때는 음양이 절충을 이룬 지점으로서, 0의 성질을 갖는다. 그리고 우측은 플러스, 좌측은 마이너스인데, 이는 현대 수학에서 설정되어 있는 수직선이다.

그런데 좌우로 무한히 연장한 곳을 자세히 살펴봐야 하는데, 현대 수학에서는 이 곳을 무한 원점이라 하며, 좌우는 서로 만나는 것으로 되어 있다. 물론 그 지점은 무한히 먼 곳이기 때문에 단순한 개념에 불과할 수 있지만, 주역에서는 그 지점을 ⚏으로 표현할 수 있다.

이상과 같은 내용을 3차원에도 적용할 수 있는데, 그렇게 되면 0인 지점은 ☳이 된다. 이것은 초기의 우주에 해당되며 우주의 종말, 즉 무한 원점은 ☷이 된다. 그리고 여기서 한 가지 유의해야 될 것은 오행에 있어서 목은 0, 화는 +, 수는 -라는 것이다. 무한대는 금, 토는 수직선상에서는 나타나지 않는다. 왜냐 하면 차원이 바뀌는 요소이기 때문이다. 그런데 수직선 자체 내용에 있어 아주 중요한 것이 있다. 다음을 보자.

	--	—	—	--	--	—	—	--	--	
......	—	—	--	--	—	—	--	--	—	......

이 그림에서 음과 양을 묶어서 살펴보자. 음양이 마치 새끼줄처럼 꼬인 모습이라는 것을 쉽게 알 수 있다. 새끼줄의 단면을 보면 태

극 모양일 것이다. 이제 우리는 여기서 심상치 않은 결론을 얻을 수 있다. 공간의 성분이란 단순한 직선이 아니라 나선 모양으로 꼬인 밧줄 형태라는 것이다.

나선 모양은 곧 태극 형태이거니와, 이것은 공간 탄생의 원인이 된다. 오늘날 과학에서는 물질의 궁극을 끈으로 파악하고 있는데, 이 끈이 에너지를 함유하기 위해서는 필연적으로 내부 구조를 찾아야만 한다. 또한 현대 과학에서는 진공 자체가 에너지를 갖고 있음을 밝혀냈는데, 이는 바로 나선 형태의 세 가지 성분이 얽힌 것이다. 그리고 양자 역학에서는 시간이나 공간 자체도 최소 단위가 있는데, 이는 앞서 그려놓은 새끼줄의 마디에 해당된다. 주역은 현대 과학이 추구하고 있는 자연의 모든 구조를 낱낱이 밝히고 있는 것이다.

다시 괘상으로 돌아오자. 하나의 괘상이 그것과 정반대인 괘상에 이르는 방법은 720가지나 된다고 앞에서 밝혔는데, 이는 낱낱이 따져 보기에는 너무 양이 많다. 그러나 염려할 것 없다. 6단계에 해당하는 과정만 이해하면 된다.

우리가 3차원 공간 좌표에 괘상을 배치한 것은 공간의 구조를 이해하는 데 쓰이지만 더 중요한 것은 괘상의 효에 대해 이해할 수 있다는 것이다. 예를 들어 ☰ 은 전체적으로는 하나이지만 여섯 개의 성분으로 나누어져 있다. 이것을 이해하기 위해서는 공간 좌표를 이용하여야 한다.

이는 주역의 마지막 단계로 들어서는 것인바, 여기서 그 방식을 살펴보자. 옛 사람은 괘상을 이루고 있는 효를 해석하기 위해 해당되는 효를 반대로 바꾼 괘상을 효로 이해하자고 제안한 바 있었다. 그것에 대해 잠시 짚고 넘어가자.

만일 ☲의 제3효를 알고 싶다면 그 자리 효의 반대를 찾으면 된다. 그렇게 되면 ☳이 나온다. ☳은 ☲ 제3효의 뜻과 같다. 이는 ☲의 지점 둘레로 6개의 괘상이 있다는 데에서 발상한 것인데, 한 마디로 틀린 생각이다.

왜냐 하면 ☲둘레에 있는 6개의 괘상은 이미 ☲이 소멸해 가는 단계이기 때문이다. 우리가 필요로 하는 것은 하나의 괘상을 이루는 과정이지 결코 소멸해 가는 과정이 아니다. 그것으로는 효를 이해할 수 없기 때문이다.

옛 사람들 중에는 괘상을 3차원 좌표에 배치한 학자도 있었는데, 그들은 몇 가지 오류를 범하고 있다. 우선 좌표 선분은 (1, 4) (2, 5) (3, 6) 등으로 ☵ ☰ ☳ ☷을 연결하지 않아서 괘상들이 각각 끊어져 있다. 또한 효를 해석하는 데 있어서도 창조 과정을 보지 않고 소멸 과정만 본 것이다.

모든 괘상은 6발자국 거리에 있는 자신과 정반대인 괘상을 향해 6개의 통로로 출발하고 있다. 이는 종착지에 이르러서는 괘상을 이루지만 처음 출발 지점에서는 효를 이룬다. 그리고 괘상이란 전체를 나타내고, 효는 그의 일부분으로, 효를 이해하기 위해서 괘상을 끌어들인다는 발상 자체가 후퇴한다는 의미가 있다.

원래 하나의 괘상에 있어서의 효는 따로 떼어내서 이해할 수 있는 게 아니다. 효는 어디까지나 그 구조 내에 있을 때만 의미가 있는 것이기 때문에 본 괘상이 만들어지는 과정에 있는 어떤 괘상도 본 괘상의 효와 뜻이 같을 수는 없다.

다만 3차원 공간 좌표에 있어 하나의 괘상 주변에는 6개의 괘상이 존재하는데, 그들은 각각 효의 발생을 보여 준다. 예를 들어 ☰의 주변에는 다음과 같은 괘상이 있다.

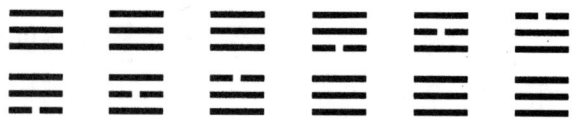

이들은 제1효에서 제6효까지 만들어지는 시발점이다. 따라서 제1효의 경우는,

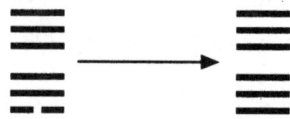

로 이해할 수 있으며, 제2효는 다음과 같이 이해할 수 있다.

다른 효의 경우도 마찬가지인데, 단지 문제가 되는 것은 효를 이해하기 위해 더 복잡한 방식, 즉

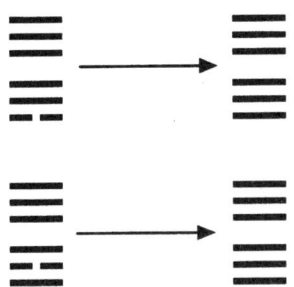

 등을 사용한다는 게 번거롭다는 것이다. 물론 효를 시간 순서로 보기 위해서는 이 방법이 더 유용할 수는 있다. 나중에는 효 자체를 직접 이해하는 방식을 다룰 것이다.
 이 장에서는 모든 괘상들이 3차원 망상 구조로 연결되어 있다는 것과 좌표 선분은 태극 나선으로 되어 있다는 것을 이해하면 된다. 앞으로 3차원 좌표는 괘상 사이의 변화 과정을 이해하는 데 중요하게 쓰일 것이다.

玉虛眞經 (7)

法令滋彰 盜賊多有
법령이 많아지면 도둑떼가 많아지게 된다.

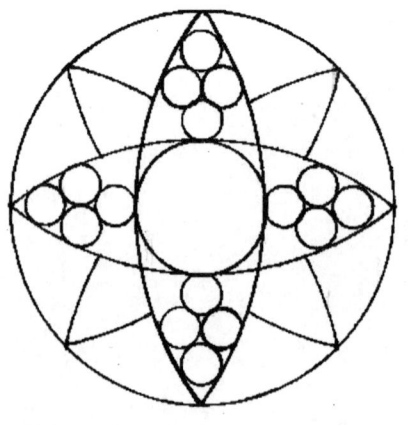

진(陣)의 신비

호킹 박사는 이렇게 말한 적이 있다.

"21세기가 되기 전에 자연과학은 모든 것을 다 밝혀낸다."

이러한 얘기는 19세기에도 있었다. 뉴턴 이후 많은 부문에서 개가를 올린 과학자들은 19세기가 가기 전에 자연에 대한 더 이상의 비밀은 존재할 수가 없다고 장담했었다. 그러나 이는 터무니없는 인간의 오만이었다. 호킹 박사도 자신의 장담이 성급한 판단이었다고 철회했다. 참으로 우스운 일이 아닐 수 없다.

물론 자연의 신비는 끝이 없다고 볼 수 없겠지만 그리 쉽게 파헤쳐지는 게 아니다. 20세기 과학은 자연에 대해 제법 많은 것을 밝혀냈지만 이제 시작에 불과하다. 슈퍼끈 이론만 해도 그것의 진리성은 의심할 바 없으나, 너무나 어려워 21세기 후반에 가서나 상세히 규명될 것으로 보인다.

슈퍼끈 이론이란, 물질의 궁극 입자들을 3차원 입체 구조로서 보는 게 아니라, 1차원 선 구조로 보는 이론이다. 이 이론은 장차 우주의 모든 것을 설명하리라 여겨지는데, 그것은 주역의 이론과 너무나 비슷하다. 괘상들은 외형적으로는 3차원이지만 효로 구성되어 있고, 효는 다시 선으로 연결될 수 있다. 뿐만 아니라 효들은 새끼줄처럼 꼬여 있어서 그 안에 에너지를 가지고 있다.

이는 이미 앞장에서 살펴보았지만 주역의 이론은 깊게 파고들어 갈수록 현대 과학과 일맥 상통한다. 물론 그렇다고 해서 주역이 단순한 자연과학의 한 형태라고는 볼 수 없다. 오히려 주역은 자연과학의 많은 개념이나 원리 등을 설명하고 있기 때문이다.

그러나 우리의 관심은 자연과학이 아니라 좀더 깊고 신비한 우주의 힘을 밝히는 데 있다. 그 중에서도 기(氣)와 관련된 아직 밝혀지지 않은 현상들의 신비함을 밝혀야 한다.

몇 가지 예를 보자. 삼국지의 제갈공명은 진법(陣法)을 자유 자재로 구사하여 적을 물리쳤다. 이는 주변의 지형이나 군사를 적절히 배치함에 따라 발생하는 구조적 기운을 이용한 것이다. 묘 자리를 쓰는 데 있어서 명당 운운하는 것도 지역에 따른 기운을 말한다. 이 외에 국가나 지방, 또는 가정의 운도 그 구조를 바탕으로 한 기의 운명을 논의하고 있는 것이다.

이러한 기의 작용은 주역의 핵심 과제이며 오늘날 과학에서도 그러한 이론을 찾기 위해 부단히 노력하고 있다. 일례로 산타페 연구소에서는 국가의 장래나 세계 경제의 미래·주식값·전쟁, 인류의 흥망 성쇠 등을 예측하는 것을 목표로 삼고 있다. 이러한 일들은 주역에서든 과학에서든 지성의 최고 목표가 아닐 수 없다.

  이 장에서는 구조 내에서 발생하는 기의 작용을 살펴보고자 한다. 이는 제갈공명이 구사했던 진법일 뿐만 아니라 물질 구조력, 모든 사물의 작용을 설명하는 것이다. 다음 괘상을 보라.

  ☷ 은 우주의 알이라고 할 수 있으며, 음양의 기운이 최대치로 교환되는 모습이다. 이 기운을 실제로 느끼기 위해서는 괘상 속으로 들어가야 하는데, 제3효와 제4효의 중간이 바로 그 자리이다.

  만일 ☷ 와 같은 자연의 구조물이 있다면 그 곳에 사는 사람은 기의 혜택을 받을 수 있다. 그것이 국가라면 발전할 것이고, 군대라면 안전할 것이며, 묘라면 자손이 번성할 것이다. 또한 환자나 도인이 그러한 곳에 거주한다면 기운을 얻게 될 것이다.

  이러한 장소를 만드는 방법은 다음과 같다.

  우선 언덕 위에 집을 짓되 지붕을 두텁게 한다. 즉, 기와로 지붕을 당당히 올린다. 이는 ☷ 의 ☷ 역할을 한다. 언덕은 ☰ 이지만 암반 위에 지으면 더욱 좋다. 방바닥은 나무로 만드는 것이 좋다. 우리의 조상들이 기와집을 만든 것은 상당히 의미가 깊다고 할 수 있는데, 이집트의 피라미드도 ☷ 의 역할을 한다.

  도시를 건설할 때는 사방이 산으로 싸여 있고 지대가 높으며, 호수가 있어야 하며, 암반이 있으면 더욱 좋다. 뉴욕이 이와 같은 조건을 모두 갖추었는데, 그로 인해 세계 제일의 도시로 발전할 수 있었던 것이다.

  지질학적으로도 우리 나라는 노년기 땅이기 때문에 땅의 기운이 너무 순한 반면 미국은 매우 거세다. 이는 민족성을 이루는 결정적인 원인이 되고, 세계의 역사를 보면 대개 땅의 운명을 그대로 받고 있음을 알 수 있다.

☷은 해결 값이 8로서 상당히 기운이 세다. ☷은 14로서 최대를 나타낸다. 8이나 14 등은 어느 곳에서 측정한 값일까? 그것은 중앙 지역이었다. 즉,

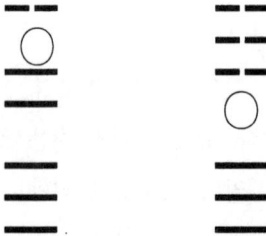

○ 지점이 기운을 측정한 곳이다. 이는 괘상 전체의 중앙 평균이지만 각 지역을 살펴본 것은 아니다. 만일 중앙에서 기운을 측정하지 않고 변두리로 간다면 어떻게 될까?

두 괘상을 ○의 지점에서 보기로 하자. ☷은 중앙에서 본 것이지만 ☴은 중앙이 아니다. 여기서 해결 값의 기준은 b-a이다. 단 ($\begin{smallmatrix} a \\ b \end{smallmatrix}$)의 구조이고, 측정 지역은 a와 b의 중간이다. 또한 a와 b는 중앙에서부터 멀어지는 방향으로 계산한다. 먼저 ☷을 확인하자.

$$\begin{matrix} a \\ b \end{matrix} \rightarrow ☷ \rightarrow \begin{matrix} -4 \\ -2 \\ -1 \\ 1 \\ 2 \\ 4 \end{matrix} \rightarrow \begin{pmatrix} -7 \\ 7 \end{pmatrix}$$

그러므로,

$7 - (-7) = 14$

이러한 계산법은 이미 다루어 봤던 것이다. 그러면 ☴을 계산해 보라.

$$\begin{matrix} a \\ \\ b \end{matrix} \quad \begin{matrix} -- \\ \\ == \\ == \\ == \end{matrix} \rightarrow \begin{matrix} --\ -1 \\ \\ ==\ 1 \\ ==\ 2 \\ ==\ 4 \\ ==\ 8 \\ ==\ 16 \end{matrix} \rightarrow \begin{pmatrix} -1 \\ 31 \end{pmatrix}$$

그러므로,

31 - (-1) = 32

이제 수치가 나왔으므로 두 괘상을 비교하자.

⚋O
⚌   → 32
⚌

⚋
⚋O → 14
⚌

두 괘상의 해결 값이 큰 차이를 보이고 있다. 이는 기운을 측정한 지역이 서로 다르기 때문에 두 괘상의 순위가 바뀌게 된 것이다. 중앙에서 보면 ☳이 64괘 중 해결 값이 가장 크지만 측정 지역을 선택할 수 있다면 ☶이 기운이 가장 크다. 물론 ☶의 어느 한 부분을 말한다. 다시 음미해 보자.

제5권 사물의 운명 199

 이 괘상에서 ○ 지역은 32라는 거대한 압력을 받기 때문에 제6효는 참으로 견디기 어렵다. 이러한 사정은 효를 해석하는 데 곧바로 사용될 수 있다. 원래 ☷의 제6효는 상당히 위태로운 처지에 있다. 우리는 방금 그 상황을 수치로 따져 보았다.
 이제 ☷의 모든 지역에서 해결 값을 측정해 보자. 관측 지점은 5개이다. 우선 편의상 지역 번호를 부여하자.

```
─── 5
─── 4
─── 3
─ ─ 2
─ ─ 1
```

 그림에서 3은 중앙 지역으로, 보통 해결이라면 3에서 측정한 것을 의미했다. 그러나 괘상을 낱낱이 분석하기 위해 측정 지역을 확대한 것이다. 일기 예보는 전국의 날씨를 자세히 알려야 한다. 하지만 서울 지역만 중점적으로 보도하는 것은 불만을 사게 된다. 이 경우 괘상으로 살펴보면 서울은 3이다. 기타 지역도 살펴보자. 계산은 필자 혼자 해 보겠다.

  (1) → 2
  (2) → 4
  (3) → 8
  (4) → 16
  (5) → 32

지역 값

이상은 ☷의 모든 지역을 조사한 것이다. (5) 지역에 이르러서는 폭발적인 값에 이른다. 이 값들은 효를 해석하는 데 쓰면 된다.

☷의 값을 조사하자. 필자 혼자 해 보겠다. 방법을 모르는 독자는 앞장을 보면 된다.

(1) → 26
(2) → 16
(3) → 14
(4) → 16
(5) → 26

이상의 값은 중앙 부분이 가장 작다. (3) 지역이 상대적으로 가장 평화로운 지역이라는 뜻이다. 지역의 값은 기의 작용을 나타내는 것으로, 지리(地利)라고도 하는데, 이는 천시(天時)·인화(人和)와 더불어 우주의 운명을 결정하는 3대 요소이다. 그리고 주역에 있어서는 효사를 이해하는 강력한 수단이 된다.

몇 가지 괘상에 대해 더 살펴보자.

　원전에서는 이 두 괘상의 제6효는 모두 위태로운 것으로 나타나 있다. 그 이유를 살펴보자.

　☱의 (5) 지역은 32로서, 압력이 아주 크다. 반면 ☰의 (5) 지역은 30으로서 압력은 크지만 ☱보다 2만큼 낮다. 따라서 ☱의 제6효는 ☰의 그것보다 더욱 위태롭다.

　☷의 (5) 지역은 -32로서, 최악의 붕괴 상태이다.

　☷의 (1) 지역은 32로서, 압력이 아주 크다. 따라서 제1효는 상승을 하는 데 지장이 많다. 원전에서는 기운을 길러야 된다고 밝히고 있는데, 이와 같은 이유 때문이다.

　이제 모든 괘상에 대해 체계적으로 살펴볼 차례이다. 하나의 괘상에는 5개의 지역이 있으므로 64괘는 64×5 → 320개의 지역이 된다. 이외에 128개의 특수 지역이 더 있지만 그것을 제외하더라도 320개를 일일이 살펴본다는 것은 너무도 힘겨운 일이다. 그러나 모두 따져볼 필요는 없다. 왜냐 하면 특정 지역만을 선택해서 조사하면 괘상 전체의 구조를 이해할 수 있기 때문이다.

우선 군주괘를 조사하자. 군주괘는 위상적으로는 가장 단순하다.
즉,

⚌ — ⚏ --

이것이 군주괘의 위상 구조인데, —과 --, 즉 ⚌과 ⚏을 생략하고 나머지 괘상만을 따져보자. 그들은 다음과 같다.

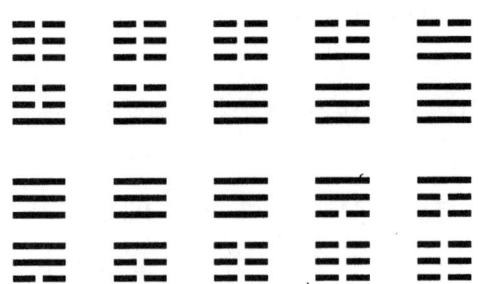

이 괘상들 중에서 관심을 끄는 지역은 각각 하나씩 있을 뿐이다.
그것은 효의 성질이 바뀌는 부분이다. 차례로 조사하자.

☷(1) → 32
☶(2) → 18
☵(3) → 14
☳(4) → 18
☰(5) → 32

( ) 속의 숫자는 지역을 표시한다. 이상은 위상 구조 ⚌ 중에서,

의 ○ 지역을 조사한 것이다. ⚏에 대해서도,

을 조사할 수 있다. 즉,

☰ (1) → -32
☱ (2) → -18
☲ (3) → -14
☳ (4) → -18
☴ (5) → -32

 이상으로 군주괘에 대해 모두 조사했는데, 이들은 대체로 값이 크다. 값이 크다는 것은 그만큼 격렬한 현상이 일어난다는 뜻이다. 이것으로 효의 입장을 충분히 설명할 수 있으나 반드시 기억해 두어야 할 것이 있다. 고저 값을 감안해야만 효의 해석이 완전해진다는 사실이다. 예를 들어 보자.

☷ 의 (5) 지역은 해결 값이 32로서 아주 강하지만 고저 값은 30이다. 따라서 (5) 지역은 위로 폭발하는 힘이 작용하는 것이다.

☷ 의 (1) 지역은 해결 값이 32이지만 고저 값이 -30으로서 아래로 압력이 작용하는 것이다.

반면 ☷ 의 (3) 지역은 해결 값이 14이고 고저 값은 0이다. 따라서 이 지역은 제자리에서 팽창하여 작용이 유지된다.

고저 값은 앞에서 다루었지만 다시 한 번 밝혀 두겠다. 즉, a+b → 고저 값이다. 고저 값은 작용의 방향이므로 반드시 이를 감안해야 한다.

현대 과학에서는 방향과 크기를 함께 할 때 이를 벡터량이라고 하는데, 주역의 모든 힘은 이 벡터량에 해당된다.

다시 괘상을 보자.

이 괘상들은 (1, 5)에 소속된 괘상으로서, 위상 변화는,

☷ → ☳ → ☶

제5권 사물의 운명 205

으로 진행된다. 이에 대해서는 상하의 효가 서로 음양이 다른 곳을 조사한다. 예를 들어 ䷁ 은 (1) 지역이 그 곳이다. (1, 5) 괘상 모두를 살펴보자.

```
☷ (1) →    32,  - 30
☷ (2) →    14,  - 16
☷ (1) →    28,  - 30
☷ (3) →     2,  - 12
☷ (2) →    10,  - 16
☷ (4) →  - 10,  - 16
☷ (3) →   - 2,  - 12
☷ (5) →  - 28,  - 30
☷ (4) →  - 14,  - 16
☷ (5) →  - 32,  - 30
```

위의 그림은 해결 값과 고저 값을 모두 계산해 놓은 것인데, 다소 복잡하다. 이들 수치가 효에 미치는 영향에 대해 음미해 보자.

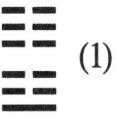

이 괘상은 (1)의 영역이 해결 값 32로서 압력이 아주 크다. 그런데 고저 값이 - 30이므로 압력은 아래로 향한다. 따라서 제1효의 전진이 심하게 방해받고 있다.

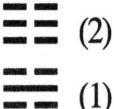

 이 괘상은 두 영역을 조사했는데, 먼저 (1) 영역은 해결 값이 28로서 여전히 압력이 크고 고저 값은 -30으로, 하향 압력이 작용한다. ☷ 상태에서 한 단계 전진했는데도 여전히 어려움에 처해 있다. 이는 제1효가 제2효의 도움을 별로 받지 못한다는 뜻이다. 한 단계 올라섰으나 겨우 32 → 28로 감소했을 뿐이다.

 (2)의 영역을 보면 해결 값이 14로서 저항이 현저히 감소했다. 이는 ☷의 제2효의 전도가 다소 열렸다는 것을 의미한다. 고저 값도 -30 → -16으로 감소하여 하향도 작아지고 있다. 이는 양기가 제1자리에서 제2자리로 이동함으로써 얻어지는 결과이다.

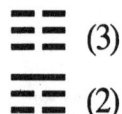

 먼저 (2)를 보면 해결 값이 10이고, 고저 값은 -16 그대로이다. 하향 압력은 다소 작아졌으나 14 → 10 정도는 별게 아니다. (3)은 해결 값이 2로 감소하여 0에 육박하고 있다. 이는 그만큼 전진이 수월해졌다는 뜻이다. 다만 고저 값은 -12로서 하향력을 보이고 있다. 이는 제3효가 참고 있는 모습이다.

☷ (4)
☶ (3)

 (3)을 보면 상전이를 일으키고 있다. 해결 값이 2 → -2로 바뀐 것이다. 갑자기 압력이 방향을 바꾸었다는 뜻이다. 고저 값은 -12로서 하향이다.

 여기서 잠시 고저 값의 작용을 보면, 값이 마이너스인 것은 괘상이 음에 해당된다는 것으로, 음의 세계에서 일어나는 현상을 의미한다. 중요한 것은 해결 값이다. 이것에 의해 전진, 후퇴가 정해지기 때문이다. 고저 값이란 현재 위치를 나타내는 것뿐이다.

 예를 들어 ☶의 (3) 고저 값은 14이고, 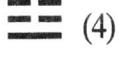의 (3) 고저 값이 -14이지만 이들 값이 뜻하는 것은 괘상의 위치이다. 원전의 사고 방식에 따르면 양 위주이기 때문에 고저 값이 마이너스이면 나쁜 것으로 본다. 하지만 이는 편향된 사고 방식이다. 원전이 그런 방식을 취한 것은 당시 사회 통념을 반영한 것이고, 또한 경천(敬天)의 뜻이 있으나 자연의 법칙은 원래 음양 평등이다.

 ☷의 (4)는 해결 값이 -10인바, 이는 전진에 지장이 없다. 해결 값에 대해서도 환기시킬 것이 있다. 본래 해결 값이란 주어진 영역에서 상하 괘의 작용력을 나타내는 것이었다. 상하 괘가 서로 작용력이 크다는 것은 그만큼 전진이 어렵다는 뜻으로 볼 수 있다.

 예를 들어 전쟁이라든가, 운동 경기에 있어 상대방과 격렬히 싸우고 있으면 이는 작용력이 크다고 하겠거니와, 당연히 전진이 방해되는 것이다. 이럴 때 물론 적에 대한 방어 능력도 강한 것이다. 만일 해결 값이 작다면 이는 상대방과 부딪침이 적으니 공격도 쉽고 후퇴도 쉽다. 서로 관심이 없기 때문이다. 해결 값은 자세히 개념을 확인하고 사용해야 한다.

 만일 나의 전진이 빠르고 적의 후퇴 또한 빠르다면 비록 전진은 이루어지고 있으나 해결 값이 적고, 나는 전진하지만 적의 방어가 강하면 해결 값이 많고 전진에 방해를 받게 된다. 또한 나의 후퇴가 느리고 적의 진진이 빠르면 해결 값이 크게 되고, 나는 적과 싸워 패하게 된다. 반면 나의 전진이 빠르고 적의 후퇴가 느리면 해결 값이 크고, 이 때 적과 싸운다면 이기게 된다.

 여기서 전진이란 나의 공격력이 강하다는 뜻으로 사용되었다. 그리고 내가 아래에 있고 적은 위에 있는 것이다. 또한 나는 양이고 적은 음이다. 왜냐 하면 아래 있는 양이 위로 전진하기 때문이다. 반면 위에 있는 음은 아래, 즉 내가 있는 곳으로 내려온다(아래로 전진).

 하지만 적도 없고 나도 없는 상황에서는 괘상 전체를 편파성 없이 보기 위해 (3) 영역에서 보는 것이다. 그리고 괘상의 부분을 낱낱이 보기 위해서는 모든 영역에서 기의 작용을 살펴봐야 한다.

 다시 괘상을 보자.

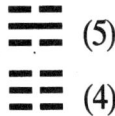

(4)의 영역에서 해결 값은 -14로서, 서로 부딪침이 0 이하이다. 고저 값은 -30으로 아주 낮은 위치에 있다.

(5)의 영역에서는 해결 값이 -28로서 작용력이 아주 적다. 고저 값이 -30으로 (5) 영역의 위치는 아주 낮다.

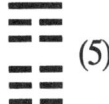

요점은 (5)에 있는데, 이 곳에서 상하의 이탈 현상은 64괘 중 최대이다. 이는 조직이 붕괴되는 상황이다. 원전에는 상양에 의해 수습된다고 표현하고 있지만 이는 어디까지나 기대치이고, 양이란 언제나 승리할 것이라는 고전적 사고 방식이다.

아무튼 ☷의 (5) 영역은 해결 값이 -32이고 고저 값이 -30인데, 고저 값 30에서 전체적인 침하가 이루어지고 있다.

이상으로 (1, 5) 괘상 모두를 살펴봤는데, 다시 한 번 해결 값과 고저 값의 의미를 살펴보자. 먼저 ☷을 보면 (1) 영역의 해결 값이 32로서 압력이 최대이다. 그런데 그 압력의 원인은 제2효부터 제6효까지의 5개 음 때문이다. 이는 고저 값 -30이라는 것에 반영되어 있지만 이로써 압력은 최대이고 후퇴이다. 이는 적의 힘이 너무 강하고 나는 약하기 때문에 일어나는 현상이다.

비록 제1효, 즉 양이 전진하고자 하나 위에 있는 음들이 막강한 힘으로 밀려오고 있다. 고저 값이 -30이 된 것은 그나마 적의 힘이 -31, 즉 밀려 내려오는 힘이 31인 것을 내가 1이라는 힘으로 막아서서 소멸시켰기 때문에 적은 1만큼 감소된 것이다. 그러나 나의 힘 1과 적의 힘 31이 부딪칠 때는 32라는 힘이 작용하게 된다.

여기서 알 수 있는 것은 해결 값이란 처음 부딪칠 때의 현상이고 고저 값이란 나중에 이루어지는 결과를 의미한다는 것이다. 따라서 (6, 0), (5, 1), (4, 2)인 괘상은 고저 값이 모두 0 이상이고, (0, 6) (1, 5) (2, 4)인 괘상은 모두 0 이하이다.

다시 한 번 말하거니와 해결 값이란 그 영역에서의 부딪침이다. 부딪침이란 싸움만을 의미하는 것이 아니라 서로 작용한다는 뜻이다. 남녀에게 있어 사랑을 격렬하게 하든 싸움을 격렬하게 하든 서로의 현상이 강하면 좋다. 그러나 서로 관심이 없으면 해결 값은 점점 마이너스로 변하게 된다.

모든 괘상에 대한 해결 값을 살펴볼 수 있는데, 음양이 서로 바뀌는 지역만 조사한다 하더라도 모두 160곳이나 된다. 이를 일일이 조사한다는 것은 너무 번거로운 일이다. 필요한 괘상에 대해 각자 알아보든지, 또는 아예 64괘에 대해 해결 값 도표를 만들어 놓으면 좋다. 그러면 주역 384효에 대해 아주 정밀하게 해석할 수 있다.

물론 효를 해석하는 방법이 영역의 해결 값만 조사함으로써 완전

제5권 사물의 운명 211

히 이루어지는 것은 아니다. 384효를 완전히 터득하기 위해서는 아직도 갈 길이 멀다. 차츰 공부해 나아가겠지만, 필자가 30년 동안 연구하고 공부했던 주역의 진리를 독자들은 3개월이면 통달할 수 있을 것이다. 아니, 필자의 소원은 독자들이 그 이상의 학문을 성취하는 것이다.

다시 두 개의 괘상만 더 조사해 보자.

이 괘상은 아주 특이한 것으로 음양이 완전하게 섞여 있다. 원전에서도 아주 특별히 취급하고 있는데, 이 괘상들의 효는 상당히 까다롭다. 그만큼 다양하게 섞여 있기 때문이다. 이에 대해서는 상세히 조사할 필요가 있을 것이다.

우선 ☷을 보자. 이 괘상은 (1)~(5)까지 모든 영역이 특수하다. 먼저 해결 값과 고저 값을 모두 적어 보자.

(1) → 12, -10
(2) → 6, -4
(3) → 6, 0
(4) → 6, 4
(5) → 12, 10

이 도표는 특징이 많다. 우선 해결 값이 모두 0 이상이다. 이는 어느 부분이든 작용이 모두 활발함을 나타낸다. 이와 같이 모든 영역에서 해결 값이 플러스인 괘상은 주역 64괘 중 오직 ☷☰ 뿐이다. 그렇기 때문에 원전 괘명도 기제(既濟)라고 하는데, 괘상의 모든 곳이 살아 있기 때문이다.

고저 값을 보면 아래쪽으로 갈수록 마이너스 값이고, 위쪽으로 갈수록 플러스 값인바, 이는 상하의 질서가 잘 유지되는 것을 의미한다.

☰☷ 도 모든 영역이 특수하다. 해결 값과 고저 값을 적어 보자.

(1) → -12, 10
(2) → -6, 4
(3) → -6, 0
(4) → -6, -4
(5) → -12, -10

도표를 보면 해결 값이 모두 0 이하인데, 이는 모든 영역이 괴리되고 있다는 뜻이다. 즉, 상하가 작용하지 않아 끊어져 있는 것이다. 만약 사회가 이 모양이라면 모든 국가의 기능이 마비된다. 게다가 이 괘상은 위로 갈수록 고저 값이 작아지고 아래로 갈수록 고저 값이 커진다. 정부가 백성을 통제하지 못하고 부모가 자식을 통제하지 못하는 상황이다. 한마디로 싸가지 없는 집단인 것이다. 이래서는 곧 망할 수밖에 없다. 원전 괘명은 미제(未濟)로서 깊은 뜻이 있다. 옛 성인의 혜안에 감복할 뿐이다.

　이상으로 괘상의 부분 영역에 대해 해결 값이나 고저 값을 몇 곳 조사했는데, 그 효능은 유감 없이 발휘되고 있다. 이것은 괘상을 이해하고 효를 이해하는 데 있어 최우선적으로 실시되어야 하는 작업이다. 모든 괘상에 대해 일일이 조사하지 않은 것은 지면을 아끼기 위함이다.
　여기서 잠시 독자들에게 양해를 구할 것이 있다. 그 동안 이 책을 열심히 읽어 준 독자에게 우선 경의를 표하는 바이다. 다만 아쉬운 것이 있다면 그 동안 다루어 온 이론에 대해 설명이 충분하지 못했다는 점이다.
　그러나 그것은 어쩔 수 없는 일이었다. 어떤 이론은 그 자체만으로도 여러 권의 책으로 설명되어야 할 만큼 심층적인 내용도 있다. 그것을 만일 세세히 설명하기로 한다면 주역을 전체적으로 보지 못하게 된다. 그래서 각 부분은 조금씩만 설명하고 넘어가는 것이다.
　어떤 독자들은 다소 미비한 것을 느낄 수 있다. 하지만 양해를 구하고 싶다. 주역에 있어서는 나무보다는 숲이 중요하고, 숲보다는 산이 중요하기 때문이다. 그래서 넓은 쪽으로 자꾸만 이동하는 것이다. 그러나 통찰력이 깊은 독자라면 이 책에서 논의하는 작은 부분을 보고도 당장에 주역 전체의 면모를 깨달을 수 있을 것이다.
　사실 누차 강조했지만 자그마한 곳의 진리는 그대로 광대한 곳에 적용된다. 한 곳을 정확히 알면 모든 곳을 통달하게 된다는 뜻이다.

기회가 되면 모든 부분을 보다 정밀하게 설명하겠지만 지금은 주역 전체의 구성을 밝히는 데 전념하자.

어떤 독자들은 그 동안의 이론을 다소 복잡하다고 느낄 수도 있고 너무 자세하다고 생각할 수도 있다. 그러나 이는 틀린 생각이다. 복잡하다고 느끼는 것은 각자의 흥미이거나 능력이겠지만, 자세하다는 것은 필자의 입장을 이해하지 못한 것이다. 필자는 원래 의심이 많고 사물에 대해 정밀한 것을 좋아한다. 그 동안 설명한 것은 분명 이론적이기는 하지만 더욱 철저하게 파헤쳐야만 한다.

논리를 싫어하는 사람을 위해 이론을 생략한 것은 필자의 본의가 아니다. 그러나 논리를 싫어하는 사람이 굳이 주역을 공부할 필요가 있을까? 진리란 논리를 통해서 밝혀지는 법이다.

필자가 논리를 조금씩만 전개하는 것은 첫째, 지면을 아끼는 의도이고, 둘째는 독자들의 큰 깨달음을 기다리기 위해서이다. 필경 독자들 중에 필자의 실력을 넘어설 사람이 많이 나올 것으로 굳게 믿는다. 다시 주역 공부를 시작하자.

玉虛眞經 (8)

天下難事 必作於易 天下大事 必作於細

천하의 어려운 일도 그 시작은 반드시 아주 쉬운 일에서부터이고 천하의 큰 일도 필히 미세한데서부터 시작된다.

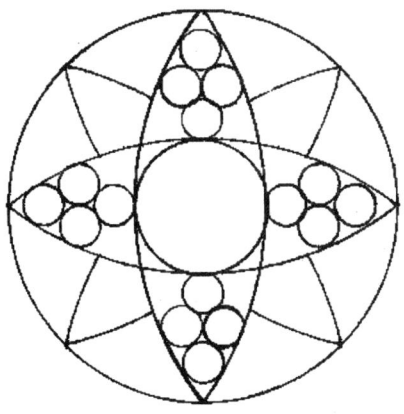

주역은 어디서 왔는가?

　사람들에게 신이 있느냐고 묻는다면 거의 모든 이들은 그렇다고 대답할 것이다. 나름대로 이유를 대겠지만 결국 그것은 그 자신의 신념일 뿐이다. 그런데 이번에는 우주인이 있느냐고 묻는다면 이를 부정하는 사람이 상당히 많다.

　그 이유에 대해서는 대개 종교적 신념을 들어 말할 것이다. 신이 인간 외에 또 다른 영적 생물을 만들었을 리 없다고 그들은 주장할 것이다. 다만 대개 기독교를 믿는 미국인의 경우 95% 이상이 우주인의 존재를 믿고 있다. 그 숫자는 해마다 늘고 있는데, 오늘날에 우주인이 없다고 믿는 사람은 아예 지성이 부족한 사람으로 여기는 경향까지 있을 정도이다.

　반면 우리 나라에서는 극히 소수만이 우주인의 존재를 믿고 있다. 따라서 우리 나라에서는 우주인의 존재에 대해 관심조차 없거나 그것을 믿는 사람에 대해 어린아이 취급하는 경우도 있다. 상상력이 지나치다는 것이다.

　미국에서는 언젠가 과학적으로 생물 발생을 설명하는 이론에 대해 종교 탄압이라는 명목으로 재판이 걸린 적이 있다. 그들은 사람이나 생물은 신이 만들었을 뿐 자연에서 발생했을 리 없다는 것이다. 이 재판에는 노벨상을 받은 과학자·성직자·철학자 등 많은 지성인들이 증인으로 나왔는데, 결국 진화론이 타당하다는 판결이 나왔다.

　물론 이는 인간의 판결이다. 인간의 판결에 의해 신이 있느냐 없느냐를 증명할 수는 없는 일이다. 하지만 이 재판의 승리로 중고등학교 교과서에 진화론이나 생물의 자연 발생 이론이 실릴 수 있게 되었다. 만일 이 재판에서 졌다면 교과서에는 신이 생물을 만들었다고 실렸을 것이다.

　생각만 해도 아찔하다. 갈릴레오가 살던 당시 천문학의 진리가 부정되듯 생물학의 진리마저 무용지물이 될 뻔한 순간이었다. 미국인은 비록 거의 모두 종교인이지만 냉정한 이성을 발휘하여 과학의 편을 들어 주었던 것이다.

　재판부는 중고등학교 생물 교과서에 신이 생물을 만들었다는 교리를 싣지 못하도록 판결을 내렸다. 물론 이로써 생물이 자연 발생된다는 증명이 이루어진 것은 아니다. 단지 진리란 신념과 별개라는 미국 사회의 개척 정신이 인정된 것뿐이다.

　하지만 이 판결의 의미는 상당히 크다. 이 사건 이후 생물학자들은 더욱 열심히 연구에 몰두할 수 있었다. 그리고 자라나는 어린아이들에게 과학을 가르칠 수 있게 된 것이다.

그렇다면 우주인에 대해서는 어떤 판결이 내려질까? 만일 종교인들이 우주인의 존재를 부정하는 소송을 제기한다면 우주인의 존재는 분명 인간의 존엄성을 무너뜨릴 수 있을 것이다. 우주에서 인간만이 존엄하고 또한 그 존엄은 신이 창조했기 때문에 유지된다고 할 때 충분히 그러한 소송이 제기될 만하다.

오늘날 교황청에서는 빅뱅을 인정하고 또한 우주인의 존재에 대해서는 부정도 긍정도 하지 않는다. 하지만 긍정적으로 봐야 한다는 시각이 지배적이다. 지구가 태양의 주위를 돈다는 자그마한 진리 주장에서조차 그들은 결사적으로 반대하고 나섰었다. 하물며 우주인이 존재한다는 엄청난 주장에 대해서는 중립을 지키겠는가! 교리란 원래 확신에 차 있는 것이다. 우주인이 존재하지 않는다는 확신이 있다면 응당 그것은 부정되었을 것이다. 어쩌면 이제 그들은 자연과학의 진리에 대해 조심성이 생겼는지도 모른다.

오늘날 마녀 재판도 없어졌지만 과학자들은 편안히 합리적인 연구를 할 수 있게 되었다. 그러나 중세기 때만 해도 지구가 태양 주위를 도느냐 아니냐의 문제는 신의 권위와 인간의 존엄성 때문에 관심의 대상이 되었던 것인데, 만일 우주인의 존재가 입증된다면 인간의 존엄성은 무너지게 될 것이다. 아니, 오히려 인간은 우주에서 보편적인 존재가 될 것이다.

그것은 지위 향상이라고 봐야 마땅하다. 인간의 무대가 지구에 국한되지 않고 우주로 확대되기 때문이다. 그러나 인간의 유일한 존엄성을 유지하고자 한다면 우주인은 자연 발생이고 인간은 신이 만들었다고 하면 될 것이다.

　오늘날 미국에서는 아직도 백인 우월주의가 퇴치되지 않고 있듯이 이스라엘에서는 그들 민족이 세계 어느 민족보다 우월하다고 믿고 있다. 그 이유는 이스라엘 백성은 신이 특별히 보호 육성시키고 있다는 것이다. 이러한 관점을 이스라엘뿐만 아니라 전 지구인으로 확대 해석해도 무리가 아니다. 우주인이 발견되는 순간 우리는 신의 백성으로 변하면 그만일 뿐이다.

　이것도 싫으면 차라리 우주인이나 지구인이나 평등하다고 생각하면 그만이다. 지구는 우주의 중심이 아니라 사막의 모래처럼 흔한 우주의 별들 중에 하나라고 생각하면 무엇이 손해란 말인가!

　사실 우주의 별들, 태양들은 사막의 모래 수보다 많다. 이들은 한때 모래알보다 극히 작은 하나의 알갱이에서 터져 나왔다. 이는 자연과학에서는 상식이고, 교황청에서도 인정하고 있는 진리 그 자체이다. 우주의 모든 별들·빛·방사능·시간·공간 등은 동포인 것이다.

　무대를 축소해서 지구인을 볼 때 모든 인류가 한 명의 인간으로부터 시작되었다는 것은 오늘날 과학이 밝혀내고 있다. 그것은 인간의 신체 세포 속에 있는 미토콘드리아라는 생명체의 DNA를 조사하여 입증된 사실인데, 모든 인간이 동종의 DNA를 갖고 있다는 것이다.

　최초의 인간은 아프리카 여인이었다는 것이 밝혀졌는데, 실제로 에덴 동산은 이스라엘 어딘가에 있는 것이 아니라 아프리카에 있다는 것이다. 이를 확대 해석하면 에덴 동산은 그저 지구에 있다거나 지구 자체가 에덴 동산이라고 해도 틀린 말이 아니다.

우리는 교리 때문에 우주인의 존재에 대해 두려움을 가져서는 안 된다. 우주에 있어서 흙이나 땅·지구·물·빛 등은 보편적 존재이고, 빅뱅이라는 순간에 동시에 태어난 것이다. 이는 지구가 태양을 도는 것 이상의 진리이다. 우리 몸을 이루고 있는 단백질, 즉 아미노산은 오늘날 우주에서 흔히 발견되고 있다.

모든 것이 우주의 한 부분인 것이다. 지구라고 특별할 것이 전혀 없다. 흑인과 백인이 평등하듯이 지구와 별이 평등하고 지구 생물과 우주 생물은 평등한 것이다. 더 정확히 얘기하면 지구 생물이 곧 우주의 생물인 것이다. 그리고 지구에서 생물이 발생했다는 것은 곧 우주에서 생물이 발생했다는 뜻이다.

오늘날 과학은 물질이 자발적으로 조직되어 점차 생물에 이른다는 것을 발견해 냈다. 이는 일리야 프리고진이라는 과학자가 밝혀냈는데, 그는 물질이 자발적으로 조직된다는 것을 발견한 공로로 노벨 화학상을 받았다.

그 이후로는 아예 인공 생명학이라는 것이 만들어져 자연계에서 생명이 발생하는 현상을 연구하고 있다. 인공 생명학에서는 생명이 자연에서 스스로 탄생하는 것은 창발 또는 발현한다고 하는데, 생명이란 원래 우주 내에서 창발에 의해 만들어진 것이다.

오늘날 창발 현상은 수없이 많이 발견되고 있지만 그것을 일일이 신이 관여했다고는 볼 수 없다. 신은 저 먼 옛날 빅뱅을 만들어 냈거나 혹은 7일 만에 우주와 생물을 만드는 것으로 작업을 끝냈던 것이다.

이제는 제발 개인주의적인 발상을 버리고 전 우주적인 보편 진리에 눈을 돌릴 때이다. 필자는 이 자리에서 우주인이 존재한다고 단언하지는 않는다. 그러나 한 가지는 절대로 장담할 수 있다. 즉, 우주에는 지구 외에 생물이 발생하는 것을 막는 법칙이 존재하지 않는다고.

우주는 생물의 무대이다. 지구에서든 별에서든 조건만 갖추면 생물은 얼마든지 발생할 수 있게 되어 있다. 그 조건 중에서 가장 중요한 것은 태양인데, 태양은 초신성 폭발에 의해 만들어졌고 태양은 다시 지구를 탄생시켰다.

생명의 원소, 즉 탄소·수소·산소 등 가벼운 원소들도 초신성 폭발에 의해 만들어지는데, 우주에는 그 동안 수많은 초신성이 폭발했다. 우리의 태양은 그 중의 하나로서, 바다 속의 물방울 하나에 지나지 않는다.

우주 생물은 너무나 당연한 것이므로 길게 논의할 필요는 없다. 여기서 중요한 것은 주역의 입장이다. 주역은 우주인을 어떻게 생각하는가? 이것은 결코 필자의 생각이 아니다. 또한 주역을 빙자한 필자의 주장도 아니다. 단지 보편적인 원리에 의해 생명의 존재를 논의하고자 할 뿐이다. 그러나 이 논의도 길어서는 안 된다. 우리는 주역을 공부하기 위해 학문 공간에 모인 것이기 때문이다. 잠깐만 언급해 보자.

근래 일단의 과학자들이 우주 최고의 진리 또는 법칙을 논의한 바 있다. 가장 확실한 진리가 무엇인가를 논의한 것이다. 그 결과 많은 법칙들이 신중히 선택되고 서열이 매겨졌다.

예를 들어 진리의 반열에 오른 것으로는 대수의 법칙으로, 이는 주사위를 던졌을 때 각 숫자가 평등한 확률로 나타나는 것이다. 이 법칙은 재론할 필요도 없이 명백한 것인데, 1위를 차지하지 못했다.

이외에 에너지 질량 불변의 법칙이 있는데, 이는 우주에서 에너지가 갑자기 소멸하거나 창조되지 않는다는 것인데, 이 법칙도 1위를 차지하지 못했다.

또 한 가지는 엔트로피의 법칙인데, 이는 찬물과 더운 물은 섞이게 되어 있고 자발적으로 물이 찬물과 더운 물로 나뉘지 않는다는 것이다. 이것도 1위가 못 되었다.

다음으로는 뉴턴의 관성 법칙인데, 우주에서 물체란 외부의 힘이 작용하지 않으면 영원히 그 상태를 보존한다는 것이다. 이 법칙도 역시 1위가 못 되었다.

이외에 물질 외의 법칙으로서 머피의 법칙도 있는바, 이는 무슨 일이든 꼬이게 되어 있다는 것, 즉 불운의 법칙인데, 이는 아예 진리의 반열에도 들지 못했다.

이 밖에 진화의 법칙이나, 신이 인간을 만들었다거나 하는 법칙도 진리의 반열에 들지 못했고, 만유 인력의 법칙도 1위가 되지 못했다.

그렇다면 우주 제1의 법칙은 무엇이었을까? 이 법칙은 물질이나 심리·사회·철학·경제 등 모든 법칙 중에서 골라낸 것이었다. 그 법칙은 바로 이렇다.

'세상에 하나가 있으면 그것은 또 있다.'

참으로 재미있는 발상이고 의미 심장한 내용이다. 모래가 한 알 있으면 또 하나가 있다는 뜻이고, 물이 한 방울 있으면 그것은 또 있다는 뜻이다. 이 법칙은 시간 방향으로도 성립되는데, 한 번 있었던 사건은 또 있게 된다는 것이다. 대단한 법칙이다. 하나의 지구가 있으면 그것은 또 있고, 지구에 생물이 있으면 어딘가에 또 있고, 누군가 죽으면 또 누구도 죽고, 등등.

과학자들이 어떤 근거로 이러한 법칙을 선택했는지는 모르지만 필경 논의와 투표에 의해 결정되었을 것이다. 필자는 이 결정에 찬성한다. 진리란 보편적이기 때문이다. 이로써 우주에 지구인 외에도 우주인이 있다는 것 또는 많다는 것 등을 간접적으로 증명했다고 본다.

그런데 더 확실한 법칙은 주역에서 나온다. 예를 들어 보자. 여기에 괘상이 있다. 이 괘상은 우주에 몇 개 있는가? 괘상은 하나이다. 그러나 그러한 현상은 몇 개 있는가? 무수히 많다. 괘상이란 사물의 현상을 설명한 개념이다. 이러한 개념은 누가 만든 것도 아니고 없어지는 것도 아니다. 스스로 영원할 뿐이다. 그리고 이것에 의해 현상은 얼마든지 일어날 수 있다. 하나가 있으면 또 있는 것이다.

이제 우주인의 주역을 생각해 보자. 먼저 유념할 것은 그들도 우리와 같은 자연의 법칙 속에서 산다는 것이다. 따라서 그들도 원둘레를 알기 위해서는 지름에 원주율을 곱해야 한다. '원둘레 = 지름 × 원주율'은 누군가가 만든 법칙이 아니다. 스스로 있는 법칙일 뿐이다. 인간은 그것을 발견한 것에 지나지 않는다.

주역의 법칙도 마찬가지이다. 스스로 존재할 뿐이다. 우주인도 지구인만큼 지성인이라면 당연히 주역을 알고 있을 것이다. 단지 그들은 우리처럼 음양 기호를 사용하는지는 미지수이다. 필자가 추측건대 그들은 ☳를 ⁝라고 표현할 것 같다. ☷은 ⁚이다.

·와 —은 모스 부호인데, 우주인도 모스 부호를 알고 있을 것이다. 주역은 ·와 — 대신 — --을 사용하는 것뿐이다. 어떤 기호가 더 편리한가는 말할 수 없다. 그들이 무슨 기호를 사용하든 그것은 자유이다. 단지 우리의 기호와 뜻은 같을 것이다.

어쩌면 우리 별, 즉 지구의 주역은 애당초 그들이 전해 준 것인지도 모른다. 그렇지 않다면 5,000년 전에 인간이 무슨 필요에 의해 고도의 기호를 발명했을까? 오늘날 지구의 생명체는 우주에서 만들어져서 이동된 것으로 보는데, 우주 공간의 어떤 지역은 생물이 탄생하기에 지구보다 더욱 적합하기 때문이다.

이와 마찬가지로 주역의 기호 등은 일찍이 우주인들이 사용하던 것을 지구에 전수한 것은 아닐까? 그렇다면 그 목적은 무엇일까? 그것은 두 가지로 생각해 볼 수 있다. 첫째, 우주의 보편적 법칙을 인간에게 알려 주려는 것이고, 둘째는 우주인이 지구에 다녀갔다는 증거를 남겼다는 것이다.

이는 성인을 모독하는 행위가 아니다. 주역의 기호는 너무나 현대적이다. 성인이 그것을 만들었다면 당연히 그 당시에 맞게 만들었을 것이다. 주역의 기호는 아무리 생각해 봐도 돌도끼를 사용하는 원시인에게는 무용지물로 보인다. 주역의 기호, 즉 괘상 표시법은 초문명의 우주인이 아니고는 너무나 엉뚱하다. 만일 주역을 신이 남긴 메시지라고 한다면 대체 어느 시대를 목표로 했단 말인가! 주역의 기호법은 고도의 현대 과학 개념이 아니고서는 이해될 수 없는 것인데, 신은 어째서 그것을 그토록 서둘러서 남겨 놓았겠는가! 아무래도 우주인의 메시지라는 것이 자연스럽기만 하다.

이 정도로 해 두자. 먼 옛날의 신비에 끌리는 독자들의 꿈을 해치고 싶지 않기 때문이다. 다만 필자의 생각은 먼 미래나 먼 과거는 둘 다 신비하다고 생각한다. 아울러 현재도 신비하다.

주역 공부를 시작하자. 이번엔 다소 특이한 논의를 제공할 것이다. 산을 보자. 이 때 우리는 그 높이를 말하게 된다. 반면 바다를 볼 때 그 깊이를 말하게 될 것이다. 우리는 우리가 서 있는 곳을 관찰의 기준점이라고 삼기 때문이다.

옛 사람은 산보다 더 높은 저 하늘 구름 위로 계속 올라가면 낙원이 존재할 것이라고 믿었다. 소위 천국 말이다. 그러나 오늘날은 구름을 뚫고 계속 올라가면 우주 허공이 나온다는 것을 잘 알고 있다. 인류는 아직 허공 중에서 천국이든, 우주인의 고향이든, 아직 발견하지 못했다.

불경에 보면 천국이란 우주 어딘가에 존재하는 물질 세계라고 하고, 성경에도 천국은 구체적인 물질 세계라고 한다. 그렇다면 필경 우주 어딘가에 존재하는 별이 천국일 수밖에 없다. 천국이 그런 곳이 아니라면 우주인의 왕국이라도 좋다.

우리가 만일 그 곳을 찾아간다면 허공으로부터 그 곳을 내려다보면서 도착할 것이다. 그들이 볼 때 우리는 하늘에서 도착한 그 어떤 존재, 또는 신의 사자라고 볼 수도 있다. 또한 그들의 문명이 우리보다 훨씬 더 발달했을 경우 그들이 우리를 찾아오면 그 때 우리는 그들을 보고 하늘에서 찾아온 존재라고 볼 것이다.

우리 지구에 있어서 칠레 사람들은 먼 옛날 하늘에서 어떤 존재가 내려왔었는데, 그들을 자신의 조상이라고 믿고 있다. 그리고 그들이 언젠가 다시 찾아올 것이라고 믿고 있다. 이스라엘 사람은 또한 메시아가 하늘로부터 내려와 온 세상을 심판하고 이스라엘 민족을 구해 줄 것을 믿으며 살아가고 있다. 칠레 민족은 우주인이 안데스 산맥으로 내려와 그들의 고향인 그린스타로 데려갈 것을 기다리며 산다. 우리 민족은 단군님이 하늘로부터 내려와 구원해 주지 않을까?

이러한 신앙이나 신념 등은 민족간에 서로 닮은 구조이다. 이는 모든 민족의 근저에 자리잡고 있는 향수인지도 모른다. 인류는 세포 이전에서 볼 때 먼 우주에서 날아온 기억을 반영하고 있는 것은 아닐까?

이 장에서는 앞장에 이어 괘상 내부의 공간에 작용하는 기운에 대해 논의할 것이다.

다음 괘상을 보라.

이들은 양극과 음극으로서 기운이 64괘 중 가장 강한 괘상이다. 그러나 이 괘상에 대해 막연히 기운이 강하다고 하면 문제가 발생한다. 장소를 지정해 주어야 한다. 양이란 위로 작용하는 힘인바, 양 아래 있으면 그 힘이 그리 강하다고 할 수 없을 것이다.

제5권 사물의 운명 227

음도 마찬가지이다. 음은 아래로 작용하는 힘인바, 예를 들어 깊은 바다 속에 들어가 있지 않으면 물이 아무리 깊어도 아무런 영향을 받지 않는다. 기운이란 그 향하는 쪽에 있어야 강하든 약하든 영향을 받는 법이지 엉뚱한 곳에서는 의미가 없다.

예를 들어 ☰의 위쪽에 있으면 6양의 힘을 모두 받게 되지만 아래쪽에 있으면 의미가 없다.

☷에 대해 우리는 중앙에서 살펴본 바 있는데, 그 위치에서는 아래쪽에서 양기가 받쳐 주고 위쪽에서 음기가 덮어 주어 압력은 최대가 된다. 이제 이러한 관점을 떠나 맨 위쪽과 맨 아래쪽에서 기운을 측정하자는 것이다.

당초 주역을 처음 공부할 때 지적했던 것처럼 옛 사람은 두 가지 관점 중의 하나인 위쪽에서 괘상을 바라봤던 것이다. 그로 인해 복희 팔괘도가 성립되었던 것도 우리는 잘 알고 있다. 반면 아래쪽에서 보는 방법도 있는바, 그로써 상하의 관점은 대칭성을 이룰 수 있었던 것이다. 이제 그러한 관점으로 다시 돌아가 괘상을 살펴보려 한다.

다음 괘상을 보자.

(1, 5) 괘상들로서 시간의 흐름을 보여 준다. 그 내용은 양이 탈출하여 자신의 고향으로 돌아가고 있다. 이들을 수치화하는 일은 중

앞에서 바라봄으로써 가능했었다.

  여기서는 음양을 분리해서 따져 보자. 먼저 규칙을 보면 음은 아래쪽에서 바라보고 양은 위쪽에서 바라본다. 이는 고향에서 자기 식구를 바라보는 방식이다.

  위의 괘열에 대해 먼저 양값을 따져 보자.

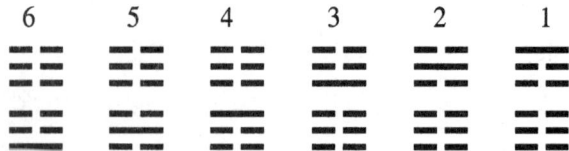

괘상 위의 숫자는 위에서 바라본 양의 거리이다. 이들은 그대로 값이 되는데, 시간의 흐름에 따라 감소하고 있다. 이는 시간 작용이 양을 자기 고향으로 돌아가게 하는 것이라는 뜻이다. 아래에서 음을 보자.

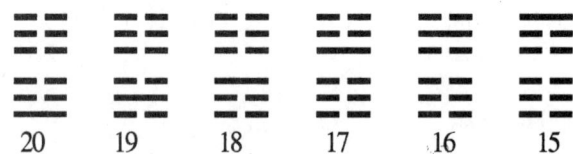

  아래에 적은 숫자는 음값을 더한 것인데, 시간의 흐름에 따라 감소하고 있다. 위에서 관측한 양이나 아래에서 관측한 음이 모두 줄어들고 있는 것이다. 시간의 흐름에 따라 차츰 음양이 풀려나간다는 뜻이거니와 괘열은 정확히 순서가 정해져 있다. 즉,

이러한 과정은 음으로 보나 양으로 보나 틀림없다. 시간에 있어서는 음양이 같은 운명을 보여 주는 대목이다. 다시 괘상을 보자.

		䷁	䷁	䷁	䷁	䷁		
䷁	䷁			䷁			䷁	䷁
		䷁	䷁	䷁	䷁	䷁		

이 괘상들의 음양 값을 적어보자.

		9 16	8 15	7 14	6 13	5 12		
11 18	10 17						4 11	3 10
		9 16	8 15	7 14	6 13	5 12		

각 칸에 있어서 위쪽의 숫자는 양, 아래쪽은 음인데, 전체적으로 질서 정연하고 아름답다. 여기서 아름답다는 것은 괘상의 시간 변화가 이처럼 단순하게 감소하는 모습을 보여 주고 있기 때문이다.

게다가 음양 값을 합침으로써 해결 값을 완벽하게 규격화할 수 있다.

☷ ☷ ☷ ☷ ☷

이 괘상들의 당초 해결 값을 구하는 공식은 중앙에서 바라봤을 때 다음과 같이 나타난다.

| 8 | 4 | 2 | -2 | -4 | -8 |

이 수열은 대칭을 이루고 있으며 단순한 규칙도 있다. 게다가 중앙을 0으로 한 좌표 중심성도 갖추고 있다. 이것은 나름대로 편리하다. 두 수열을 비교하자.

| 8 | 4 | 2 | -2 | -4 | -6 |

| 20 | 19 | 18 | 17 | 16 | 15 |

어느 것이 더 아름다운가? 위쪽이 아름답다고 느낄 것이다. 그러나 중요한 것은 어느 쪽이 합리적이냐는 것이다. 답을 걱정할 필요는 없다. 두 가지가 다 필요하다. 위 도표는 그대로 해결 값이고, 아래 도표는 해결 값이 아니라, 풀리고 맺히는 단계를 수치화한 것이다. 이 뜻을 살펴보자.

☷ 은 올 데까지 온 괘상이다. ☳에서 시작하여 종말에 다다른 것이다. 그러나 우리는 ☷을 더 몰아붙일 수 있다.

다음을 보라.

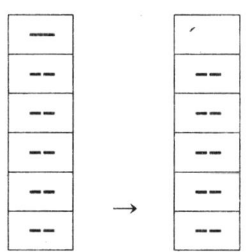

이 과정은 하나 남은 양이 아예 달아나 버렸음을 나타낸다. 이 때 양값은 당연히 0이다. 전 과정을 다시 보자.

   6   5   4   3   2   1   0

이 과정은 양이 점점 약해지다가 마침내는 사라지는 모습이다. 이러한 변화는 음에 대해서도 실시할 수 있다. ☷에서부터 시작하자.

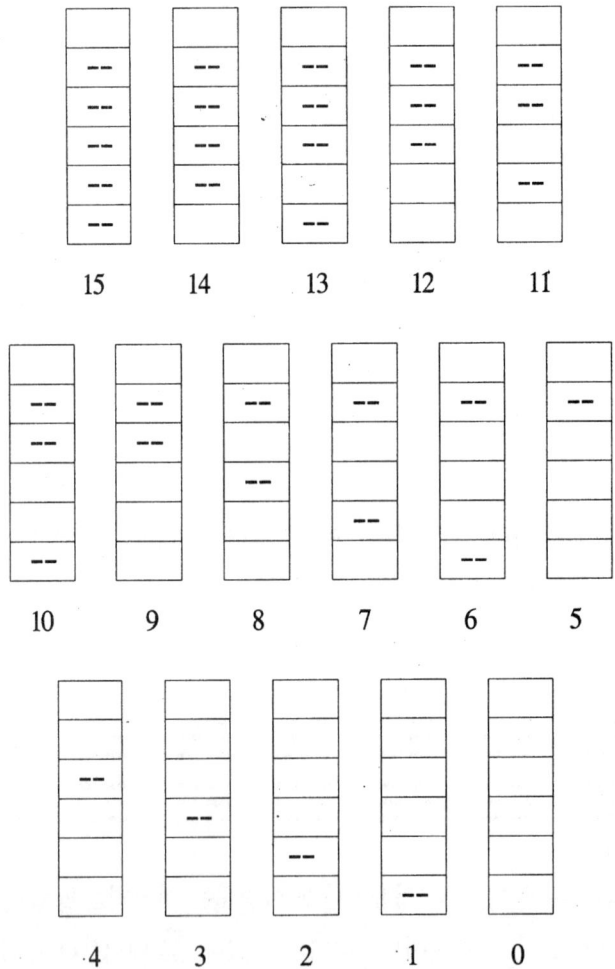

모든 과정은 음의 소멸을 보여 준다. 땅에서 와서 땅으로 돌아가는 것이다. 각 숫자가 갖는 의미는 충분히 파악했을 것이다. 이러한 현상은 주역 64괘 모두에 대해 적용할 수 있는데, 괘상이 상하로

제5권 사물의 운명 233

소멸되어 가는 모든 과정을 포함한다면 괘상 또는 준괘상이 729개나 된다. 이것을 일일이 검토하기는 번거롭다. 독자들은 거대한 도표를 만들어 이 과정을 확인해 볼 필요가 있다. 필자는 주역 입문 시절 이러한 도표를 수만 장이나 그리면서 공부했었다.

다시 괘상을 보자. 이번에는 (3, 3)에 대해 실시하자.

		☷	☷	☷	☷	☷	☷	
☷	☷		☷	☷	☷	☷		☰	☰
		☷	☷	☷	☷	☷	☷	

		13	12	11	10	9	8		
		13	12	11	10	9	8		
15	14		12	11	10	9		7	6
15	14		12	11	10	9		7	6
		13	12	11	10	9	8		
		13	12	11	10	9	8		

이 도표는 아주 단순하다. (3, 3)의 괘상은 음양의 섞임이 똑같다. 이제 남은 것은 (4, 2) (5, 1) 등인데, 이는 (2, 4) (1, 5)와 대칭이므로 생략하자. 이 도표들의 중요함은 괘상이 만들어지기 위해 이만큼의 단계가 필요하다는 것이다.

이는 괘상의 체중이라고 표현할 수도 있다. 괘상은 체중 0이 되는 순간 완전히 사라진다.

  여기서 유의할 것은 하나의 온전한 괘상이 만들어지려면 최소 12단계를 거쳐야 하며, 최대 30단계를 거쳐야 한다는 것이다. 최소는 ☷ 이고 최대는 ☰ 이다. ☷ 과 ☰ 은 21단계인데, 음과 양을 서로 상쇄시킨다면 재미있는 결과를 얻는다.

  이 결과는 괘상 전체를 일목 요연하게 보는 원리를 제공해 주므로 중요하다. 이것을 보자.

    6   5   4   3   2   1
   ☷   ☶   ☵   ☴   ☳   ☲
  -20 -19 -18 -17 -16 -15

  숫자들은 음양의 단계수인데, 상하를 합치면 어느 것이든 −14가 나온다. 이것은 (1, 5) 괘상의 공통값인 것이다. 이것을 모든 계열에 적용하면 다음과 같은 결과가 나온다.

      (6, 0) →   21
      (5, 1) →   14
      (4, 2) →   7
      (3, 3) →   0
      (2, 4) → −7

$(1, 5) \rightarrow -14$

$(0, 6) \rightarrow -21$

 이 값들은 앞에서도 다루었는데, 지금은 좀더 포괄적인 의미에서 바라본 것이다. 이들 수치들은 괘운(卦雲)들의 위치를 나타내고 있다. 괘운이란 시간 대륙을 뜻하는 것으로, 시공 지도에서 공간에 해당된다.

 논의가 길어졌으므로 다음 장으로 넘겨 다시 시작하자. 독자들은 하루 이틀 쉬고 다시 시작하는 게 좋을 것이다. 주역은 복잡해지거나 지루해지면 공부가 되지 않는 법이다.

玉虛眞經 (9)

多易 必多難

쉽게 보이는 일이 반드시 어려움이 많다.

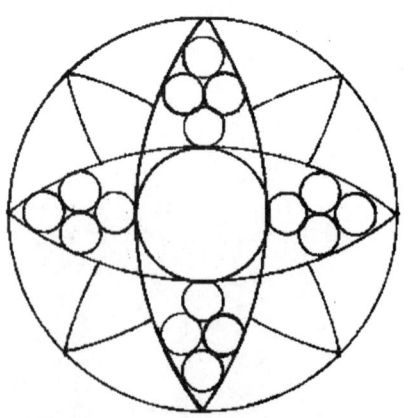

대칭성의 파괴

 이 장에서는 쉬지 않고 진행해 보자. 왜냐 하면 앞장의 논의가 중단되었기 때문이다. 이제부터 다룰 것은 괘상의 선형 배열이다. 앞장에서 다루었던 것은 해결 값 또는 섞임 단계 등이었는데, 그것은 단순한 모양이었지만 선형은 아니었다.

 (1, 5)에 있어서는 ☷ → ☰ 까지 일직선이지만 (2, 4)의 괘상은 2중 또는 3중 배열이 있었다. 이것은 다소 복잡한 느낌이 든다. 우리가 바라는 것은 가급적 일직선 구조이다. 그래야 쉽게 이해되기 때문이다.

 필자는 앞서 주역의 64괘 모두에 대해 합리적인 방식으로 일직선 정렬을 그려낼 수 있는지 물었다. 이는 주역의 체계에서 매우 중요한 것으로, 그것이 이뤄지면·대순환도 이루어 낼 수 있다. 하지만 중요한 것은 ☷ 에서 ☰ 까지의 선형 구조를 찾아내는 일이다.

여기서 잠시 선형 구조의 의미를 살펴보자. 인간의 눈은 기본적으로 한 면만 볼 수 있도록 되어 있다. 여인의 몸을 볼 때도 앞면만 보이는 것이다. 뒷면을 보기 위해서는 거울을 사용하거나 여자의 몸을 돌려놔야 한다. 시각의 이러한 면 때문에 입체 구조를 파악할 때 애를 먹는 것이다.

주역의 전체 배치도 3차원 구조인바, 책에 그려 넣을 수 없어 생략할 수밖에 없었다. 사물이란 원래 그려 놓고 보면 이해하기가 쉬운데 그것이 3차원 이상이면 여간 불편한 게 아니다.

사실 3차원이 아니라 2차원, 즉 면의 구조로 되어 있어도 혼란스러운 것이다. 인간의 사고 방식은 기본적으로는 선형 구조이다. 음악이나 언어도 그와 같지만 그림은 2차원이고 조각은 3차원이다.

우리의 귀는 선형 감각 기관인데, 이는 시간 감각을 유지하고 있다. 컴퓨터 프로그램도 바로 순차적으로 이루어지고 있어서 시간 선형적이다. 이를 알고리즘이라고 하는바, 알고리즘은 기본적으로 선형 구조를 갖고 있다.

자연 현상은 원래 비선형 구조이지만 이를 선형화시킴으로써 근사적으로 이해할 수 있게 된다. 선형이란 단순하고 필연적이기 때문에 인간 정신이 그것을 선호하고 있다. 물론 천재들의 경우 뇌가 고차원적인 병렬 구조를 이루고 있어 동시 다발적 계산이 순식간에 이루어진다고 한다.

여자의 감정은 여러 갈래로 나누어져 있어 도대체 어느 갈래로 갔는지 알 수가 없는데, 이는 비선형 구조이기 때문이다. 군대의 명령은 선형적이다. 선형 구조는 사물의 본질은 아니지만 선형적 방식으로 이해할 수 있는 길이 있다면 비록 근사적이라 할지라도 여간 편리한 게 아니다.

현대 인류에 있어서 양자 역학은 두 가지 큰 가닥으로 이루어져 있는데, 하나는 슈뢰딩거의 파동 역학인바, 이는 선형적 구조이다. 또 하나는 하이젠베르크의 행렬 역학인데 이는 비선형 구조이다. 주역은 기본적으로 행렬 역학적 구조를 갖고 있다. 그렇기 때문에 주역의 체계는 일률적인 방식으로 쉽게 이해가 되지 않는 것이다.

비선형이란 그만큼 이해하기 어렵다. 행성의 궤도는 선형 구조이지만 여기에 또 하나의 행성이 추가되어 섭동 현상을 일으킬 때 이것은 비선형 구조가 되어 상당히 어려운, 즉 예측이 곤란한 상황이 생기는 것이다.

예전에는 자연계의 비선형 현상은 아예 학문으로 다루지도 않았다. 골치 아프기 때문이었다. 주역도 실은 그 비선형성 때문에 이해가 쉽지 않았던 것이다. 복희 팔괘도는 주역을 이해하기 위해 억지로 만든 비합리적인 선형구조이다.

이에 대해서는 상세히 밝힌 바 있지만 우리는 합리적인 선형 구조를 찾아보려는 것이다. 만일 선형 구조를 찾을 수만 있다면 그만큼 주역은 쉬워지게 된다.

국어 사전의 경우 그 많은 단어를 선형적으로 수록할 수 있는 것은 언어 자체가 선형적이기 때문이다. 수학자 괴델은 언어로 표현할 수 있는 모든 명제에·대해 선형적 배열을 이룩해 놓았다. 그는 주어진 체계 내에서 도출된 두 개의 결론이 서로 모순을 일으키지 않는다는 것을 증명할 수 없다는 증명을 한 것으로 유명한데, 이 증명은 인간이 논리적으로 도달할 수 있는 가장 깊었던 것으로 평가되고 있다.

괴델의 정리로 인해 주역의 체계 내에서도 모순이 발생할 수도 있다는 가능성이 주어졌지만, 필자는 항상 하나의 체계 내에서 도출함으로써 이론의 모순 가능성을 극복하고 있다.

이는 참고로 얘기했을 뿐인데, 필자가 괴델의 업적에 감동하는 것은 그가 괴델수라는 것을 사용하여 모든 명제에 대해 번호를 붙였다는 것이다. 괴델수는 명제가 다르면 반드시 다르게 되어 있어 모든 명제를 선형화할 수 있었던 것이다.

주역의 괘상은 그 자체가 명제이고 사물인 까닭에 이를 선형화한다는 것은 아주 중요하다. 왜냐 하면 괘상의 선형화가 어려운 이유는 기준점이 상하에 각각 존재하기 때문이다. 중간에서 보면 면형은 이루어지나 선형이 되지 않는다. 이는 주역 자체가 갖고 있는 움직일 수 없는 절대 규칙이다.

결국 선형화를 이루기 위해서는 어딘가에서 대칭성이 파괴되어야 하는데, 그것은 자연스럽고 합리적으로 이루어져야 한다. 억지로 인위적으로 이루어져서는 안 된다는 뜻이다. 조심스럽게 진행하자.

다음을 보자.

⚌

☳   ☵

☷

　이것은 4상인데 순서는 알 길이 없다. 전통 주역에서는 ☷ ⚌ ☳ ☵ 등으로 순서가 매겨져 있는데, 그 이유는 정확하지 않다. 사실 반드시 회전할 필요가 있는지도 밝혀져 있지 않다. 단지 시간의 흐름에 있어서는 ☳ → ☵ 이 과정만이 정확할 뿐이다. 음양이 제 고향으로 돌아가는 과정이기 때문이다.
　만일 ☵ → ☳의 과정이 이루어진다면 순환이 이루어질 수도 있다. 그것이 이루어진다고 해 보자. 그렇다면 어느 쪽으로 가는 것이 합리적일까? ☳은 ⚌ 또는 ☷ 으로 갈 수 있기 때문이다. 여기서 등장하는 것은 시간의 방향이다.
　앞에서도 논의한 바 있지만 시간은 미래로 흐른다. 그런데 미래는 양인가 음인가? 양이다! 양은 위에 있나, 아래 있나? 위에 있다! 정리하면 이렇다. 시간은 미래로 흐르는바, 미래는 양이고 위에 있다. 따라서 ☳ → ☵일 때 ☵은 위에서 오는 것이다. 물론 ☳ → ☷일 때도 ☷은 위에서 온다. 뿐만 아니라 ☵ → ☳일 때 ☳은 위에서 오고 ⚌ → ☵일 때도 ☵은 위에서 온다.
　오는 것은 무조건 위에서 오는 것이다. 우리는 이것을 적용해서 과정을 살필 수 있다. 다음을 보자.

이 그림은 ⚎ → ⚏을 그린 것인데, 둘씩 끊어서 과정을 보면 다음과 같다.

⚏ → ⚏ → ⚏

다음을 보자.

이 그림은 ⚏ → ⚏을 그린 것인바, 둘씩 끊어서 과정을 보면 다음과 같다.

다시 보자.

이 그림은 ⚏ → ⚎ 을 그린 것인데, 과정은,

⚏ → ⚎ → ⚌

이 된다. 또다시 보자.

이 그림은 ⚌ → ⚏ 을 그렸는데, 과정은

⚌ → ⚍ → ⚏

이 된다. 모든 것을 정리해서 보면 다음과 같은 결론을 얻는다.

이 과정은 고전 주역에서 논하는 방향과 반대이다. 어쩌면 좋으랴! 걱정할 것 없다. 고전 주역에서 논하는 4상이란 지구가 태양을 돌고 있는 특정된 현상에 대해 주역을 적용했을 뿐이다. 방금 얻은 결론은 주역을 일반적인 시간 현상에 적용한 것이다.

　지구는 현재 태양을 돌고 있지만 시간의 힘은 그것을 멈추는 쪽으로 작용하고 있다. 자연의 현상은 부분적으로, 일시적으로 보면 엔트로피가 감소하는 쪽으로 흐를 수 있다. 하지만 거시적으로 보면 결국 엔트로피는 끊임없이 증가하는 것이다. 4상의 방향은 방금 논의한 대로 흘러가는 것이 순리이다.

　그러나 이 문제는 잊어버려도 좋다. 독자들이 놀라는 것은 필자가 바라는 바가 아니다. 어떤 사람들은 필자가 일부러 이상한 논리를 전개해서 옛 사람이 만들어 놓은 결론을 거꾸로 만들려 한다고 의심할 수도 있을 것이다. 그럴 듯한 발상이지만 틀렸다. 필자는 스스로 진리를 알기 위해서 살고 있을 뿐 남에게 내세우기 위해 사는 사람이 아니다. 이왕이면 옛 사람의 결론과 같으면 얼마나 좋으랴.

　저 옛날 갈릴레오도 마찬가지였으리라! 태양이 지구 주위를 돈다면 얼마나 좋았을까. 지구가 태양을 돈다는 주장을 할 필요도 없고 종교 재판을 받을 필요도 없었을 것이다.

　아무튼 필자가 방금 유도한 결론은 사람을 놀라게 하니까 진리이든 아니든 덮어두고 다른 논리를 전개하자. 4상을 다시 보자.

☷　☶　☵　☴

　이들의 값을 매기고자 한다. 어떻게 하면 좋을까? 우선 이들의 성질을 따져 보자. 양상(陽像)이냐 음상(陰像)이냐를 따져 보자는 것이다.

우리는 앞서 이와 비슷한 문제를 다룬 바 있다. 즉, ☰은 양괘이냐 음괘이냐? 이는 고전 주역에서 양괘로 지정한바, 그 이유는 괘상의 모든 획수가 홀수이기 때문이었다. 현대 수학의 입장에서는 부호를 모두 곱하는 방식을 취했다. 결론은 똑같았다. 그래서 문제가 없었는데, 4상의 경우는 경우가 다르다.

더하는 경우와 곱하는 경우 결과가 아주 다르기 때문이다. 그러므로 곱하느냐 더하느냐가 문제이다. 그러나 여기서도 민감한 문제는 피해 가자. 진리를 밝힐 자신이 없어서가 아니다. 다만 길고 정밀한 논리를 전개해야 하기 때문이다.

여기서는 간단히 음양을 판정하는 방법이 있다. 그것은 현대 수학적 방법도 아니고 고전 주역의 방식도 아니다. 그것은 화학적 방법인데, 현대 과학과 고전 주역의 방식을 혼용한 것이다. 화학에서는 물질이 화합할 때 원자가라는 개념이 있다.

이는 원소의 외곽 전자의 숫자에 의해 생기는 활성을 의미하는데, 예를 들어 산소는 2이고 수소는 1이다. 그래서 두 원소가 합치면 반드시 H_2O가 된다. 두 원소의 원자가를 맞추기 위해서 H는 두 개 필요하다. 탄소는 원자가 4인바, 산소와 결합하면 CO_2가 된다. 이번에는 산소가 두 개 필요하다. 또한 수소와 탄소가 결합하려면 원자 1인 수소가 4개 있어야 탄소 4와 맞는다.

주역의 원소 양과 음도 원자가가 있는데, 양은 3이고 음은 2이다. 이는 위상 개념에 의해 과학적으로 입증시킨 바 있는데, 옛 성인의 심오한 혜안을 느끼게 하는 대목이다. 이제 우리는 화학 결합의 방식으로 괘상 결합도 할 수 있는데, 이로써 음양을 판정할 수 있다.

다음을 보자.

$$-S=M,\ S\equiv S,\ M=S-,\ M=M$$

이 그림은 화학 구조식이라는 것인데, 원자가 3과 2인 원소의 결합을 보여 주고 있다. 여기서 원자가 3인 원소 S는 주역의 ━과 같고 원자가 2인 원소 M은 --과 같다. 이 결과,

$$\begin{aligned}&⚌ \to\ -S=M\quad \to 양\\ &⚌ \to\quad S\equiv S\quad \to 음\\ &⚌ \to\quad M=S-\ \to 양\\ &⚌ \to\quad M=M\quad \to 음\end{aligned}$$

화학에서는 활성이 남아 있는 것을 이온이라고 하는데, 여기서는 활성이 남아 있는 것을 양이라고 했고 활성이 없는 것을 음이라고 했다. 설마 활성 없는 것을 양이라고 하고 활성 있는 것을 음이라고 할 사람은 없을 것이다. 이는 음양의 정의에 해당되는 것이기 때문에 논리적인 문제가 아니다.

이상으로 우리는 ⚌과 ⚌은 양괘, ⚌과 ⚌은 음괘라는 결론을 얻었는데, 이는 고전 주역의 방식과 일치한다. 다행한 일이다. 이 문제는 아주 단순한 것인데, 필자는 여기에 10년 이상 매달린 바 있다. 지금은 결론이 확실히 내려져 있다. ⚌과 ⚌은 양인 것이다.

주역에 있어 양의 정의란 작용의 활발함이지 현대 수학에서 말하

는 남는다는 것이 아니다. 또한 음이란 또 다른 에너지일 뿐 모자라다는 뜻이 아니다. 결국 주역에 있어서는 현대 수학의 개념이 만능으로 작용할 수 없다는 것이다.

이제 괘상의 값을 따져 보자. 방법은 간단하다. 양괘는 위에서 출발, 음괘는 아래서 출발하면 된다. 즉,

```
━━  2
━━  1 → 3

╸╸  -2
╸╸  -1 → -3

╸╸  -1
━━  2 → 1

━━  1
╸╸  -2 → -1
```

이 계산에서 알 수 있듯이 봄과 여름은 값이 양으로서 서로 짝이고 가을과 겨울은 값이 음으로서 서로 짝이다. 이는 고전 주역과 일치하는 결론이다. 다행이다. 다음 그림을 보자.

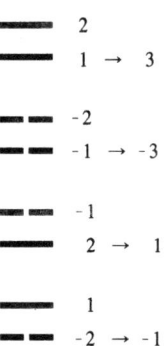

이 도표는 4상을 1차원 선형 좌표에 배치한 것이다. 이제 여기서 얻은 중대한 이론을 활용해 보자.

우리는 앞서 괘상을 중앙에서 보는 방법을 터득한 바 있다. 이는 천지 평등의 방법이었다. 이 방법에 의하면 제3효, 4효는 가장 가깝고 다음은 2, 5효가 가깝다. 가장 먼 것은 제1효와 제6효이다.

우리는 앞서 괘상을 중앙에서 보는 방법을 터득한 바 있다. 이는 천지 평등의 방법이었다. 이 방법에 의하면, 제3효, 4효는 가장 가깝고, 다음은 2, 5효가 가깝다. 가장 먼 것은 제1효와 제6효이다. 이것을 염두에 두고 전상도를 살펴보자.

이 도표는 시공도라고도 하는데, 크게 나누면 다음과 같이 4개 면

제5권 사물의 운명 249

으로 나눌 수 있다.

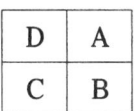

이 그림에서 A, B, C, D에는 각각 16개의 괘상이 들어 있는 것이다. 이 중에 A면만을 살펴보면, 모든 괘상이 제1효와 6효가 양으로 되어 있다. 즉, ═으로 되어 있는 것이다. D면을 보면, 모든 괘상의 제1효, 6효가 ══으로 되어 있다. 같은 방식으로 B 면은 제1효, 6효가 ══이고, C 면은 제1, 6효가 ══이다.

제1, 6효는 중앙에서 보면 가장 바깥 둘레를 감싸고 있는 것이다. 이 특징만 표시해서 A, B, C, D 면을 그리면 다음과 같다.

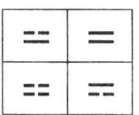

이 그림은 A, B, C, D 면이 각각 4상의 성질을 나누어 갖고 있는 것을 보여 준다. 그런데 우리는 앞서 살펴본 논리에 의해 이들의 높낮이를 다음과 같이 정할 수 있다.

═ → 1   ══ → -1

⚌ → 3   ☷ → -3

이와 같은 수치를 사용하면 되는데, 그림으로 나타내면 다음과 같다.

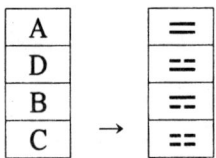

이제 이 그림에서 A만 떼어서 생각하자. A는 16개 괘상으로 이루어져 있는바, 다시 다음과 같이 나눌 수 있다.

A4	A1
A3	A2

이 그림에서 1, 2, 3, 4는 각각 4개씩의 괘상이 들어 있다. 그런데 A1을 보면 모든 괘상의 제2, 5효가 ⚌으로 되어 있는 것이다. 이는 프렉탈 구조인데, 큰 ⚌ 안에 중간 ⚌이 들어 있는 셈이다. 이어,

A2 → ☷
A3 → ☷
A4 → ☷

으로 되어 있다. 따라서 이들도 상하로 정렬시킬 수 있다.

A1
A4
A2
A3

그런데 이와 같은 정렬 방식은 B, C, D에 모두 적용할 수 있다.

B1	C1	D1
B4	C4	D4
B2	C2	D2
B3	C3	D3

이 그림에서 유의할 것은 1, 4, 2, 3은 제2효를 표현한 것으로, 그들은 다음과 같다.

1 → ⚌
4 → ⚌
2 → ⚌
3 → ⚌

이제 이들 모두를 수직선으로 세워 보자.

A1
A4
A2
A3
D1
D4
D2
D3
B1
B4
B2
B3
C1
C4
C2
C3

 이 그림은 16개로 되어 있는데, 한 칸에 실은 4개의 괘상이 들어 있다. 그들에게는 이제 제3, 4효가 남아 있는데, 역시 프렉탈 구조이다. 이들도 위로부터 ═ ═ ═ ═ 으로 세울 수 있다. 따라서 64개 괘상을 모두 수직으로 세울 수 있는 것이다. 그들의 순서는 언제나 다음과 같은 프렉탈 계층이다.

═
═
═

⚏

 이 계층 내면에는 또다시 똑같은 형태가 들어 있는데, 밖에서부터 제1, 6효 → 제1, 5효 → 제3, 4효에 이르게 된다. 이제 우리는 64괘 모두를 일직선으로 세워 놓을 수 있게 되었는데, 꼭대기에는 ☰이 있고, 바닥에는 ☷이 있는 것이다.
 이들은 지면 관계상 수직으로 직접 그려 보일 수는 없지만 수평으로 써 나갈 수 있다. 이들을 가장 낮은 괘, 즉 ☷로부터 가장 높은 괘, 즉 ☰까지 차례로 써 보자.

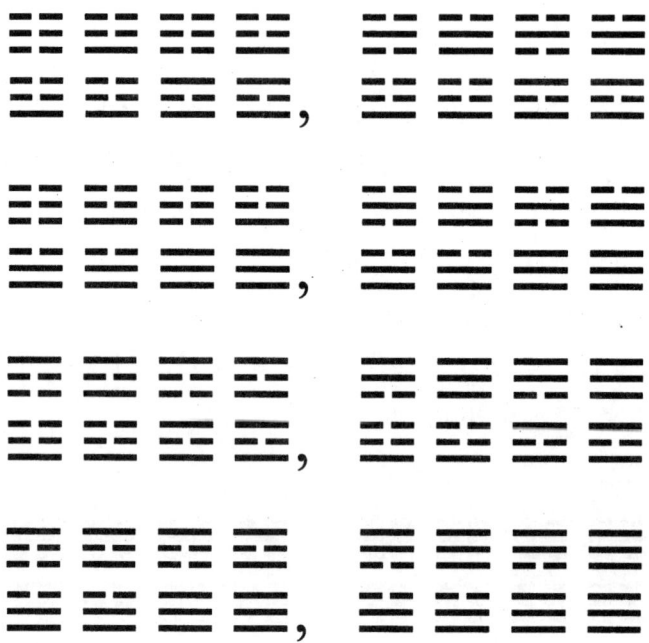

이상이 64괘 모두에 대해 높낮이로 정렬시킨 것이다. 4개씩 묶은 것은 프렉탈 구조를 확인시키기 위함이다. 이제 이 괘열을 반으로 끊어 아래 토막 위쪽과 윗토막 아래쪽을 상하로 연결시키면 다음과 같이 거대한 환을 이룬다.

제5권 사물의 운명 255

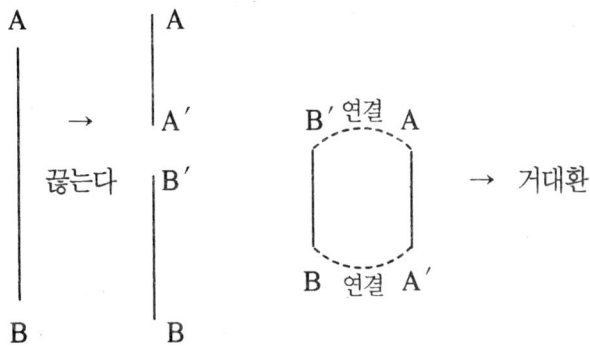

마침내 거대환은 만들어졌다. 그러나 이는 틀린 것이다. 우리는 방금 일직선 높낮이로 되어 있는 괘열을 반으로 잘라 상하로 연결시켰다. 이것이 흔히 쓰는 방법이다. 고전 주역도 이런 방법을 쓰고 있다. 하지만 이 방법에는 중대 결함이 있다. 높낮이란 원래 양과 음을 말한다. 그런데 오직 이것만 감안해서 연결했다는 것은 음양의 배합 관계를 무시한 것이다. 실제 자연에서 가장 중요한 것은 엔트로피 관련성이다. 주역에서는 이를 해결 값이라고 하거니와 우리가 만든 수직선은 사실 수평선을 만들 수도 있었다. 그럴 경우, 좌측은 ☷가 되고 우측은 ☶이 된다. 이러한 수평선을 반으로 끊어 연결하면 거대환을 이룬다. 이러한 환은 엔트로피를 바탕으로 이루어진 것이기 때문에 수준도 높다. 그러나 수준이 문제는 아니고 평등성이 문제이다. 환이란 4방이 고려되어야 한다. 왜냐 하면 환 자체가 2차원 구조이기 때문이다. 상하 관계만 고려하게 되면 길쭉한 원이 되고 좌우의 의미는 사라진다. 실제로 수직선을 잘라 만든 환은 ☰과 ☷는 32만에 순서가 돌아오지만, ☱ 와 ☶는 그 중간에 돌아오지 않는다. 다음을 보자.

☱

☷　　　☵

☳

이 모습은 전형적인 환을 나타낸다. 환이란 이렇게 되어 있어야 한다. ☱과 ☳을 무시한 채 ☵과 ☷으로만 이루어진 환은 반쪽짜리에 불과하다. 거대환이란 이루어지고 나면 ☰ ☷ ☲ ☵ 등이 4방에 정확히 위치하여 균형을 이룬다. 그렇지 않은 거대환은 의미가 없다.

고전의 선천 복희 팔괘도에 의한 거대환은 ☲ 와 ☵ 가 엉뚱한 곳에 위치하여 균형이 맞지 않는다. 우리가 원하는 거대환은 64괘 모두가 사용되고, 또한 12시 방향에 ☰, 6시 방향에 ☷, 9시 방향에 ☵, 3시 방향에 ☲ 가 위치하여야 한다. 이는 ☳ ☱ ☵ ☷을 바로 그대로 본받은 것이다.

고전의 거대환은 이 점을 무시했다. 물론 원전 주역에는 거대환을 논의한 대목이 없다. 옛 사람은 오직 ☵과 ☷만 봤을 뿐 ☲와 ☵의 의미를 몰랐다. 그 당시는 아직 엔트로피 개념이 없었기 때문이다.

이제 우리는 ☵와 ☲을 정위치에 나타나게 하는 거대환을 만들 수 있다. 우선 이것을 만들기 전에 요점이 되는 원리를 미리 살펴보자. 우리는 앞서 4상의 짝을 논의한 바 있다. 거기에서 얻은 결론은 ☱ - ☲, ☵ - ☶이었다. 木과 火가 짝이고, 金과 水가 짝이라는 뜻이다. 이는 고전의 견해와도 일치하는 것인데, 우리는 상당한 검증을 통해 그것을 수용했다. 자세히 보자.

이 그림은 상하를 위주로 그려졌는데, 이것의 근거는 짝의 조건이다. 즉, (☱ ☲) (☵ ☶)이 짝이라는 것이다. 그런데 이 조건의 뜻을 자세히 살펴볼 필요가 있다.

다음을 보자.

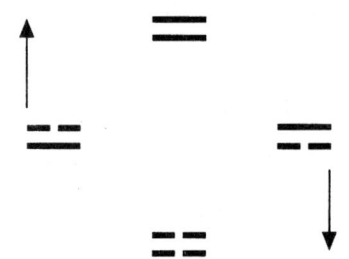

화살표는 짝을 보여 주고 또한 방향을 나타낸다. 이는 ☷과 ☰이 짝은 짝이지만 상하의 방향이 지정되었을 때 짝이라는 뜻이다. 이 때 수평 방향은 어떻게 되는가? 그것은 자동적이다. 나머지를 연결하면 그만이다.

그림을 보자.

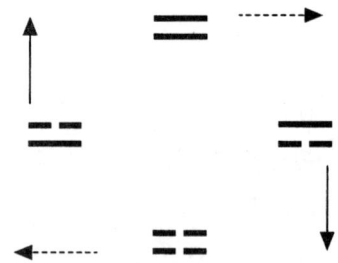

여기서 점선으로 된 것은 부수적으로 발생한 수평 관계이다.
다시 보자.

제5권 사물의 운명 259

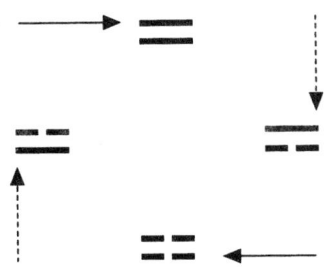

이 그림에서는 (== ==) (== ==)이 수평으로 그려졌다. 능동적인 짝 관계를 표시한 것이다. 이 때 점선은 짝 외에 부수적으로 일어나는 수직 관계이다. 이 모든 현상의 의미는 다음과 같다.

(== ==) (== ==) 등이 수평을 이루면 (== ==) (== ==) 등은 수직을 이루고, 또한 (== ==) (== ==) 등이 수직을 이루면 (== ==) (== ==) 등은 수평을 이룬다.

이제 이와 같은 조건을 가지고 거대환을 만들어 보자. 해야 할 일은 전상도를 펼치는 일인데, 방법을 따져 보자. 우선 생각할 수 있는 것은 다음과 같은 방법이다.

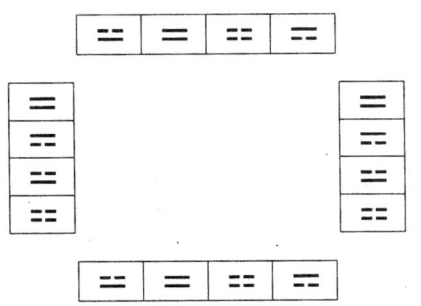

이 그림은 수평을 위주로 하여 수직은 부수적으로 관계를 맺은 것이다.

다음을 보자.

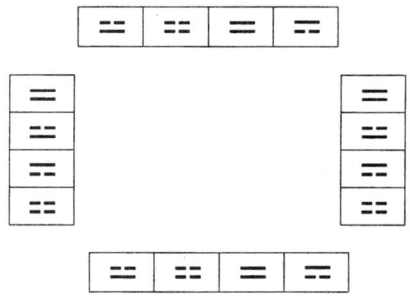

이 그림은 수직을 위주로 하여 수평은 부수적으로 나타낸 것이다. 이제 우리는 두 그림을 원리로 해서 거대 순환도를 그릴 수 있다. 우선 한 가지를 만들어 보자.

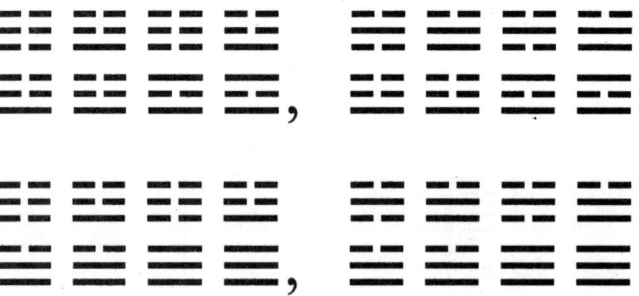

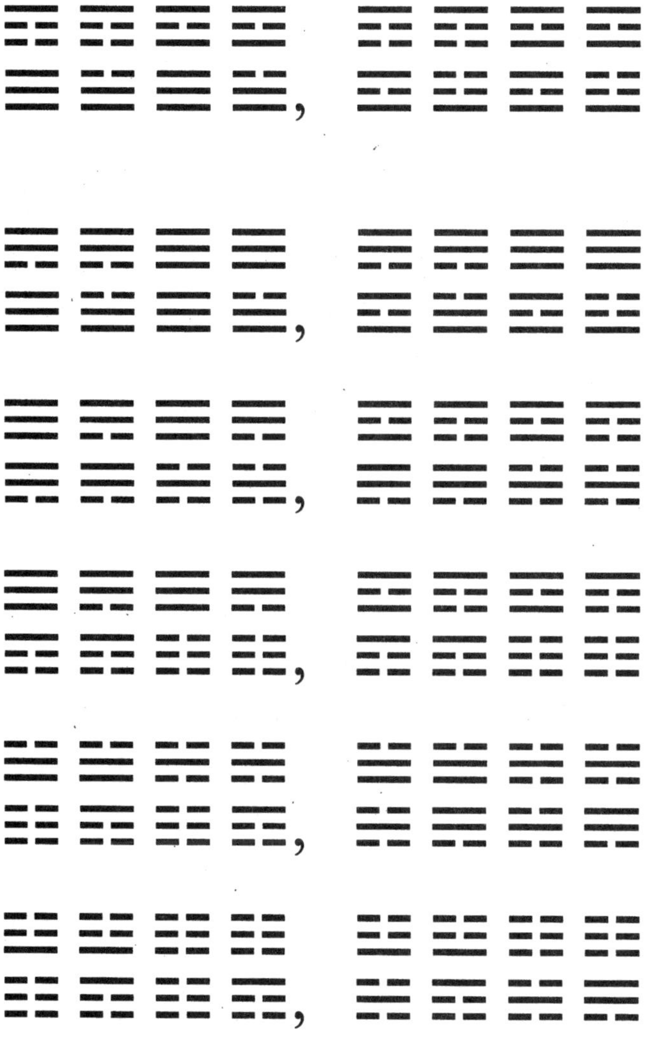

☷☳☵☶, ☷☳☵☶

☶☵☳☷, ☶☵☳☷

☴☱☰☲, ☴☱☰☲

☲☰☱☴, ☲☰☱☴

☵☶☷☳, ☵☶☷☳

☳☷☶☵, ☳☷☶☵

이 도표는 완전한 대칭을 이루고 있다. 특히 이 거대환에서는

☷ ☰ ☵ ☲ 이 정확히 사방에 위치하고 있다. 이는 가장 중요한 특성인데, 예로부터 내려오는 어떠한 도표도 이와 같은 성질을 함유하고 있는 것은 없었다. 이로써 황금 순환이라는 완전 거대 순환을 이룩할 수 있게 되었다.

그러나 문제가 있다. 이러한 거대 순환도를 그리는 방법이 두 가지가 있다는 것이다. 이는 큰 문제가 아닐 수 없다. 항상 따라다니는 2 종류 구조는 여기서도 등장했다. 우리는 1종류를 만들고자 했었지만 결국 2 종류를 등장시키고 말았다. 음양 평등·상하 평등·좌우 평등·회전 평등은 그야말로 끈질기게 쫓아다니고 있다. 이는 자연의 진리이기 때문에 어쩔 수 없지만, 우리가 원하는 것은 중간의 성질을 갖는 단 하나의 그림을 만들어 보고 싶은 것이다. 두 가지라는 것은 번거롭다.

옛 사람 같으면 두 가지 그림에 대해 이름 붙여 놓고는 문제가 해결됐다고 말할 것이다. 하나는 선천이요, 또 하나는 후천이다라는 식으로……, 또는 체(體)니 용(用)이니 할 수도 있다. 하지만 어떻게 해서든지 유일한 도표를 발견해야 한다. 그것이 한 단계 높은 진리이기 때문이다.

본래 주역은 태극 → 음양이므로 두 가지인 음양에서 한 가지인 태극으로 가는 것은 주역을 통일한다는 뜻이 된다. 분이(分二)가 아닌 합일(合一)이 우리가 바라는 것이다.

이 장에서 우리는 유일한 거대 순환도를 만드는 데 실패했다. 하지만 소득은 있었다. 그나마 두 종류인 완벽한 순환도를 만들게 되었고, 또한 양극(兩極) 구조는 참으로 끈질기다는 것이다. 우리는 양극 구조를 떨쳐 버리고, 기필코 유일 단순 구조를 찾아내야 하겠다.

장을 바꿔 또 한 번 시도하자.

玉虛眞經 (10)

夫輕諾 必寡信

쉽사리 승낙하는 것은 필시 믿음이 없다.

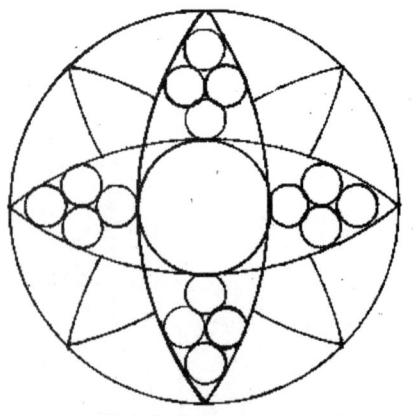

더 먼 곳을 찾아서

 필자는 얼마 전 소규모 주역 강좌를 개설한 바 있다. 이는 젊은이들을 위해 계몽적 의도를 갖고 신촌 먹자골에 있는 어느 찻집을 빌려서 시작했다. 일주일에 1회씩 강의를 3개월 동안 계속했는데, 필자는 완전히 실망하고 말았다.
 수강생들은 대개 대학생으로, 소위 엘리트에 속한 그룹이었다. 그런데 이들이 주역을 이해하는 수준은 한마디로 인간 최하라는 느낌이 들었다. 만일 필자가 저 먼 아프리카 토인을 상대로 강좌를 펼쳤으면 어땠을까? 필경 이들보다는 나았으리라!
 필자가 실망했던 일은 이 현대 엘리트들이 진리에 대한 이해 관념을 전혀 갖고 있지 않았던 것이다. 이들은 진리가 무엇이냐에 대해서는 전혀 관심이 없었으므로 진리를 검증하는 방법을 강의했을 때 그저 졸고만 있었다. 하지만 사주 팔자나 성명풀이·운명 등 주역의 변두리에 있는 하찮은 이론에는 상당한 관심을 기울이는 것이었다. 도대체 세상이 어떻게 돼서 주역을 사주풀이로 생각하는 것일까?

그 곳에 나온 수강생들끼리의 대화도 가관이었다. 이들은 주역에 관한 문제는 털끝만큼도 생각하지 않고 오로지 사주에 관한 의견을 주고받는 것이다. 마치 주역을 심각하게 공부하고 있는 것처럼……

필자는 수십 년 동안 많은 사람이 주역에 대해 얘기하는 것을 들어 봤다. 그런데 놀라운 것은 모든 사람이 운명에 관심을 갖고 주역을 운명을 아는 신비한 수단으로 알고 있는 것이었다. 어째서 사람들은 그렇게 생각하는 것일까?

어느 지식인, 예컨대 의사나 약사 등의 엘리트들도 주역이라 하면 으레 운명학인 줄 알고 "제 팔자가 어떻습니까?"하고 묻는다. 필자는 아무 소리나 듣기 좋게 말해 버린다. 지난 수십 년 동안 만난 수많은 사람들은 주역을 최고의 학문이라고 제법 아는 듯한 소리를 했었다. 그러나 정작 주역의 내용을 얘기하면 바로 운명 얘기로 돌려 버린다. 어느 점쟁이는 필자가 주역을 안다고 하니까 자신의 운명을 봐 달라고 했다.

도대체 어쩌자는 것인가? 주역을 오래 공부하면 인간의 운명은 대충 꿰뚫어 볼 수 있다. 그것은 주역 공부를 통해 혜안이 틔었기 때문이지 주역이 사주 추명학은 아닌 것이다. 필자는 지금 인류에게 절대 필요한 고도의 학문인 주역을 밝히고 있는 중인데, 이것이 사주풀이가 아니어서 얼마나 많은 사람이 실망하게 될까 궁금해하고 있는 중이다.

신촌 강좌 얘기를 더 해 보자. 그들은 이제나저제나 신통한 운명 감정술을 기대하면서 주역 강좌에 참석하고 있었다. 필자는 과거 수십 년 동안 강의했던 그 어떤 날들보다 실망이 커 가고 있던 중이었다.

그러던 어느 날 상당히 괜찮은 학생이 등장했다. 필자가 보기에 그는 주역 공부에 제대로 들어섰다고 보였던 것이다. 대학 2년생이었던 것으로 기억하는데, 그가 한 가지 질문을 해 왔다. 내용은 다음과 같다.

"주역의 대성괘는 2중 구조입니까, 3중 구조입니까?"

이 질문의 뜻은 이렇다. 대성괘는 6개의 획으로 나누어져 있는 바, 둘씩 짝 지으면 3조로 나누어지게 된다. 이러한 사고 방식은 먼 옛날부터 있어 왔는데, 그들은 제1·2효를 지(地), 제3·4효를 인(人), 제5, 6효를 천(天)이라고 분류한다.

맞는 방식이다. 이러한 사고 방식에 의해 ☲이 괘상을 다산 정약용은 대이괘(大離卦) 또는 대화괘(大火卦)라고 말한다. ☲ → ☲이기 때문이다. 본 저서에서는 주역의 64괘 모두에 대해 위상 구조를 설명한 바 있다.

그런데 문제는 그게 아니다. 만일 괘상을 3조로 나누게 되면 구조 형식은 다음과 같이 표현된다.

$$\begin{bmatrix} c \\ b \\ a \end{bmatrix}$$

이것은 행렬식이라는 것인데, 풀어쓰면 다음과 같이 된다.

a + bi + cj

하지만 괘상을 2중 구조로 보면 다음과 같은 구조가 된다.

$[\begin{smallmatrix} b \\ a \end{smallmatrix}] \to$ a + bi

둘 중에 어떤 것이 옳을까? 이는 괘상의 의미를 이해하는 데 아주 중요한 문제이다. 3이냐 2냐이다. 이것을 알기 위해 다음을 생각하자.

☷ ☲ ☵ ☳

이것은 사상이라는 것으로, 흐름을 표현하고 있다.

☷ ☶ ☵ ☴ ☳ ☲ ☱ ☰

이것은 팔괘로서 사물의 성질을 나타낸다. 여기서 우리는 무엇을 알 수 있는가? 다음을 보자.

⚊ ⚋

이것은 양과 음을 나타낸 것으로, 성질을 나타낸다. 이것이 2중 구조를 갖게 되면 사상으로 변하는바, 흐름의 현상을 나타내게 된다.

이것은 사물의 두 성질을 나타낸다. 그러나 다음을 보자.

이것은 사물의 작용, 즉 흐름을 나타낸다. 요점은 이렇다.

　　1 → 2
　성질　　흐름

　　3 → 6
　성질　　흐름

이는 홀수로서 성질을 나타내고, 짝수로서 현상을 나타내는 것이다. ☳는 ☰와 ☷이 만나서 어떤 작용을 나타내는가를 표현한 것이다. ☳를 ⚌ ⚏ ⚌ 등으로 분리해서 사용하면 이 때는 이미 작용이나 현상을 뜻하는 것이 아니라, 사물의 성질, 즉 분류 범주를 나타내는 것이다.

  기실 앞에서 공부한 전상도는 6효 전체를 흐름으로 보지 않고 성질로 보고 도표를 구성한 것이다. 옛 사람은 괘상 두 개를 써서 흐름을 표시하고 있다. 예를 들면,

  등인데, 이를 원괘(原卦)와 지괘(之卦)로 말한다. 하지만 대성괘 자체가 이미 소원괘(小原卦)로 구성되어 있는 것이다. 따라서 우리는 ☳이 괘상을 ☰ → ☷의 시간 과정을 표현한 것으로 해석할 수 있다. 이 문제는 괘상의 핵심적 내용으로서, 뒤에 가서 상세히 다룰 예정이지만, 지금은 흐름과 성질의 차이를 이해해야 한다.

  ☰ ☱ ☳ ☷ 등은 현상이다. 그러나 이것에 하나를 가미하여 팔괘, 즉 3중 고정 구조로 만들면 성질을 표현하는 것으로 바뀐다. 주역 원전에는 '그것을 중복하여……(重之)'라는 문장이 나오는데, 이는 팔괘를 2중으로 했다는 뜻이다. 사상은 음과 양의 관계를 나타낸 것으로, 효의 중지(重之)이고, 대성괘는 팔괘의 중지(重之)인 것이다.

  옛날의 어떤 학자는 팔괘를 세 개 묶어서 하나의 큰 괘상을 만들자고 제안한 바 있다.

  그렇게 되면 괘상은 다음처럼 된다.

제5권 사물의 운명　271

　등이다. 이렇게 되면 64괘가 아니라 512괘가 된다. 못 할 것은 없다. 하지만 이렇게 되면 512괘 모두는 현상이나 과정을 나타내는 것이 아니라 고정된 틀, 즉 사물의 성질을 나타내는 것으로 변한다.
　또 어떤 옛날 학자는 ━ ━ ━외에 o을 추가하자고 제안했다. 그래서 o을 포함하여 2중으로 하면 다음과 같은 구조가 나타난다.

　이것은 그럴 듯해 보이지만 아무것도 아니다. 또 그는 3중으로 하자고 제안하고 있는데, 그렇게 되면 소성괘는 8개가 아니라 27개가 되는데, 이는 8괘와 4상 12개, 음양 효 6개, 태극 1개를 뜻한다. 이토록 잡탕으로 해서 얻을 게 무엇이겠는가?
　또한 8괘의 3중 구조에서 1단계마다 이번에는 ━ ━ o 등 3개로 하지 않고 한술 더 떠서 4개로 하면 4 × 4 × 4 → 64는 되지만 이는 8 × 8 → 64와 뜻이 전혀 다른 것이 되어 버린다. 8 × 8은 사물과 사물의 관계를 나타내지만 4 × 4 × 4는 그저 사물만 나타낼 뿐이다.
　다음을 보자.

```
☷        ☷
☷        ☷
(A)      (B)
```

두 괘상이 다른가? 다르다. (A)는 상하가 합쳐서 한 덩어리가 되었다. 이 때는 1×6이든 2×3이든 상관없다. 그러나 (B)는 3×2이다. 이것은 상하가 독립된 존재로 활동 중인 것을 뜻하고, 2×3은 합쳐서 하나인 사물로 되었다는 뜻이다.

또 어떤 학자는 괘상을 효 4개를 써서 하자고 제안했는데, 이 또한 바보 같은 짓이 아닐 수 없다. 팔괘가 3중 구조인 것은 사물의 성질이 본래 3중 구조를 본받은 것이고, 이를 중복시켜 상하로 한 것은 사물간의 작용을 설명하기 위함이다.

다시 말하면 1획을 ×3으로 하든 2획을 ×3으로 하든 3획을 ×3으로 하든 상관없지만, 이는 사물을 뜻하고, 1×2, 2×2, 3×2 등은 상호 관계를 뜻한다는 것이다. 다만 여기서 2×2란 (1×2) ×(1×2)와 뜻이 같은바, 관계의 관계로서 사물을 4개나 나열하고 관계를 따지는 식이 된다. 그렇게 할 바엔 둘씩 하는 것이 간편하지 않겠는가?

2와 3의 뜻을 잘 알아야 한다. 어떤 SF 소설에는 남자 여자 말고 또 하나의 성이 있어서 세 사람이 모여야만 성교가 이루어지고 결혼도 세 사람이 있어야 성립되는데, 이 작가는 머리가 무척 나쁜 사람이다. 사물의 성질이란 1획 2개 또는 3획 8개로 나타나는 법이지, 2획 4개는 성질이 아니다.

따라서 주역의 대성괘를 상중하 3조로 나누어 보는 방식은 대성괘를 사물의 범주, 즉 공간적 성질을 분류하는 데만 쓰는 것이고, 대성괘를 상하 2조로 나누어 보는 방식은 시간적 성질, 즉 사물의 작용을 이해하는 데 쓰는 것이다. 다음을 보자.

```
☷ →    (⚌)   →   (⚏)
       (⚏)       (☷)
       (⚌)       (⚏)
A       B         C
```

이상에서 A, B, C는 3중 구조로서, 이는 사물의 성질을 분류하는 데만 쓸 수 있다.

다음을 보자.

```
⚏ →   (⚏)   →   (☷)
      (⚌)       (⚏)
A      B         C
```

A, B, C는 2중 구조로서, 사물의 상호 작용을 나타내는데, 이 중에서 **(B)**는 어리석다. 우리는 앞장에서 2획의 3중 구조인 프렉탈 전상도를 살펴본 바 있다. 이는 대성괘를 사물의 상호 작용 또는 현상으로 보지 않고 사물의 성질을 나타낸 것이다. 이는 분명 4곱 4곱 4로 되어 있다.

이러한 구조를 갖춘 자연 사물 중에는 마침 D. N. A의 아미노산 지정 코드가 있다. D. N. A는 A. T. C. G라는 4개의 염기로 이루어져 있는바, 이들 염기 3개가 모여 아미노산을 지정한다. 따라서 D. N. A는 4×4×4 → 64라는 아미노산 지정 코드를 만들 수 있다.

이는 3중 구조이므로 시간 현상이 아니라 만들어진 사물, 즉 아미노산 64개를 지정하는 범주인 것이다. 지구권의 생물이 모두 이런 체제인 것은 우연의 일치가 아니다. 염기가 3개 모여야 하나의 아미노산을 지정하는 것도 사물 본연의 성질이다. 염기가 4개인 것도 분명 주역의 4상과 일치한다.

하지만 이는 주역 64괘를 범주로써 사용했을 때 일이지 주역이 본질적으로 3중 구조를 갖는 것은 아니다. 물론 주역은 정세(情勢)와 범주를 다루는 학문이므로 3중 구조는 중요하다. 다만 3중 =1이라는 것을 이해해야 한다. 2중은 1+1이다. 2와 1+1은 다르다.

앞에서 질문한 학생은 D. N. A 64 체제와 주역 64괘의 일치에 너무 감동한 나머지 중지(重之)의 뜻을 놓친 것 같다. 사물이란 만나는 순간 서로 작용하고 후에는 합쳐질 수도 있다. 만나는 것은 2이고 합치는 것은 1이다. 또한 1이 바로 3인 것이다.

이는 천부경에서 설명하고 있는바, 사물을 1×3 또는 2×3으로 이해하는 것은 고정된 개념으로서 사물의 성질을 이해하는 것이고, 1×2 또는 3×2는 사물간에 일어나는 현재 진행 중인 현상을 이해하자는 것이다.

3 즉 1과, 2 즉 2인 논리가 중요하므로 길게 설명했는데, 지금쯤 그 학생이 크게 향상되어 있을 것으로 믿는다. 무릇 진리를 추구하는 사람은 밖으로 나아가는 일을 서두르지 말고 안으로 기초를 튼

튼히 해야 한다.

주역에 자신이 붙은 독자들은 ⚌과 ⚏ 중 어느 것이 높은지 생각해 볼 일이다. 또한 ⚎과 ⚍은 어느 것이 엔트로피, 즉 해결 값이 큰지 생각해 볼 일이다.

다음 그림을 보자.

⚌

⚎　　⚍

⚏

이는 그 유명한 4상도이지만, 여기에는 ⚌은 높고 ⚏은 낮으며, ⚎은 해결 값이 크고 ⚍은 작다는 것을 보여 준다. 하지만 ⚎과 ⚍은 어느 것이 높은가? ⚌과 ⚏은 어느 것이 해결 값이 큰가?

⚎과 ⚍의 높이가 같다거나 ⚌과 ⚏의 해결 값이 같다고 대답하면 필자의 질문을 이해 못 한 것이다. 같지 않은 답을 생각해 보라.

자, 이만 하고 본 공부를 시작하자. 이 장에서는 거대환을 만드는 또 하나의 방식을 연구해 보려고 한다.

다음을 보자.

이 괘상들은 양괘로서 값은 다음과 같다.

☳ → 1
☵ → -3
☶ → -5

이 값들은 양은 위에서 내려다본다는 규칙을 사용한 것이다. ☴ ☲ ☱ 등은 음괘인바, 이들을 아래에서 올려다보는 식으로 값을 정할 수 있다.

☴ → 5
☲ → 3
☱ → -1

이상과 같은 내용은 앞서 단군 팔괘도라는 것으로 정리한 바 있는데, 이번에는 이 규칙을 대성괘로 확대해 보자. 우선 음양 괘를 정하는 방법을 생각해야 하는데, 그것은 2가지가 된다.
다음을 보자.

☷ → 음
☶ → 양

이 괘상은 현대 수학의 방식으로 보면,

$$(-) \times (+) \rightarrow (-)$$

가 된다. 그러나 고전 주역의 방식으로 보면, 홀수 + 짝수 → 홀수, 즉 양이 된다. 어떤 것이 맞을까? 이는 상당히 어려운 논리를 통해 답이 나올 수 있는데, 여기서는 결론만 알고 넘어가자.

　우선 화학 결합의 방식으로 보면, 홀수 + 짝수 → 홀수가 된다. 그리고 상하 괘상이 상당한 거리에서 상호 작용을 하고 있을 때는 서로 행렬 관계이므로 음×양 → 음이다. 하지만 우리가 지금 알려고 하는 것은 상하 괘가 하나로 합쳤을 때 성질을 따지는 것이기 때문에 행렬 관계가 아니다. 상하 괘는 이미 하나가 되어 있기 때문에 더하기 관계가 된 것이다. 이는 다음과 같이 되었다는 뜻이다.

☷　　6음 + 5음 → 음
　　　4음 + 3음 → 음
　　　2음 + 1양 → 양

　　　음 + 음 + 양 → 양

　이러한 논리는 고전 주역 방식에 해당되는 것으로, 우리는 이것을 사용할 것이다. 왜냐 하면 우리가 알려고 하는 것은 상하 괘를 하나로 볼 때의 음양값이기 때문이다. 그 값을 정하는 것은 간단하다. 2진법을 사용하면서 양괘는 위에서 보고 음괘는 아래에서 보면 된다. 가장 아래에 있는 괘상부터 따져 나아가자. 즉,

이 도표는 일일이 값을 계산해서 크기 순으로 나열했는데, 시각적 규칙이 쉽게 눈에 띄지 않는다. 물론 도표는 프렉탈 구조를 갖고 있다. 하지만 시각 규칙이 단순하지 않아 괘상을 이해하는 데 도움이 되지 못한다. 뿐만 아니라 위와 같은 괘열로 거대환을 만들면 ☷ ☰ ☵ ☲ 가 사방에 배치되지도 않는다.

결국 괘상을 하나의 방향으로 통일한다는 것은 별 의미가 없는 것 같다. 괘상이란 역시 상하 2중 구조를 인정해야 하는 것이다. 만들어진 괘열은 한 차례 수정을 가한 후 다른 용도로 쓰이겠지만, 거대 순환도를 만드는 데는 적합하지 않다는 것은 명백하다. 거대 환을 만들기 위해서 다시 전상도로 돌아가자.

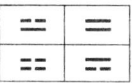

전상도를 크게 나누면 이상과 같이 4개 영역으로 구분된다. 각 부분은 또다시 4개 영역으로 나누어지고 프렉탈 구조로 점점 세분화할 수 있다. 그림을 다시 보자.

	⚌(⚏)	⚌(⚌)
	⚌(⚎)	⚌(⚍)

표시한 부분은 ⚌ 영역 중에서 다시 세분되는 모습을 보여 준다. 여기서 잠시 유의할 것은 4상의 순서인바, 고전 주역의 방식에 따라 ⚏ → ⚎ → ⚍ → ⚌을 선택하자.

그리고 표시된 부분에서 볼 때 ⚌(⚏)은 ⚌ 중에서도 ⚏의 기운이 내재되어 있으므로 ⚌의 시작이며, 반면 ⚌(⚌)은 ⚌ 중에서도 ⚌이므로 ⚌의 극한, 즉 종말점이라는 것을 알 수 있다. 이 두 가지 조건을 합치면 하나의 흐름을 나타낼 수 있다.

다음을 보자.

⚋	2	4
	1	3
⚏	⚏	

숫자는 ⚋ 영역 안에 표시되어 있는데, 전체적으로 ⚋ → ⚏의 흐름과 안에서 밖으로 확산이라는 조건이 합친 결과이다. 다시 그려 보자.

⚋	2	4
	1	3
3	1	⚏
4	2	

이 그림은 ⚋과 ⚏의 영역을 표시했는데, ⚏의 숫자는 ⚏ → ⚏의 흐름이 나타나 있다. 물론 중앙에서 바깥으로 확산되는 모양이다. 중앙은 영역의 출발점이고 바깥은 영역의 극점이다. 이제 전체를 써 보자.

4	3	2	4
2	1	1	3
3	1	1	2
4	2	3	4

이 그림은 다시 그릴 수 있다.

↗	↗	↘	↘
↗	↗	↘	↘
↖	↖	↙	↙
↖	↖	↙	↙

화살표의 의미는 분명하다. ☷ → ☳ → ☶ → ☰을 보여 주고 있는 것이다. 그림을 세분하자.

☷				
	B2	B4	D2	D4
	B1	B3	D1	D3
	A2	A4	C2	C4
	A1	A3	C1	C3
☷		☷		

☷ 영역은 A B C D 순서로 전개되고, 또한 그 각각은 1 2 3 4 로 전개된다. 이는 프렉탈로서 다른 영역도 마찬가지이다. 이로써

우리는 전상도 내에 있는 모든 괘상을 하나의 거대환으로 연결할 수 있다.

예를 들어 ☰ 영역은 A1 → A2 → A3 → A4 → B1 →B2 → B3 → B4 → C1 → C2 → C3 → C4 → D1 → D2 → D3 → D4 등이다. 정확을 기하기 위해 ☷ 영역을 표시해 보자.

	A1	A2	B1	B2
	A3	A4	B3	B4
	C1	C2	D1	D2
	C3	C4	D3	D4

그림에서 A가 안에 있고 D가 바깥에 있다는 것을 유의하자. 또한 B → C를 이해하자. 이제 64괘 모두를 위와 같은 규칙하에 정렬을 시켜 보자. 시작은 아무 곳에서 해도 좋으나 전통적 방식에 따라 ☷ 영역에서 시작하자. ☷ 영역 중에서 ☷의 기운이 가장 약한 곳은 중앙 쪽이다. 여기서 시작하면 된다.

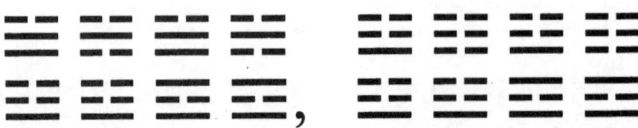

제5권 사물의 운명　283

　이제 거대 순환도가 완성되었는데, 모든 조건을 충족하고 있다. 전체적으로 ☷ ☰ ☱ ☴이 사방으로 분포되어 있으며, 4개 영역은 해당 영역의 기운이 최소로부터 시작하여 최대에 이른다. 그리고 모든 괘상은 완전한 대칭을 이루고 있다.

　게다가 거대환은 높낮이를 반으로 잘라서 단순히 이어 붙이는 식으로 만들어진 것이 아니다. 선천 복희 팔괘로 만들어 놓은 거대 순환도는 4방에 ☷ ☰ ☱ ☴이 배치되어 있지 않고 ☱와 ☴의 관계도 아예 무시되어 있다.

　자연계는 에너지의 높낮이 외에도 엔트로피의 높낮이라는 중요 조건이 있는 것이다. 고전의 방식은, 엔트로피는 전혀 반영하고 있지 않다. 그래서는 괘상을 이해하는 데 아무런 도움도 주지 못한다. 오히려 괘상을 이해하는 데 중요한 장애가 된다. 왜냐 하면 괘상을 엉뚱한 방향으로 이해시키기 때문이다.

　그러나 방금 만들어진 거대환은 모든 여건을 갖추고 정당하게 만들어진 것이다. 독자들은 괘상을 하나하나 음미해 볼 필요가 있다. 깊고 깊은 묘미가 있을 것이다. 괘상을 이해하는 데는 이상의 순환도를 적극 활용해야 한다. 괘상은 상하 구조인바, 수직 또는 수평 구조로 단순히 이해하는 것보다 순환성을 이해해야 하는 것이다.

　여기서 위의 거대 순환도에 이름을 붙이자. 주역의 여러 부문에 사용되는 괘상이기 때문이다. 필자는 이를 평등 순환도 또는 거대 황금 순환도라고 명명하고자 한다. 이는 위쪽에서 일방적으로 내려다보는 방식인 복희 순환도와 엄연한 차이가 있다. 평등 순환도는 ☷ 와 ☰ 의 관계만 채택한 절반짜리 순환도가 아니다.

또한 본 순환도는 복희 순환도처럼 단순히 음양 괘의 구조로 연결시킨 것이 아니라 4상괘의 구조로 연결되어 있는 것이다. 괘상은 위에서 본 것도 아니고 아래에서 본 것도 아닌 중앙에서 바라본 것이다.

황금 순환도에 대한 상세한 조사와 응용은 뒤로 미루자. 여기서는 한 가지 짚고 넘어갈 것이 있다. 필자는 앞서 완전한 순환도를 만드는 것에 대해 현상을 걸은 바 있다. 그런데 지금 그러한 완전 순환도는 만들어진 것인가?

미리 말하지만, 아직 정답은 나오지 않았다. 물론 황금 순환도는 문자 그대로 아주 훌륭하다. 이 순환도로 주역의 많은 문제를 해결할 수 있기 때문이다. 사람에 따라서는 더 이상 다른 순환도를 찾을 필요 없이 평등 순환도를 영원히 활용해도 좋으리라.

그런데 다만 마음에 걸리는 것이 있다. 여기서 필자의 생각을 말하겠다. 우리는 순환도를 만드는 데 있어 두 가지 조건을 전제했다. 첫째, 순환의 방향을 ☷ → ☳ → ☶ → ☰ 으로 삼았고, 둘째, 괘상의 전개는 약한 쪽에서 차츰 강한 쪽으로 진행시켰다.

이 두 가지 중에서 둘째 조건은 별 탈이 없는 것 같다. 왜냐 하면 사물은 약한 데서부터 차츰 성장해 가는 쪽으로 이해하는 게 타당하기 때문이다. 어린아이 → 어른, 또는 새싹 → 열매 등은 시간의 과정이기 때문이다.

  그러나 첫째 조건은 마음이 찜찜하다. ⚏ → ⚌ → ⚏ → ⚏의 순환은 수천 년간 고전 주역에서 진리로 삼아 왔는데, 자연계의 시간 순환이 과연 그렇게 되어 있느냐는 다소 문제가 된다.

  다음을 보자.

  이는 엔트로피가 증대하는 방향으로 진행된 것으로, 자연계 자체가 그렇게 되어 있다. 하지만 다음을 보자.

⚏ → ⚏

  이 또한 자연계의 흐름인 것이다. ⚏ → ⚌에서는 아래가 이긴 것이고, ⚏ → ⚏에서는 위가 이긴 것이다. 이는 둘 다 일어날 수 있는 평등한 현상일 뿐이다. 그런데 우리는 둘 중에서 아래가 이긴 쪽을 선택한 것이다. 물론 그만한 이유가 있어 선택했다.

  하지만 선택의 이유가 평등을 버릴 만큼 강한지가 문제될 수 있다. 이것이 마음에 걸린다. 어떤 사람은 필자가 지나치게 철저하다고 생각할 수도 있겠지만, 필자는 돌다리를 두드려 보고도 건너지 않는 사람이다. 거대 순환도는 모든 괘상을 한데 묶는 것이므로 철저할 수밖에 없다.

  만일 ⚏ → ⚌ → ⚏ → ⚏의 과정을 자명한 진리라고 생각하는 사람이라면 이제껏 만든 평등 순환도를 사용해도 좋다. 하지만 한 가지 더 생각할 것이 있다. 우리는 순환도를 만드는 데 전상도를 사용했다는 것이다. 전상도는 중앙에서 바라본 괘상도일 뿐 아니라, 괘상의 시간 변화도 포함하는 완전한 괘상도이다.

그러나 단군도가 있으며, 또한 단군도나 전상도보다 더 완전한 괘상도가 없다고 장담할 수 있을까? 필자는 평등 순환도가 99.99% 옳다고 생각한다. 그러나 여지를 남겨놓고 싶다. ⚏ → ⚌ → ⚏ → ⚏에 대해서 다시 논의하고자 하기 때문이다. 물론 틀렸다는 것은 아니다.

그 이유를 더욱 철저히 밝히고자 할 뿐이다. 그런데 이제 현상 문제는 어찌 되는가? 그 문제는 아직 살아 있다. 어떠한 순환도라도 좋으니 이 책에 수록되어 있는 순환도 외에 더욱 완벽한 것이 있다면 그것을 가져오기 바란다.

주역은 깊고도 깊은 것이어서 결코 방심할 수 없다. 필자는 완전한 곳에서 한 발 더 나아가라고 권하는 바이다. 황금 순환도는 개선할 필요가 없을까? 이러한 의심은 결코 버리지 말고 황금 순환도를 사용해도 좋다. 더 먼 곳을 찾아가자.

玉虛眞經 (11)

合抱之木 生於毫末
아름드리 나무도 털끝만한 데서 시작된 것이다.

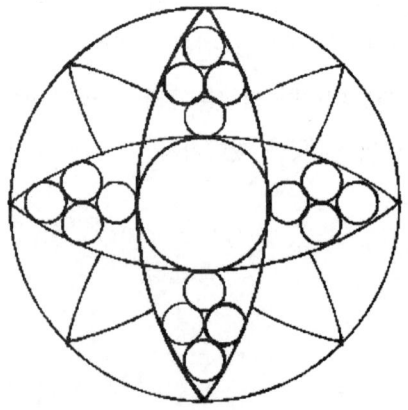

도인의 관찰

옛날 그리스의 철학자들은 물건이 깨지는 것을 보고 물질이 궁극적으로는 원자로 구성되어 있음을 깨달았다고 한다. 대단한 관찰력이 아닐 수 없다. 한번 깨진 물건이 연속적으로 계속 깨진다면 언젠가는 더 이상 깰 수 없는 곳에 도달할 것이다. 그들은 이처럼 더 쪼갤 수 없는 그 무엇을 바로 원자라고 생각했다.

사실 깨지는 것은 물질뿐만 아니라 사물도 마찬가지이다. 문장도 하나씩 해체하다 보면 나중에는 각각의 단어에 이르게 된다. 거기에서 더 해체하면 개념 자체가 사라지므로 단어가 바로 한계점인 것이다.

옛 사람들은 소리로써 들을 수 있는 존재를 눈으로 직접 보기 위해 말을 글로 표현했다. 후에 성인이 나타나서 모든 사물이 갖는 뜻과 기능을 개념화하여 괘상을 만들었다. 괘상이란 말이나 언어로

써 설명할 수 없는 내용을 일반적인 형태로 만든 것이다. 말은 인간 외에 동물들도 사용한다고 알려져 있다. 그러나 말을 글로 나타내는 능력은 인간만의 것이다.

또한 괘상으로 표현한 것은 인간이 초이성(超理性)으로 진화하는 상전이가 이루어진 것이다. 언어가 만들어진 후 인간의 지성은 폭발적으로 발전해 왔다. 이제 괘상을 이해한다면 인간은 성인의 지성에까지 접근할 수 있을 것이다. 주역은 매우 단순한 구조를 갖고 있지만 모든 사물을 표현할 수 있다. 예를 보자.

단정하다, 분수를 지킨다, 호수에 물이 담겨 있다, 책장에 책이 꽂혀 있다, 지갑에 돈이 들어 있다, 어린아이가 방에 있다…….

이 문장 속의 중요한 내용은 ䷺로 나타낼 수 있다. 이처럼 일단 괘상이 만들어지면 사물의 작용이나 내용은 금방 밝혀지게 된다. 괘상은 사물의 요점을 알아야만 만들 수 있다. 그러므로 괘상 속에는 사물의 요점이 들어 있게 마련이다.

우리는 지금 모든 사물을 괘상으로 표현하기 위해 열심히 훈련 중이다. 그러나 그것은 세상의 모든 현상을 바라보는 눈을 단련시켜야만 가능한 일이다. 물론 이는 마음의 눈을 일컫는다.

소설의 주인공 명탐정 셜록 홈스는 범죄 현장에서 생각을 착착 진행시키면 금방 범인의 전모가 드러난다. 그는 남다른 관찰력으로 그 동안의 상황을 살피는 것이다.

셜록 홈스가 어느 강연장에서 지구가 둥글다는 사실을 듣고는 무척 놀랐다고 하는데, 이는 자연 현상에 대한 그의 관찰력이 부족함을 보여 주는 대목이다. 지구가 둥글다는 것은 바다에 나가 조금만 주의 깊게 관찰하면 쉽게 알 수 있는 일이다.

당신은 당신의 집 층계가 몇 개인지 알고 있는가? 관찰은 사물을 이해하기 위한 첫번째 작업이다. 그러므로 학자나 도인은 관찰력이 뛰어나야 한다.

사물은 관찰한 후에 생각하는 것이다. 관찰과 생각은 깊어질수록 서로 조화를 이루어 선별적 관찰이 이루어지고 그 순간 이미 깊은 생각이 병행된다. 주역에 있어서 최종적인 목표는 이해에 있지만 그러기 위해서는 예리한 관찰력을 갖추어야 한다.

앞서 필자는 도인의 눈을 병든 눈이라고 표현한 바 있었는데, 관찰이란 수없이 많은 시행 착오를 거쳐 그 힘이 강화되는 것이다. 황소가 지나가도 못 본다는 말이 있는데, 이는 관찰력이 없는 사람을 풍자한 말이다. 또 다른 풍자로 바늘 끝에서 천지의 변화를 본다는 말도 있다.

공부를 못 하는 사람은 엉뚱한 것을 찾아 헤매고 또한 이상한 생각을 하는데, 관찰이란 볼 것을 봐야 한다는 뜻이고, 생각이란 궁리할 것을 궁리해야 한다는 것이다. 주역에 있어서는 무엇을 보며 무엇을 생각할 것인가가 먼저 확립되어야 한다.

제멋대로 꿈 속에 빠져서 필요 없는 주장만 일삼는 사람은 주역 공부를 제대로 할 수 없다. 그런 사람에게는 차라리 소설가가 되라고 권하고 싶다. 필자도 소설을 20권 정도 써 봤지만 주역 이론서와는 비교할 수도 없다. 이론서에는 추호도 거짓말이 통하지 않는다. 만일 엉터리 이론을 써서 세상에 전파하는 사람이 있다면 이는 세상을 혼란에 빠트리고 사람의 정신을 잘못된 곳으로 인도하는 나

뿐 사람이다.

  필자는 주역의 이론을 세상에 밝히고 있지만 실은 사물을 관찰하고 생각하는 법을 전파하고 싶다. 볼 것을 보고 생각할 것을 생각한다면 어리석은 사람이라도 크게 성취할 수 있을 것이다. 사물에 관심이 없다면 이는 참으로 큰일날 일이다. 관심이란 관찰의 전제조건인데, 그로 인해 관찰이 더욱 주의 깊게 이루어진다. 주역의 공부도 신비한 능력을 얻기 위해서라기보다는 그 자체에 관심을 기울여야 한다. 신비한 능력을 성취 여부는 공부하기에 따라 달라진다.

  이 상에서는 필자가 30년 전 주역을 처음 접하고 주역의 이론을 세심히 관찰했던 내용을 공개하고자 한다. 다음을 보자.

☷ ☰ ☵ ☴

  이는 4상으로, 주역을 처음 공부할 때 접하게 된다. 그런데 문제는 4상이 어떻게 이루어졌는가에 있다. 다음 과정을 보자.

☷ → ☰

위가 변했다.

☰ → ☷

아래가 변했다.

☷ → ☵

이 괘는 위가 변했다. 세 과정을 동시에 써 보자.

☰ → ☱ → ☶ → ☵
　　아래　　　위　　　아래

이로써 알 수 있는 것은 위 → 아래 → 위 → 아래 등으로 계속 변한다는 점이다. 변화의 자리를 보면 1 → 2 → 1 → 2…… 등이다. 이것이 우리의 관찰이고 이에 의해 다음을 생각할 수 있다.

☷ → ☷ → ☰ → ☰
아래　위　아래

이제 이것을 세분해 보면 다음과 같이 나타난다.

☷ → ☷ → ☷ → ☷ → ☷ → ☰
1　　2　　3　　4　　5

이 과정에서 아래에 있는 숫자는 변화의 자리를 뜻한다. 군주괘는 바로 이처럼 4상을 관찰하고 그와 똑같은 변화의 방식으로 만들어진 것이다. 그럼 여기서 우리의 관찰은 제대로 이루어진 것인가? 다음을 보자.

☷ → ☷ → ☷ → ☷ → ☷ → ☷ → ☷
　　1　　2　　3　　4　　5　　6

　단계적으로 변하는 과정을 보여 주고 있는데, 언뜻 살펴보니 군주 괘가 만들어진 방식으로 이루어져 있는 것 같다. 그러나 다음을 보자.

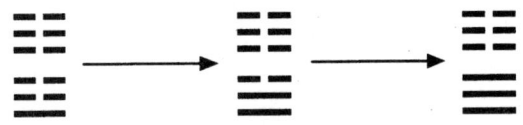

　결과적으로 위가 변했지만 그보다는 더 깊은 내용을 담고 있다. 첫째, ☷의 아래와 ☰의 위가 같다. 둘째, ☷의 위와 ☰의 아래는 서로 반대이다. 이것이 바로 4상 변화의 실제 내용이다. 군주괘는 바로 이것처럼 이루어져 있는 것이다. 즉,

☷ → ☷ → ☰

　이 과정을 보면 첫째,

☷의 1효와 ☷의 2효
☷의 2효와 ☷의 3효
☷의 3효와 ☷의 4효
☷의 4효와 ☷의 5효

☷ 이 5효와 ☷의 6효가 모두 같다.

둘째,

☷의 6효와 ☷의 1효는 서로 반대이다. 이는 4상 체제와 일치한다. 다른 괘를 보자.

이 과정은,

☷의 1효 → ☷의 2효 → ☷의 3효
☷의 2효 → ☷의 3효 → ☷의 4효
☷의 3효 → ☷의 4효 → ☷의 5효
⋮
⋮

등이 같다. 그리고 앞의 제6효는 어김없이 뒤에 이어지는 제1효와 반대이다.

그러나 다음을 보자.

이 과정은 ☷의 2, 4, 5효가 ☷의 3, 5, 6효와 같지 않고 ☷의 제6효와 ☷의 제1효는 반대가 아니다. 다시 보자.

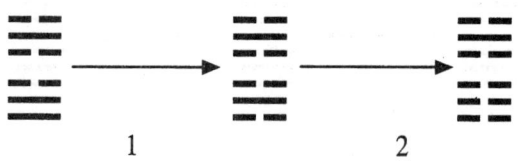

이 과정은 표시한 숫자의 위치가 변한 것이다. 이는,

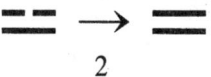

이와 같은 과정을 모방했지만 틀린 것이다. ☲ → ☰ 과정은 아래 괘는 위로 올라가고 상괘는 반대가 되어 내려온 것이다.

그러나 이 과정은 올라간 것도 없고 내려온 것도 없다. 오직 제1

효만 변한 것이다. ⚏ → ⚎ 에서는 모든 효가 변화에 참여하고 있다. 즉, 제1효는 2효로 올라가고 제2효는 반대로 괘가 변하여 내려온다. 이를 대성괘에 적용하면 다음과 같이 변한다.

제 1 효 → 2 효
2 효 → 3 효
3 효 → 4 효
4 효 → 5 효
5 효 → 6 효
6 효 → 1 효
(반대로)

즉, 모든 효가 변화에 참여하고 있다. 그뿐 아니라 사물이 궁극에 도달하면 바뀐다는 것도 나타낸다.

6 → 1
(반대)

이것이 바로 그것이다.

그런데 위의 과정에서는 제2, 3, 4, 5, 6효는 쉬고 있으며,

제6 → 1효
　(반대)

의 현상도 일어나지 않는다. 옛날 어떤 학자는 군주괘를 흉내내어,

☷ → ☷ → ☷ → ☷

등을 만들었지만 관찰력이 0이다. 관찰력이 이처럼 깊지 않으면 자기 자신도 망칠 뿐만 아니라 남까지 망치게 된다.

☷ → ☷ → ☷ → ☷

이 과정은 따로 쓸 데가 있다. 이는 3차원 공간 좌표 내에서 괘상이 자기와 정반대인 괘상으로 찾아가는 통로일 뿐이다. 6환군처럼 역동하는 구조는 바로 4상의 변화를 그대로 본받은 것이다. 군주괘 등 6환군은 하나의 순환체 덩어리이다.

☷ → ☷ → ☷ → ☷

그러나 이것은 한 덩어리가 아니라 통로만 나타냈을 뿐이다. 그 통로는 720가지나 되지만, 그 중에서 겨우 한 가지를 말한 것에 지

나지 않는다. 관찰은 세심하게 해야 한다. 결코 겉보기가 중요한 것이 아니다. 내부에서 일어나는 실제 변화에 주목해야 하는 것이다.

군주괘가 비록 1에서부터 차례차례 변하는 것처럼 보이지만 사실은 아니다. 겉에 나타나는 부분적인 변화는 안에서 일어나는 전체적인 변화의 결과일 뿐이다. 군주괘 외에 다른 순환군은 안팎이 모두 변한다.

위의 사실은 이 책의 앞에서 자세히 설명한 바 있었다. 이제까지는 복습이었다. 그런데 과연 우리는 4상의 변화를 제대로 관찰했던 것일까? 또 다른 문제는 없는가? 4상 변화를 다시 한 번 살펴보자.

⚏ → ⚎ → ⚍ → ⚌

자세히 보라. 모든 단계에서 제1효 → 2효가 관찰된다. 그리고 또한,

2효 → 1효
  (반대)

가 관찰된다.

정리해 보자. 여기서 주의할 점은 제2효 → 1효이다. 이 변화는 정상에 오른 효가 다시 떨어지면서 바뀐 것이다. 즉, 순환을 의미한다. 여기서 중요한 것은 떨어진다는 것이다.

다음을 보자.

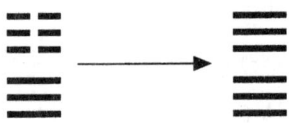

 이 과정은 ☷의 아래, 즉 ☰이 위로 그대로 올라갔다. 그리고 ☰의 위, 즉 ☷은 그대로 내려오면서 반대가 되었다. 이 과정을 자세히 보자.

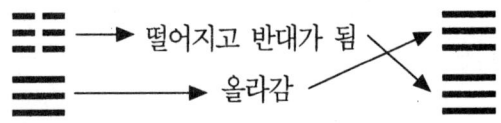

이 중에서 ☷의 위쪽만 보자. 즉,

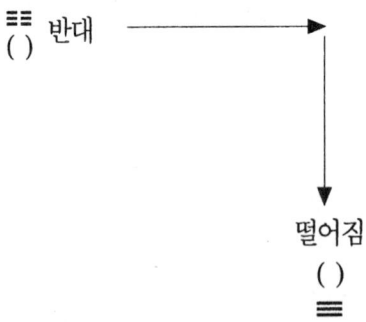

이 과정은 ☷이 통째로 떨어지는 모습이다. 문제가 무엇일까?

에서 --은 아래로 떨어지는가, 아니면 아래로 회전하는가? 도대체 무엇이 맞을까? 회전의 의미를 살펴보자.

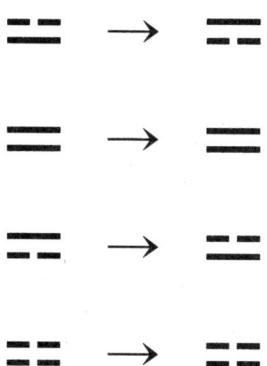

이 과정은 회전을 보여 준다. 4상 변화를 다시 보자.

⚋ ⟶ ⚌
⚋ → ⚏ ⟶ ⚌
　회전　　아래 변화

⚌ ⟶ ⚏
⚌ → ⚌ ⟶ ⚏
　회전　　아래 변화

302 주역 원론

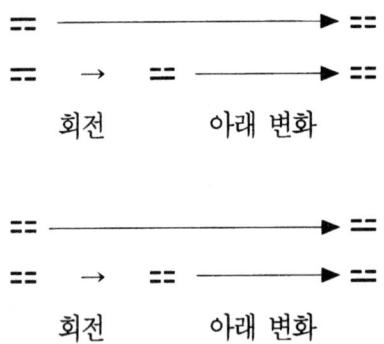

이상에서 알 수 있듯이 4상의 변화란 회전과 하괘의 변화를 일컫는 것이다. 이는 회전하면서 변화한다는 뜻이다. 내려오면서 변화한다는 것과는 뜻에 차이가 있다. 물론 결과는 마찬가지로 나타나지만 의미는 다르다. 4상이란 원래 순환하는 현상을 4단계로 끊어서 표현한 것인데, 이를 그림으로 나타내 보자.

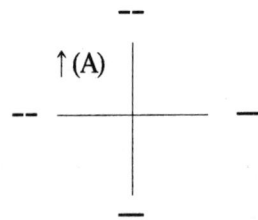

이 그림을 (A)지점에 앉아서 바라본다고 생각해 보자. 화살표는 회전 방향이다. 그러면,

☷ → ☳ → ☰ → ☶

이와 같은 순서로 등장하게 된다. 이는 회전하면서 반대가 되는 모습을 보여 준다. 다시 보자.

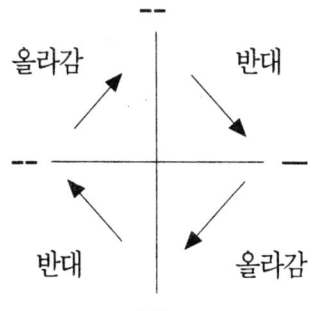

이 그림은 두말할 것도 없이 회전하면서 변화하는 모습을 보여 주는데, 올라간다는 것도 중심에서 바라보면 회전한다는 뜻이다. 이제 이것을 군주괘에서 바라보자.

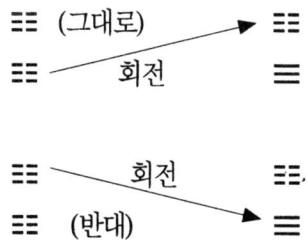

이는 내려올 때는 반대, 올라갈 때는 그대로이지만 내용은 회전한 다는 것을 알 수 있다. 이러한 결과는 중심 관찰 내지 종합 관찰에 의해서 얻어진다.

그 동안의 관찰 변화를 종합해 보자.

$\begin{pmatrix} \text{아래부터} \\ \text{차례로 변화} \end{pmatrix} \rightarrow \begin{pmatrix} \text{올라가고} \\ \text{내려오면서 변화} \end{pmatrix} \rightarrow (\text{회전하면서 변화})$

이제 중요한 결론이 나타났다. 4상의 변화란 원래 회전 변화였던 것이다. 그 동안 인간은 보이는 대로, 마음대로 생각해서 엉뚱하게 해석했던 것이다. 이제야 우리는 4상 변화의 실체를 정확하게 파악했다. 원래 순환군은 4차원 공간에서의 순환을 보여 준다. 다만 이 제야 비로소 수정을 가할 때가 온 것이다. 그렇다고 순환군이 근본적으로 바뀌는 것은 아니다. 약간의 뒤틀림이 있을 뿐이다.

이는 중앙 관찰에 의해 효의 순서가 바뀌는 것인데, 현재 순환군 은 아래에서 위 또는 위에서 아래라는 형식으로 이루어져 있다. 그 러므로 우리는 이번에 이 형식도 중앙 측정 형식으로 조절해야 하 는 것이다. 다음을 보자.

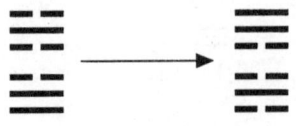

이는 괘상을 회전시킨 것인데, 원전 주역은 이를 아주 중시하고 있다. 원전에서는 하나의 괘상 다음에 그것을 회전시킨 괘상을 등

장시켜 해설하고 있다. 회전에 의해서도 변하지 않는 괘상은 그 반대 괘를 사용했다. 그러나 사실은 이것도 회전한 것이다. 이제부터 회전과 변화를 동시에 살펴볼 것이다. 다음의 변화를 보자.

☷ → ☶ → ☳ → ☱ →

이 과정은 회전하면서 하괘가 반대로 변하는데, 4단계에 걸쳐 순환한다. 이것은 4상의 변화다. 군주괘를 보자.

☰ → ☳ → ☶ → ☷

이 과정은 회전과 정반대의 변환을 보여 줌으로써 그 동안의 순환군과 다를 바 없다. 그러나 내용은 아주 다르다. 자세히 보자.

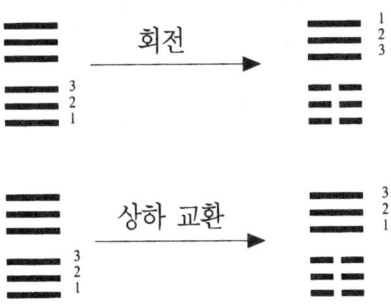

두 과정은 현저히 다르다. 이는 다른 괘상을 사용해 보면 금방 알수 있다. 즉,

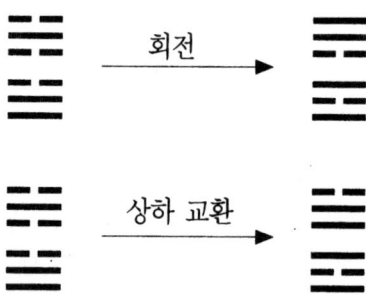

두 과정 중 상하 교환은 종전의 방식이다. 그러나 회전은 새로 도입된 방법으로, 4상의 회전 변화 방식을 완전히 본받은 것이다. 다시 보자.

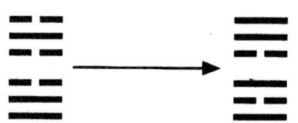

우리는 이제 이 과정의 중간 단계를 찾아야 한다. 그것은 그리 어렵지 않다. 회전이란 아래 것부터 차례로 올라가고 또 위의 것부터 차례로 내려오는 과정이다. 그에 따라 제6효는 내려오고 제1효는 올라가면 된다.

이 과정에서 숫자의 뜻은 (1)은 앞괘의 제1효가 그대로 올라왔다는 것이고, (6)은 앞괘의 제6효가 내려오면서 반대가 된 것이다. 제1효가 올라가서 4효가 된 이유는 아래가 회전할 때 제1효가 먼저 상향하기 때문이고, 또한 위는 제4효가 출발점이기 때문이다.

그리고 제1효 하나만 우선 올라간 것은 위에 있는 제5, 6효가 아직 내려오지 않았기 때문이다. 물론 제1효가 4효로 올라갈 때 제6효는 반대로 바뀌면서 제3효로 내려온 것이다. 이는 회전의 모습이다. 다음을 보자.

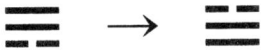

이는 회전이지만 그 중간 과정은 다음과 같다.

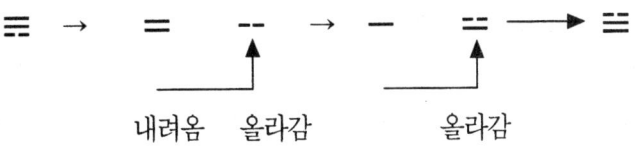

내려옴 올라감   올라감

이로써 회전이 끝났는데, 다시 한 번 회전시켜 보자. 이번에는 위의 것이 내려오면서 반대로 변화하는 과정이다.

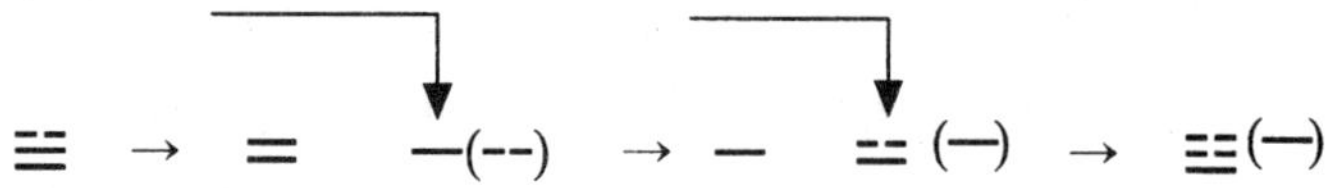

☷ → ☴ ⚍(--) → ⚊ ⚎(一) → ☶(一)

이 과정을 한 번에 그리면,

☷ → ☶

이 된다. 이는 회전하면서 또한 반대로 변한 것이다. 이와 같은 방식으로 군주괘를 그리면 다음과 같이 된다.

䷁ ䷗ ䷒ ䷊ ䷡ ䷪ ䷀ ……

이 과정은 종래의 군주괘와 비슷한데, 다른 점은 변화가 중앙에서 발생한다는 것이다. 이는 상하 괘가 단순히 자리바꿈을 하는 것이 아니라 회전하는 모습을 나타낸다. 물론 종래의 순환군처럼 정상에 오르면 반대로 변화해서 내려온다. 이러한 변화는 4상에 대한 완전한 관찰에 의해 이루어진 결과다.

이제 이 모든 순환 과정의 좌표를 보자.

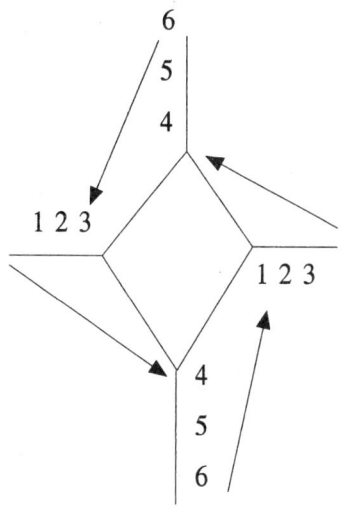

이는 회전에 의한 변화 방식이다. 숫자에 따라 효를 배치하면 물의 흐름처럼 단순한 회전에 불과하게 된다. 그것은 단지 효 좌표가 굴러가는 듯한 모습을 보인다. 이에 비해 종래의 순환군은 굴러가는 것이 아니라 그냥 이동하는 것이다. 다시 말하면 우리가 지금 도입한 방식은 자전과 공전이 함께 하는 방식이고, 종전의 순환은 공전만 하는 것이다.

또한 종전의 방식은 비중앙 변화인데, 이에 비해 새로운 방식은 중앙 변화이다. 순환을 보면 종전의 방식은 원인 데 비해 새로운 방식은 태극의 모양이 된다. 태극 모양은 4상의 순환 모습을 그린 것이다. 주역의 괘상 64개는 6개의 군으로 나누어지는데, 이는 종래의 순환군이 6개인 것과 같다. 새로운 순환군은 원을 한 번 비틀어 8자 모양으로 순환시킨 것이다. 이제 이것을 만들어 보자.

310 주역 원론

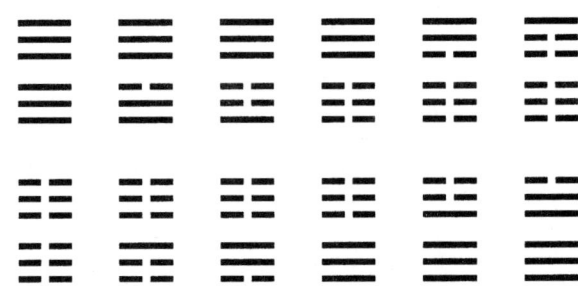

이 괘열은 E군으로, 종래의 E군에서 하괘를 뒤집은 것이다. 그렇게 함으로써 ↑에서 ↓로 바뀌게 된다. 이는 초점이 중앙에 자리잡은 모습이다. 그러나 선형 연속은 파괴되지 않는다. 괘상의 모든 효가 움직이며 8자를 이루고 제자리로 순환하는 것이다. 다른 순환군들도 마찬가지이다. C군을 보자.

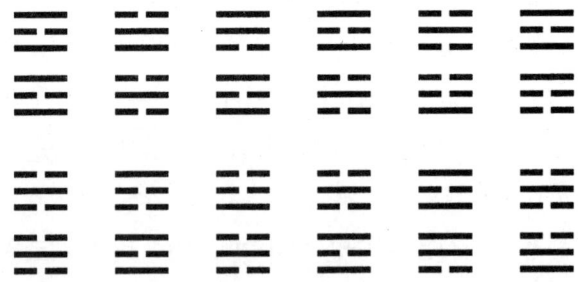

이 괘열은 ☳ ☴ ☵ ☶ 등이 종래의 순환군과 다를 바 없다. 이는 C군 자체가 회전 대칭이기 때문이다. 이어 모든 순환군을 만들어 보자.

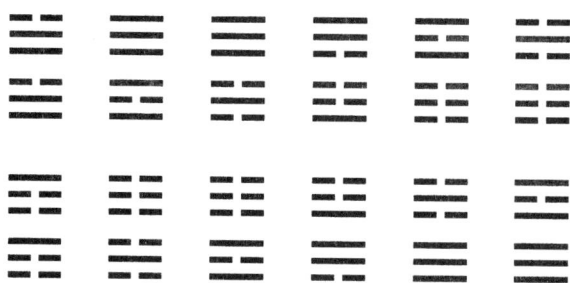

이는 D군이다. ☷이 나타난 것은 하괘를 뒤집은 결과인데, 우리는 종래의 이름을 그대로 사용할 것이다.

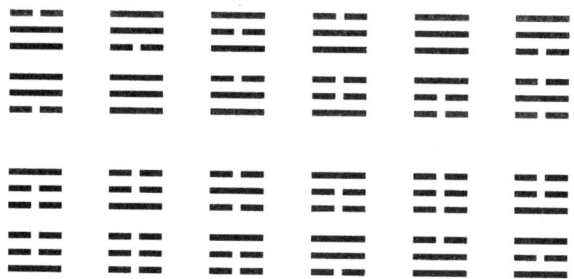

이것은 F군이다. 우리가 군의 이름을 처음 지을 때 괘상의 대표적인 모양을 보고 만들었지만, 그것은 개의치 말자. 중요한 것은 내용일 뿐이다. 다시 보자.

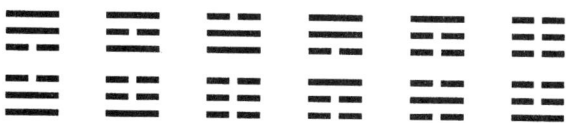

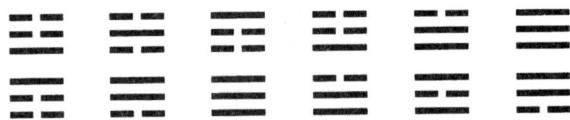

이것은 L군이다.

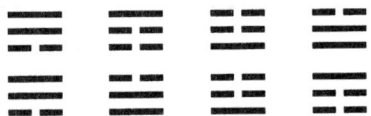

이것은 H군이다. 새로운 H군도 4개의 원소를 갖는다. 새로운 순환군은 단지 하괘만을 뒤집은 것으로 전체의 구성이 바뀌지 않는다.

이제 모든 순환군을 정리했는데, 종래의 순환군보다 다소 복잡한 것처럼 느껴진다. 그러나 이는 관찰 방법의 문제일 뿐이다.

독자들은 새로운 순환군에서 무엇을 보았는가? 진리란 원래 단순한 모양이어야 하는데, 새로운 순환군은 복잡하지 않은가!

그렇다면 진리라는 것을 의심받을 수도 있다. 왜냐 하면 진리는 단순해야 하기 때문이다. 새로운 순환군은 그 만드는 과정을 설명하기가 무척 번거롭다. 그러나 종래의 순환군은 이처럼 복잡하지 않았다.

그러나 새로운 순환군에는 우리가 찾지 못한 더욱 단순한 체제가 숨겨져 있다. 그러므로 그것을 알아내기 위해서는 관찰력이 언제나 예민해야 된다. 다시 보자.

제5권 사물의 운명 313

 이 괘열은 L군인데, 무엇이 보이는가? 우선 ☷ 의 제3효, 4효를 보자. 그것은 ⚏ 으로 이루어져 있다. 다음 괘인 ☷ 에서는 제2효, 5효가 ⚏ 으로 되어 있다. 그리고 또 다음 괘인 ☷ 에서는 제1, 6효가 ⚏ 으로 이루어져 있다.
 이는 마치 연못에 돌을 던졌을 때 파장이 주변으로 퍼져 나가는 모습과 같다. 새로운 순환군은 제3, 4효, 즉 중앙에서 발생한 4상이 그 모양을 바꾸지 않고 둘레로 퍼져 나가는 체제를 갖추고 있다.
 그리고 바깥에 도달한 4상은 바뀌면서 다시 중앙으로 돌아온다. 파장 자체의 입체적 순환을 의미한다. 다시 보자.

```
(⚌)
 ⚏   (⚌)   ⚏   ⚏
 ⚏   (⚌)   ⚏   ⚏
(⚌)
```

 ( )친 부분을 보라. ⚌ → ⚏ 으로 변했다. 이는 모든 순환군의 공통점이다. ⚌ → ⚏ → ⚏ → ⚏ 으로 순환하는 것이다. 중앙에서 발생한 파장은 그 모습을 바꾸지 않고 바깥으로 계속 밀려 나간다. 그리고 마지막으로 바깥에 도달한 파장은 보이지 않는 심연으로 가라앉았다가 다시 중앙 부분으로 나오는데, 그 보이지 않는 심연 속

에서 4상 순환이 이루어지는 것이다.

새로운 순환군은 중앙에서부터 꽃잎이 피어나듯 계속 새로운 꽃잎이 펼쳐진다. 그 꽃잎은 바깥에 도달했던 꽃잎이 떨어져서 새로 생긴 것이다.

전체의 모습을 일목 요연하게 보기 위해 요점을 정리하자. 우선 ☷ ☰ ☳ ☶을 a, b, c, d로 나타내자. 그리고 제3, 4효를 좌측에 쓰고 제2, 5효, 제1, 6효 등은 우측으로 이어서 쓰자.

그러면 ䷁는 dbb가 된다. dbb는 ☶ ☰ ☰과 마찬가지 뜻이다. 다음을 보자.

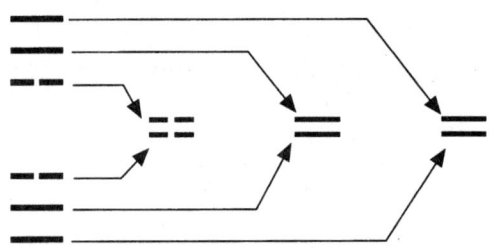

이와 같이 나타낼 수 있는데, 편리를 위해서 **dbb**로 고쳐 쓴 것이다. 하나의 괘상을 더 살펴보자.

䷀ → ☰ ☰ ☰ → bbb
䷡ → ☷ ☰ ☰ → cbb
䷅ → ☷ ☷ ☰ → ccb

이상의 괘를 계속 진행시켜 보자.

☷☷☷ → bbb
☶☷☷ → cbb
☶☶☷ → ccb
☶☶☶ → ccc
☵☶☶ → dcc
☵☵☶ → ddc
☵☵☵ → ddd

이상은 E군으로 체제가 매우 단순하다. 그런데 변화의 기호를 자세히 보면 어떤 규칙성이 눈에 띈다. 변화가 한 단계씩 진행됨에 따라 맨 우측에 있는 기호는 한 번씩 변하면서 맨 좌측으로 이동한다는 것이다. 나머지는 변하지 않고 그냥 우측으로 이동할 뿐이다.

이제 이러한 변화를 한꺼번에 써 보자.

aaadddcccbbb

이것을 세 개씩 묶으면서 좌측으로 이동하면 그들이 모두 E군에 속하는 괘상임을 알게 된다. 이 암호열 자체는 순환하고 있는바, 12개의 원소로 된 군을 이루게 되는 것이다. 다른 군을 보자.

L군 → caabddaccdbb

F군 → badadcdcbcba
D군 → aacddbccabbd
C군 → acadbdcacbdb
H군 → dabcdabcdabc

　모든 군은 위와 같이 예외 없이 12개의 암호로 되어 있다. DNA의 경우 a, b, c, d 대신 A, T, C, G라는 암호로 표현되는데, 이들은 아주 길게 연결되어 있다. 물론 주역이나 DNA의 암호는 3개의 문자가 모여 한 단어로 이루어지는데, DNA는 아미노산이 지정되고 주역은 괘상이 지정된다.
　하필 3개의 암호가 왜 한 조를 이루는지 DNA에서는 이유가 밝혀지지 않았다. 하지만 주역에서는 3개의 암호가 반드시 필요하다. 그 이유는 그것이 괘상의 기본이기 때문이다. 생물학이 더욱 발전하면 틀림없이 DNA와 주역의 연관성이 밝혀질 것이다. 또한 DNA 내에서 순환군 체제 6개가 수행하는 역할도 밝혀질 것이리라.
　그러고 보니 10여 년 전 주역의 초보자인 어느 경제학 교수에게 강의하던 일이 생각난다. 당시 필자가 "자연은 주역의 법칙을 본받아 생명체를 만들었다"고 하자 그 교수는 깜짝 놀라면서 반발했다.
　"그럴 리 있겠습니까? 주역은 사람이 만들었고 생명체는 하늘이 만들었는데, 어찌 하늘이 주역의 법칙을 본받았겠습니까!"
　"자연의 법칙은 누가 만든 것이 아니고 타당성에 의해 저절로 이루어진 것입니다. 우리 인간은 그 법칙을 괘상으로 표현했을 뿐입니다. DNA의 구성도 자연스럽게 이루어진바, 주역의 법칙을 벗어날 수 없습니다."

교수는 다시 반발했다.

"글쎄요, 주역의 법칙이 자연의 법칙 그 자체입니까? 주역은 필경 사회를 바라보는 인간의 철학일 것입니다."

"……."

필자는 더 이상 할 말이 없었다. 그는 자연을 공부하는 학자가 아니었기 때문에 이해에 한계가 있었던 것 같다. 주역은 사람의 사상이 아니다. 자연의 법칙을 표현해 놓은 것이다. 우리는 주사위의 평등 법칙, 즉 대수 법칙을 알고 있거니와, 이러한 법칙은 인간도 하늘도 만든 바 없다. 그러한 법칙이 자연스럽게 존재한 것뿐이다.

순환군의 패열을 다시 보자. 이번에는 암호를 쓰지 말고 곧이곧대로 써 보자.

☷ ☶ ☵ ☴ ☳ ☲ ☱ ☰

이것은 E군인데, 회전하면서 꼬여 있는 모습이다. 2중 나선 모양인 것이다. 모든 순환군은 이렇게 구성되어 있으며, DNA의 기본 구조이기도 하다. 그렇다면 옛 성인이 DNA의 구조를 본받아 주역을 만들었을까? 그럴 리 없다. 주역의 순환군은 누가 만든 것이 아니라 자연스러운 순수 수학적 법칙에 의해 존재하는 것일 뿐이다. 우주인이 이와 같은 고도의 주역 법칙을 인간에게 알려줬을지도 모른다.

DNA의 4염기는 A T C G로 이들은 (A T), (C G)로 짝이 되고,

주역에서는 (a c), (b d)가 짝이 된다. 이것도 자연의 법칙일 뿐이다. DNA에 대해 옛 사람이 알 리 만무하다. 그리고 성인이 당시 인간들에게 이러한 것을 가르칠 필요도 없었을 것이다.

다시 본론으로 돌아오자. 논의가 잠시 생물학으로 흘렀지만 우리에게 중요한 것은 새로 도입된 순환군 체제가 괘상을 이해하기 쉽게 만들어져 있느냐에 대한 것이다. 다음을 보자.

☰ → ☷ → ䷁ → ☰

이 과정은 단순한 변화이기 때문에 이해하기 쉽다. 그럼 다른 군을 보자.

☵ → ☴ → ☶ → ☱

이 과정을 음미하자. ☵은 물이 연못 속에 정착한 모습, 어린아이가 집에서 보호되는 형상이다. 다음 단계인 ☴은 바람이 활동하지만 뿌리가 고정되어 있는 모습이다. 이는 어린아이가 커서 마음놓고 돌아다니지만 가정에 근거를 두고 움직이는 것이다.

그러나 다음 단계인 ☶은 집을 아주 떠난 모습이다. 이는 시집을 가거나 출세를 위해 서울로 떠나거나 외국으로 나간 모습이다. 마지막 단계인 ☱는 물이 고이기 시작하는 모습으로, 떠나간 사람이 정착을 위해 노력하는 형상인 것이다.

새로운 순환군은 차례차례 음미하면 인간의 의식과 아주 잘 맞아 떨어진다. 필자는 주역의 괘상을 이해하기 위해 순환군 체제를 따라 수천 번이나 괘상을 음미한 바 있었다. 주역의 괘상이란 이리저리 되씹으면서 이해의 깊이를 더해 가야 한다. 다시 보자.

☰ → ☳ → ☳ → ☷

이 과정은 E군의 변화로, ☰은 상하괘가 위로 향하고 있다. 그러던 중 하괘가 이탈한 것이다. ☳은 하괘가 정지하여 위로 향하는 힘을 제어하고 있다. ☳은 이를 더욱 강화하여 위로부터 이탈하고 있다. 이를 군대에 비유하면 선두가 질풍처럼 적진을 향해 전진하는데 후미가 정지해 있거나 마지못해 끌려가는 형상이다. ☷은 상하가 완전히 분리, 전진 부대는 후방과 연결이 끊어진 격이다. 더 진행시켜 보자.

☷ → ☷ → ☷ → ☷

☷은 전진했던 부대가 후퇴를 시작한 모습이다. 그러나 우군이 나가서 돕지 않고 있다. 문 밖에 손님이 왔는데도 문을 열 생각을 안 하고 숨 죽이고 있는 모습이다.

☷은 전진 부대가 붕괴되는 모습, 후퇴가 이루어짐에 따라 앞서 갔던 부대는 더욱 고초를 겪고 있다.

☷ 은 상황 종료, 패전하고 돌아온 모습, 계절로는 엄동 설한, 국가가 침울한 모습, IMF가 들이닥쳤을 때의 모습.
더 진행시켜 보자.

☷ → ☷ → ☷ → ☷

☷ 은 침체된 사회에서 국민의 저력이 유지되고 있는 상태로, 땅에 씨앗을 뿌린 모습.

☷, 근면한 국민은 드디어 활로를 개척하기에 이른다. 씨는 발아를 시작하고 있다.

☷, 이제 여건은 성숙했으므로 회복에 나설 준비가 된 것이다. 여기서 더 진행하자.

☷ → ☷ → ☷ → ☰

☷ 밖으로 발돋움, 적을 물리치고, 산업을 재건한다. 힘찬 전진.

☰, 섬멸을 눈앞에 두고 있으므로 승리가 확연히 보인다. 다만 적의 저항이 거세므로 서두를 필요가 없다. 사업이 잘 될 때는 오히려 조심하고 겸손해야 한다.

☷, 마침내 실지를 회복하고 천하에 위세를 드러낸다. 새로운 환난에 대비해야 할 때.

이상과 같이 E군을 한 바퀴 돌면서 괘상을 음미했다. 종래의 순환군보다 생동감과 현실성이 있다. 물론 이는 인간의 이해를 위해 괘상의 변화를 조직화한 것이다. 그러나 자연은 반드시 이러한 과정을 겪는다고는 볼 수 없다. 우리는 표준적인 변화 단계를 이해했을 뿐이다. 자연을 이해하기 위해서는 이상적인 표준 모델이 반드시 필요하다. 표준 모델은 실제 현상을 평균적으로 구성한 것이다. 그런 뜻에서 새로운 순환군은 자연을 이해하는 데 매우 유용하다.

이제 이들이 주역 64괘 전체에 분포하는 모습을 살펴보자. 이는 순환군의 체제를 더욱 깊게 이해하도록 우리를 인도할 것이다. 우선 64괘 전체의 순환도를 살펴보자. 순환도는 기본적으로 4상의 순환과 같다. 즉,

```
        A                ☰
   D        B         ☱      ☲
        C                ☳
     순환도              4상도
```

여기서 A, B, C, D가 각각 16개의 원소로 되어 있다는 것은 앞에서 공부했다. 이들은 해당 지역의 성질을 약한 곳에서 극한 지역에 이르는 과정을 밟고 있다.

우리는 이에 대해 $A_1 \to A_2 \to \cdots\cdots A_{16}$ 등으로 순서를 정의할 수 있다. 그렇게 되면 $A_{16} \to B_1 \cdots\cdots B_{16} \to C_1 \cdots\cdots C_{16} \to D_1 \cdots\cdots D_{16} \to A_1 \cdots\cdots A_{16}$의 방식으로 거대한 원이 만들어질 것이다. 예를 들어 $A_1 \sim A_{16}$ 을 보면 다음과 같다.

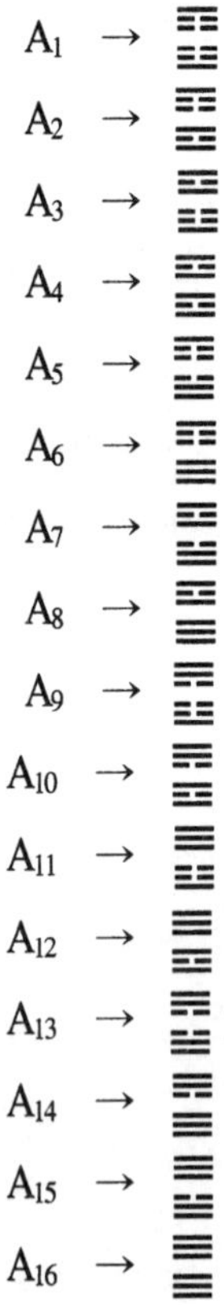

$A_1 \to$ ☷
$A_2 \to$ ䷁
$A_3 \to$ ䷁
$A_4 \to$ ䷁
$A_5 \to$ ䷁
$A_6 \to$ ䷁
$A_7 \to$ ䷁
$A_8 \to$ ䷁
$A_9 \to$ ䷁
$A_{10} \to$ ䷁
$A_{11} \to$ ䷁
$A_{12} \to$ ䷁
$A_{13} \to$ ䷁
$A_{14} \to$ ䷁
$A_{15} \to$ ䷁
$A_{16} \to$ ䷀

이 과정은 ☷ → ☰과 ☷ → ☳이 동시에 진행되는 것이다. A에 속한 모든 괘는 제1, 6효가 ══의 모양인바, 이들은 모두 B로 향한다. 그렇기 때문에 A 내에 있는 ══은 ══으로 변환하게 된다.

이제 황금 순환도 내에 있는 순환군들의 위치 관계를 살펴보자. 우선 E군을 보면 다음과 같다.

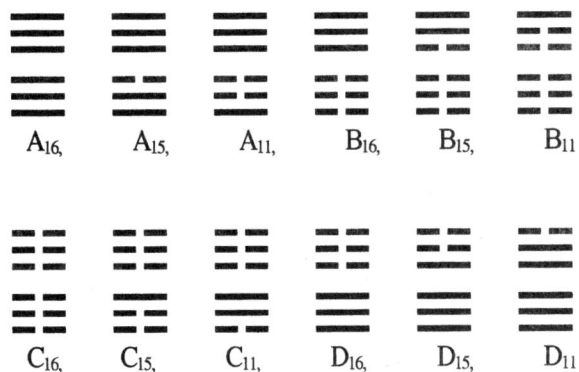

이들은 단순한 구조로서 A → B → C → D 과정을 밟고 있다. E군은 어디에서나 단순한 모양을 보여 준다. 또한 여기서 우리는 황금 순환도의 위력을 알 수 있다. E군의 단순한 모습을 그대로 반영해 주고 있는 것이다. C군을 보자.

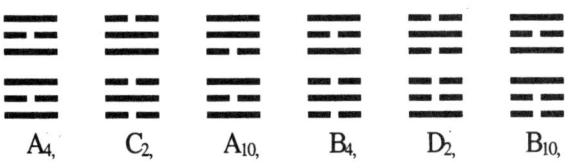

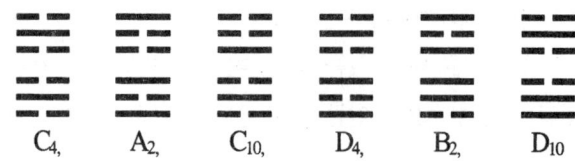

이들 과정은 ACA → BDB → CAC → DBD인바, 이는 C군의 내부 구조와 같은 모습이다. 내부 구조가 외부의 위치와 대응한다는 것은 프렉탈 구조이다. 또한 순환군의 괘들이 거대 순환도 안에 이처럼 의미 있게 배치된다는 것은 거대 순환도가 의미 있다는 뜻이다. 모든 군을 나열해 보자.

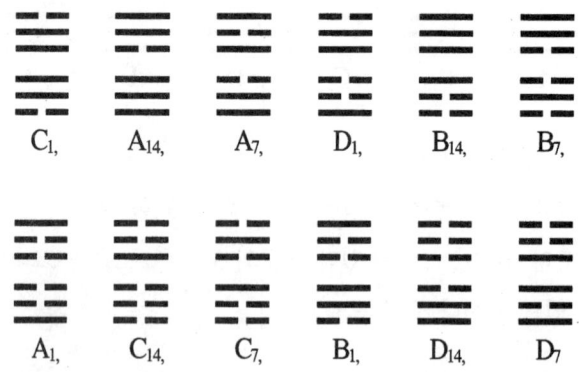

이상은 F군이다.

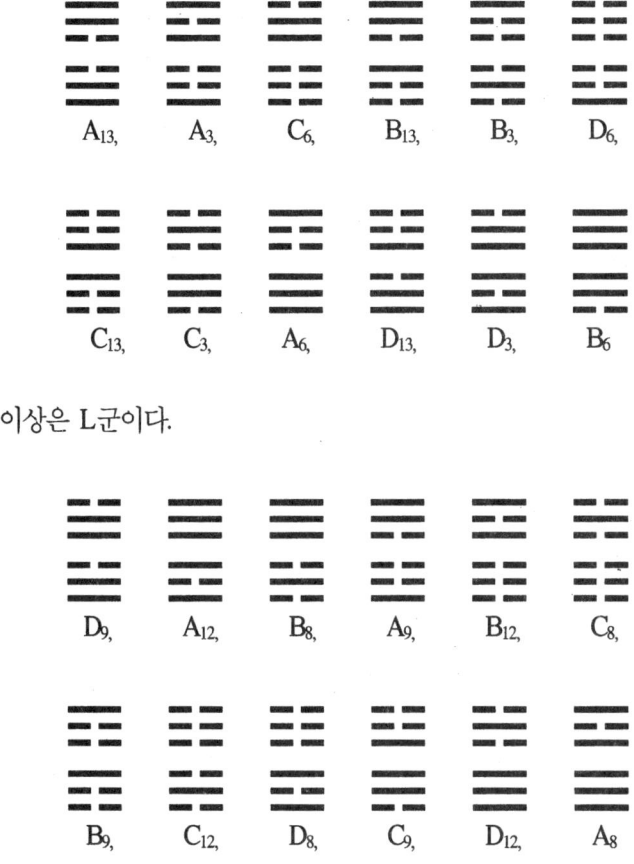

이상은 L군이다.

이상은 D군이다.

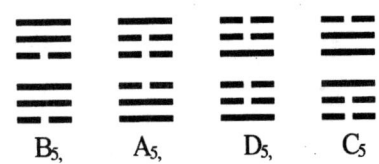

B_5, A_5, D_5, C_5

이상은 H군이다.

이로써 모든 군을 정리했는데, 각 군의 모양을 비교하면 다음과 같다.

A A A → E군
A C A → C군
C A A → F군
A A C → L군
D A B → D군
B A D → H군

이들의 특징은 E군으로부터 정리할 수 있다.

E 중앙 $\rightarrow$ 변화 C

E 좌측 $\rightarrow$ 변화 F

E 우측 $\rightarrow$ 변화 L

$$E \xrightarrow{\text{좌우 변화}} D$$

$$E \xrightarrow{\text{우좌 변화}} H$$

 이들의 구조는 특이점 분류로 나타낼 수 있는데, 시각적 의미 외에 다른 의미는 없다. 여기서 중요한 것은 순환군들이 거대 순환도에 자리잡을 때 자신의 구조를 충실히 반영한다는 것이다. 이는 자연계의 어떤 사물이 일정한 장소를 차지할 때 그것은 내부 구조와 연관이 있다는 뜻으로서, 우주는 하나임을 보여 주는 증거이다. 또한 이것은 사물의 운명이 내부 구조에 달려 있다는 뜻도 된다.

 이 장에서 또 하나의 중요한 내용은 사물의 내면에 있는 구조가 밖으로 성장하면서 점점 사라진다는 것이다. 즉, 사물은 서로 만나서 작용하고 그것은 위아래로 영향을 주며 사라지는 것이다. 이것은 **변화**로써 다른 사물과 만나서 발생하고 그것은 자신의 등뒤로 사라진다는 뜻이다.

 괘상에서는 상하 괘가 만나 그 중앙에서부터 작용이 발생해서 제6효 또는 제1효 방향으로 파급된다. 물체로 비유하자면 서로 부딪치는 곳에서 충격이 발생하여 각자의 뒤쪽으로 충격이 전달된다는 것을 의미한다.

쉬어 가기 (2)

  여자는 남자에 비해 육감이 잘 발달되어 있다고 하는데, 사실이 그런 것 같다. 육감이란 여러 가지 의미로 쓰이고 있는데, 여기서는 '왠지 이상한 것을 파악하는 능력'으로 해 두자.

  인생을 살아가다 보면 '왠지 이상한' 때가 종종 있는 법인데, 이 때는 대개 사고를 동반하게 된다. 사기를 당한 사람은 지나고 나서 어쩐지 이상했다고 말한다. 미리 그런 느낌을 가졌다면 사고를 방지할 수 있었을 것이다.

  예전에 박정희 대통령이 암살되기 하루 전날 삽교천 방조제 공사 현장에서 연설을 했는데, 그 때 음성은 왠지 이상했었다. 필자도 음성을 듣고 '어?' 하면서 왠지 이상하다고 느꼈다. 필자는 이렇게 말했던 것이다.

  "목소리가 왜 저래? 박통도 다 됐군!"

당시 여러 사람이 그런 느낌이 들었다고 밝혀졌는데, 힘이 없고 부자연스러웠던 것이다. '왠지 이상함'이란 부자연스러운 것을 의미하는바, 자연스럽다는 것은 전체와 조화가 이루어진다는 뜻이다. 또한 평소와 다른 것도 부자연스럽다고 하는바, 이는 시간의 흐름상 부조화인 것이다.

부조화, 또는 부자연스러움은 분석적 지혜로 밝혀지는 것이 아니다. 오히려 사물로부터 멀리 떨어져 있을 때 그것을 느끼게 된다. 즉, 부자연스러움이란 사물의 밖에서 느끼는 내용인데, 여기에는 아름다움·조화·순탄한 흐름 등이 작용하게 된다.

여자란 원래 미적 감각이 예민하기 때문에 부자연스러움을 금방 느끼게 될 것이다. 베테랑 형사의 경우 범인을 접하는 순간 알 수 있다고 하는데, 그것은 범인의 태도가 부자연스럽기 때문일 것이다. 필자의 누나는 나쁜 짓을 한 아이를 골라내는 일을 아주 잘하는데, 그것도 아이의 태도가 평소 다른 것을 탐색한 것이라 한다.

주역에 있어서 자연스러움이란 괘상이 일정한 틀 내에서 흘러갈 때를 말하는데, 틀을 벗어난 괘상은 현실에서 이상한 느낌을 줄 수밖에 없을 것이다. 그것은 우리의 마음이 변화를 감지하기 때문이다. 이 때 우리는 육감이 발동한다고 하는데, 부자연스러움 뒤에 거의 모두 색다른 상황이 전개된다.

주역을 오래 공부하게 되면 사물을 단순하게 바라보는 훈련이 저절로 이루어지는데, 이로 인해 부자연스러운 현상도 금방 느끼게 되는 것이다. 즉, 주역을 공부하면 육감이 발달하게 되는 것이다. 그것은 모든 것이 단순하게 정리되어 있기 때문에 변화가 잘 감지

된다는 뜻이다.

그리고 주역을 공부하다 보면 사소한 변화에도 민감해져 결국 육감 발달에 이르게 되는 것이다. 또한 부분의 미세한 변화일지라도 전체적 의미를 살펴보기 때문에 징조를 느낄 수 있게 된다. 징조라고 하는 것도 실은 육감의 영역인데, 부자연스러운 현상이 바로 징조인 것이다.

거짓말을 하는 사람은 부자연스럽고, 소설도 부자연스러우면 재미가 없다. 군자는 부자연스러운 일을 경계하는 것이다. 대범하여 거리낌없는 성격은 좋지만 부자연스러운 일을 너무 자주 하는 사람은 반드시 나쁜 운명을 맞이하게 된다. 왜냐 하면 천지의 조화는 부자연스러운 것을 도태시키는 방향으로 전개되기 때문이다.

생각이 이상한 사람도 불행해진다. 자연스럽지 않기 때문에 그만큼 사고 발생 확률이 높아지게 마련이다. 고집이 많은 사람도 위험하다. 지나치게 인색한 사람은 단명할 우려가 있다. 암에 걸리는 사람은 부자연스러운 일에 오랫동안 노출되었기 때문이다.

군자는 지나친 것을 삼간다. 지나친 것은 자연스럽지 못하기 때문에 오래 유지할 수 없는 법이다. 억지로 한 공부는 깨달음이 적다. 매사를 순탄하게 진행해야 한다. 유수부쟁선(流水不爭先)이란 말이 있는데, 이는 흐르는 물은 선두를 다투지 않는다는 뜻이다. 되어 가는 대로 내버려둔다는 의미인 것이다.

군자의 행동은 가까이는 주변과 보조를 이루고, 멀리는 천지의 운행과 조화를 이루는 것이다. 요컨대 하나의 작은 행동이 전체적으로 어떤 의미를 갖는지를 항상 염두에 둬야 한다는 것이다.

玉虛眞經 (12)

善爲士者 不武
가장 뛰어난 장수는 무용을 뽐내지 않는다.

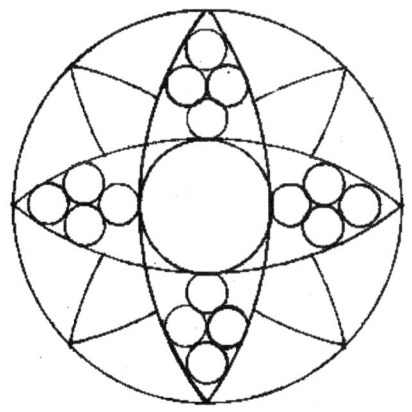

주역과 신통력

과학자인 닐스 보어는 집 문 앞에 나무로 된 비행기 모형을 매달아 놓았는데, 이에 대해 제자가 물었다.
"선생님, 이 비행기는 무엇 때문에 매달아 놓았습니까?"
닐스 보어는 심각하게 대답했다.
"이것을 매달아 놓으면 행운이 온다네……."
기가 막힐 노릇이다. 당대 최고의 과학자가 이러한 미신을 갖고 있다니!
닐스 보어는 주역에 심취하여 노벨상을 타는 자리에 팔괘도를 그린 옷을 입고 나타난 바도 있었다. 원래 엉뚱한 닐스 보어가 비행기를 달아 놓고 행운을 기대하고 있다는 것이 이상할 것은 없다. 하지만 제자는 이에 반대했다.
"선생님, 저는 그것을 믿지 않습니다."

닐스 보어는 다시 말했다.

"이 비행기는 믿지 않는 사람에게도 행운을 준다네……."

제자는 더 이상 말할 수 없었다. 닐스 보어의 신념은 투철했던 것이다. 다만 나무 비행기를 달아 놓은 일이 행운을 가져다준다는 이유를 설명하지 않았다는 것은 과학자인 닐스 보어로서는 특이한 일이다.

닐스 보어는 자연에 대한 통찰력이 그 누구보다도 깊었는데, 비행기 → 행운이라는 신념을 가지고 있는 것은 재미있는 일이다. 여기서 문제를 삼고 싶은 것은 과연 나무 비행기가 행운을 가져다주느냐이다.

과연 그럴까? 독자라면 어떻게 생각할까?

우스운 일이라고 생각할 것이다. 그러나 필자의 생각은 다르다. 닐스 보어의 생각은 조금도 웃을 일이 아니다. 왜냐 하면 일리가 있기 때문이다.

일리가 있다고? 이제부터 그것을 생각해 보자.

우리 나라 사람은 4자를 아주 싫어한다. 그래서 건물의 4층을 3A 또는 F 등 간접적으로 표시한다. 병실은 아예 4호실을 만들지도 않는다.

이유는 무엇일까? 간단하다. 4는 한문의 죽을 사(死)와 발음이 같기 때문이다.

미국 사람은 13이라는 숫자를 아주 싫어한다. 이는 왜일까? 그것은 카드의 마지막 숫자이기 때문이다. 마지막이라는 것은 죽음을 상징하는 것일까?

중국 사람은 도박판에 책을 안 가지고 가는데, 이는 책과 진다는 패(敗)와 발음이 같기 때문이라고 한다. 이해할 만하다. 발음이 같으면 그와 뜻이 다른 일도 발생할 수 있다는 것이다. 운명이 그토록 하찮은 일 때문에 유도될 수 있는 것일까? 주역의 답은 한마디로 '그렇다'이다.

필자도 예전에 운수가 몹시 사나워서 미신적 방법을 사용한 적이 있다. 깨끗한 옷을 입고 나들이를 가는 것이었다. 여러 날을 계속했는데, 그로써 제법 효과가 있었던 것 같다. 나중에는 실제로 새 옷 입을 일이 생겼던 것이다.

닐스 보어의 경우 비행기를 매달아 놓은 것은 주역의 괘상으로 ☰에 해당되는바, ☰은 새로운 행운·건강 등을 상징하고 있다.

필자가 새 옷을 입었던 것도 물론 ☰이다.

☰이란 양기가 들어서려고 하는 모습이니, 행운을 유도한다는 것을 이해할 수 있을 것이다.

문제는 자그마한 상징 또는 현상이 커다란 실제 현상을 일으킬 수 있느냐이다. 이 문제에 대해 고찰해 보자. 이는 오늘날 크게 유행하고 있는 카오스 이론에 함유되어 있다.

카오스 이론에 의하면 아주 작은 현상이 거대한 현상을 유발시킬 수 있다는 것이다. 예를 들어 서울 사는 노인이 하품을 하면 이로 인해 제주도에 태풍이 일어날 수도 있다는 뜻이다. 기실 서울에서 재채기를 하면 이로 인해 뉴욕의 거대한 교량이 무너지는 일이 가능하다.

오늘날 과학은 이러한 현상을 실제로 관찰하고 있으며, 카오스 이론이라는 제목으로 깊게 연구하는 중이다. 카오스 이론은 걷잡을 수 없이 전개되는 현상을 연구하는 학문인데, 자연계는 아주 작은 원인에 의해 거대한 결과가 일어나는 구조로 되어 있는 것이다.

하찮은 일이 큰 사건을 유발한다. 부부의 경우 두부를 먹느냐 콩나물을 먹느냐의 다툼이 싸움으로 비화되고, 이로 인해 묵은 감정이 폭발하고, 욕설과 폭력이 오가다가 이혼에 이른다. 순순히 두부를 먹었으면 그만인데, 콩나물 타령을 하다가 종래에는 이혼을 하게 되는 것이다.

빨간 스카프를 매고 산에 갔다가, 그만 강간범을 자극하게 되어 살해당하는 경우도 있다. 스카프는 애인에게 선물로 받은 것인데, 친구와 산에 갔다가 그것으로 강간당한 후 살해되고 만 것이다.

인생이란 이토록 기묘하게 되어 있다. 작은 차이가 시간이 지남에 따라 많은 변화를 이루어 내고, 급기야는 거대한 현상을 일으키고 마는 것이다.

카오스 이론에서 이런 현상을 일컬어 '초기 조건에 민감함'이라고 표현한다. 전 우주로 볼 때 지구의 먼지 하나의 영향을 무시한다면 전체의 운행을 제대로 파악할 수 없는 것이다.

카오스 현상은 우주의 보편적인 현상인데, 민감하고 급격한 변화가 도처에 숨어 있는 것이다. 옛말에 '살얼음 밟듯이'라는 말이 있는데, 이는 지극히 조심하라는 뜻이다.

우주가 카오스적으로 되어 있는바, 어찌 조심하지 않을 수 있겠는가! 우리는 주역을 공부하는 사람으로서 더욱더 긴장을 해야 할 것이다.

여기서 한 가지를 더 생각하자. 미세한 행위가 거대한 결과를 초래한다는 것은 카오스 이론에서 이미 지적하고 있다. 그런데 어떠한 행위가 어떠한 결과를 초래하는지를 어떻게 일일이 살필 수 있느냐이다. 이는 카오스 이론의 핵심적인 문제인바, 작은 것을 보고 미래를 예측하는 작업인 것이다.

어떻게 그것을 찾아낼 수 있을 것인가? 그것은 간단하다. 주역에 있어서는 '징조'라고 하는 것인데, 징조와 실제 일어나는 현상을 연결하는 이론은 현대 과학에 이미 등장하고 있다.

우선 카오스 이론 자체가 그것인데, 징조 이론과 비교해 보자.

(카오스) 미세한 현상 → 거대한 현상
(징 조) 조짐 → 실제 사건

위에서 보는 바와 같이 카오스 이론은 바로 징조 이론이다. 다만 여기에 하나를 추가할 것이 있는데, 미세한 현상 또는 조짐을 해석하는 방법이다.

그것은 프렉탈 이론이다. 오늘날 과학자들에 의하면 자연계의 모든 현상이 프렉탈 구조라는 것이다. 프렉탈이란 전체와 부분이 닮아 있는 구조를 말한다. 이로써 부분을 보고 전체를 그려내는 일이 가능하게 된다.

그런데 주역은 사물을 해석하는 학문인바, 부분의 현상. 즉, 조짐을 해석하여 자연스럽게 전체 현상(실제 사건)을 추리할 수 있는 것이다. 사주 추명이나 관상·수상 등도 실은 이런 원리에 입각하여 성립되고 있다.

예를 들어 보자. 어떤 사람의 태어난 시간이란 그 사람의 극히 일부분의 요소일 뿐이다. 그러나 그것이 만일 그 사람의 전체 구조와 닮아 있다면?

바로 이것이다. 부분이 전체를 묘사하고 있다면 부분을 보고 전체를 밝혀 낼 수 있는 것이다. 만일 인생이 운명에 많은 지배를 받는다면 그 사람의 모습이나 이름·손금 등을 보고 운명의 대강을 그려 낼 수 있을 것이다.

프렉탈 이론에 의하면 자연 현상이란 단위가 있으며, 그들의 구조가 이렇기 때문에 옛날 도인들은 징조를 보고 미래 예측이 가능했었던 것이다.

주역은 마침 징조 해석의 본령이다. 앞서 필자는 주역의 용도란 관상(觀象)에 있다고 역설한 바 있지만 프렉탈적이고 카오스적인 자연 현상을 주역으로 해석한다면 미래를 예측하는 것이 가능할 것이다. 결국 그래서 더욱 열심히 공부해야만 한다.

우리는 그 동안 괘상 자체를 이해하는 데 주력해 왔던바, 이제부터는 그러한 괘상이 사물의 어떤 것에 해당되는지를 열심히 공부해야 한다. 이는 물론 괘상 공부 자체가 잘 되어 있으면 저절로 이루어지는 것이지만, 평소 생활 중에 주변의 현상을 괘상으로 해석하는 훈련을 쌓아야 한다.

예를 들어 구두끈이 끊어진 것이 괘상으로 무엇이냐?

우산이란 괘상으로 무엇이냐?

옷에 흙이 튀긴 것은?

깜빡 늦잠을 자는 것은 무슨 괘상인가?

접시가 깨어진 것은?

돈을 잃어버린 것은? 등등······

우리의 생활 주변에서 일어나는 것은 모두 공부할 거리이다. 무엇이든지 괘상으로 해석할 줄 알아야 하는 것이다.

꿈의 해석도 마찬가지이다. 꿈의 내용이 미래에 일어날 일을 예시하느냐는 둘째 문제이지만, 꿈의 주역적 해석은 가치 있는 일이다. 그리고 만일 자신이 처한 상황을 직접 해석할 수 있다면 이보다 중요한 것은 없을 것이다. 사물의 해석은 오로지 주역의 괘상이어야 한다는 것은 두말할 나위가 없다.

자연의 현상이 프렉탈이라는 것은 외형만을 이야기하는 것이 아니다. 형태는 형태대로, 뜻은 뜻대로 프렉탈을 이루고 있는 것이다. 인간이 사는 사회는 형태보다는 뜻이 중요한 까닭에 프렉탈 구조도 바로 뜻으로 이루어질 수밖에 없다. 주역이란 만물의 뜻을 규명하는 학문인바, 이렇기 때문에 주역은 우주 최고의 학문이 될 수밖에 없다.

여기서 우리 인체의 뜻을 잠깐 살펴보자. 인체란 뜻으로 가득 차 있다. 태도나 인품 등은 마음의 뜻이려니와, 육체에 나타난 여러 가지 현상은 생명체의 뜻이다.

한의학에서 몸 표면의 경혈로 인체를 다루는데, 이는 몸 전체의 뜻이 인체 표면에 반영되어 있다는 데 기초하고 있다. 또한 손이나 귀·발 등에도 인체의 축소판인 연관된 구조로 되어 있는바, 이는 바로 프렉탈을 의미하는 것이다.

오늘 이 시간 이 자리에 있는 나의 뜻은 무엇일까? 이는 인체 밖의 문제로서 더 큰 체계 속에서 뜻을 규명하자는 것이다. 사물의 뜻을 찾는 문제는 언제나 거시적이고 외연적이어야 한다. 자체 구조가 무엇이든 간에 그것이 외부의 다른 사물에 미치는 뜻이 무엇인가를 먼저 생각해야 한다는 것이다.

주역의 괘상이란 객관적인 시각으로 바라봐야만 밝혀질 수 있는 법이다. 객관이란 밖을 향해 살펴보는 것인바, 이로써 작은 것을 보고 큰 것을 알 수 있게 되는 것이다.

이 장에서는 주역의 용도로써 징조를 얘기했고, 그것이 현대 과학에서 갖는 의미를 살펴봤다. 주지하다시피 옛날 도인들의 신통한 능력은 실은 기적이 아니라 평범한 자연 현상을 응용한 것뿐이다. 세상에 신통력이란 과장된 표현인 것이다. 그러나 굳이 신통력이란 말을 쓰고 싶다면 사물을 주역의 괘상으로 표현할 수 있다는 것이 바로 신통력이 아니겠는가!

玉虛眞經 (13)

善用人者 位之下
용병에 능한 사람은 반드시 자신을 낮춘다.

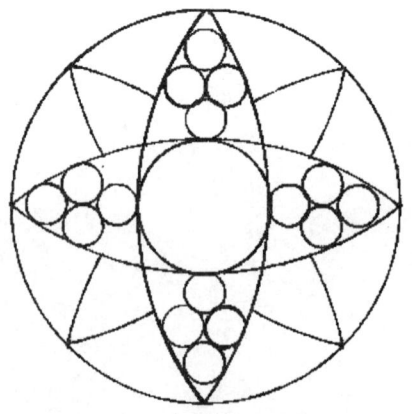

주역이란 무엇인가?

　필자는 오랜 세월 동안 주역을 강의하다 보니 여러 가지 질문을 받는다. 대개의 경우 필요 없는 질문을 받게 되는데, 그것은 그들이 주역의 뜻을 모르기 때문이었다.
　사실 주역이란 참으로 어렵다. 내용 자체가 어렵지만 그것이 도대체 무엇이며, 무엇에 쓸 것이냐 하는 것은 더욱 어려운 것이다. 그래서 사람들은 자기 나름대로 중요하다고 생각한 것을 묻고 있다. 하지만 필자가 보는 바에 의하면 그들은 몰라도 너무 모르고 있는 것이다.
　주역이란 무엇일까? 30년 전 필자는 주역의 뜻을 아주 조금 알았을 때 깜짝 놀라고 말았다. 이토록 중요한 학문이 세상에 있다니! 필경 먼 옛날 공자도 이와 같이 놀랐을 것이다.
　사물을 괘상으로 표현하는 방법! 이는 주역의 용도만을 생각해 보면 별게 아닌 것처럼 여겨질 수 있다.

　예를 들어 의사가 주역을 치료에 응용하였다고 하자. 이 때 사람들은 치료 자체에 비중을 둔다. 치료되는 원리는 감동할 바가 못 되는 것이다.

　병법에 있어서도 마찬가지이다. 제갈공명은 주역을 병법에 응용하였는데, 그의 승리만 돋보였을 뿐이다.

　세상 사람들은 언제나 용도를 먼저 생각하는 것이다. 그러나 주역은 용도보다 그 자체가 더욱 중요하다.

　예를 들어 닐스 보어는 주역을 이용하여 자연과학을 발전시켰지만, 그래서 주역이 소중한 것은 아니다.

　상당히 어려운 얘기인데, 공자는 두말할 것도 없이 주역 그 자체에 결사적으로 뛰어들었다. 주역이 너무나 중요했기 때문이었다. 주역이란 어느 곳에도 응용할 수 있겠지만 응용보다는 그 자체에서 천지의 섭리를 알 수 있으니 그 보다 더한 소득은 있을 수 없다.

　인생이란 발전하기 위해서 존재하는바, 천지 자연을 깨달아 정신이 향상된다면 무엇을 더 바라겠는가! 물론 주역을 응용하여 세상에 많은 일을 성취한다면 그 것은 큰 공적이 될 것이다. 하지만 밖으로 써먹지 못한다 하더라도 이미 속으로 갖추어 놓은 것이니 그 자체로 가치가 있는 것이다. 주역이란 이런 태도로 공부해야 한다.

　어떤 의사는 이렇게 말했다.

　"주역이 치료에 도움이 되지 않는다면 주역 공부를 할 필요가 없다."

　이는 참으로 어리석은 말이다. 치료는 물론 중요하다. 하지만 직업을 위해 인생이 있는 것이 아니다. 의사가 일억 명을 치료할 수 있겠는가! 설사 그렇게 한다 하더라도 그것은 그저 치료일 뿐이다. 주역이란 치료를 위해 존재하는 것이 아니다.

어떤 점쟁이는 이렇게 말한다.

"주역이 점치는 데 도움이 되지 않는다면 뭐 때문에 공부해?"

미용사는 이렇게 말할 것이다.

"주역이 미용에 도움되지 않는다면 공부할 필요가 없다."

주방장은 또 이렇게 말한다.

"주역이 음식 만드는 데 도움되지 않는다면 절대 공부하지 않겠다."

참으로 어리석은 생각이다.

인생이란 무엇인가? 자기 활동을 훌륭히 하는 것도 좋지만 직업이란 수단일 뿐이다. 물론 사는 수단을 위해 주역이 큰 도움을 주는 것이지만, 이는 본말이 전도된 것이다.

주역은 그 자체로써 인간에게 깨달음을 주고 있다. 이것은 성인의 길이거니와 인생에 이 보다 더 소중한 것은 있을 턱이 없다. 공자는 이렇게 말했다.

"군자는 하나의 그릇으로 쓰이는 게 아니다."

이는 인간의 용도보다는 인간 그 자체의 가치를 논한 것이다. 인간의 가치란 반드시 행동 결과로 평가되는 게 아니다. 인간의 가치는 깨달음이고 인격일 뿐이다.

필자의 제자인 어떤 사람은 오로지 장구 치는 일에 인생을 바치고자 하는데, 그는 주역이 장구 치는 일에 별 도움이 안 되기 때문에 흥미를 잃어가고 있는 중이다.

그가 만일 일생을 살다가 죽는다면 공자처럼 주역을 깨달아 성인이 되는 것이 나을까, 아니면 장구 실컷 치고 박수 실컷 받다가 죽는 게 나을까?

주역이란 결코 수단이 아니다. 수단이 될 수도 있다는 것뿐이다. 그것을 무엇에 써도 좋다. 하지만 깨달음 그 자체보다 중요한 것은 있을 수 없다.

깨달음, 인격적 향상은 인생의 목적인 것이다.

이쯤 하고 괘상 공부로 들어가자.

여기 어떤 사람이 있는데, ☷ 이라는 운명을 가졌다고 해 보자. 이는 어떤 인생을 살 것인가? 간단하게만 얘기해 보자.

☷ 은 물이 그릇 속에 들어 있는 모습이다.

안정을 상징한다. 이 사람은 직장이나 가정으로부터 보호받으며 평온하게 살 것이다. 괘상이 바로 그것을 상징하고 있기 때문이다. 만일 어떤 사람의 운명이 ☵ 라면 심히 불안정한 삶을 살아갈 것이다.

우리는 그 동안 괘상의 뜻을 열심히 공부해 왔기 때문에 이제는 어느 정도 괘상에 부합되는 사물을 찾을 수 있다. 이는 괘상 자체의 뜻을 깨달아 가는 과정이다. 괘상을 모르면 사물을 해석하는 데 적당히 둘러댈 수밖에 없다. 이래서는 영원히 괘상을 깨달을 수 없다. 모르면 모를 뿐이어야지 엉터리로 괘상을 해석하면 안 되는 것이다.

예전에 필자는 어떤 사람이 비아냥거리는 말을 들은 바 있다.

"주역의 괘상이란 귀에 걸면 귀고리, 코에 걸면 코고리라서 완전히 맞는 해석은 없는 것 같다."

참 우스운 얘기이다. 그 사람 눈에는 괘상을 해석하는 데 원칙이 없는 것처럼 보이는 것이다. 어리석은 사람은 이토록 어리석을 수 있다는 것을 보여 주는 단적인 예가 아닐 수 없다.

괘상이란 원래 뜻이 광대하므로 그렇게 느낄 수도 있을 것이다. 그러나 A는 A이고 B는 B일 뿐이다. 어느 사물은 A이고 어느 사물은 B라는 것은 절대 원칙에 의해 구분되어 있는 것이다. 어리석은 사람을 이해는 할 수 있다.

괘상이란 두루뭉수리해서 쉽사리 구분 원칙이 발견되지 않는 법이다. 그래서 그토록 철저한 논리를 사용하고 있는 것이다. 만일 수학이나 과학의 정밀한 논리를 사용하지 않는다면 아닌게 아니라 그 사람처럼 괘상이 구분되지 않을지도 모른다. 그렇기 때문에 다시 한 번 강조하거니와, 괘상이란 다른 괘상과 철저한 비교가 이루어져야 한다.

비슷하다고 같은 것은 아니다. 비슷해 보이는 것은 수리 논리가 아니라, 언어 논리를 사용하기 때문이고, 또한 자세히 모르고 비교하기 때문인 것이다.

우리는 그 동안 아주 철저하게, 또는 번거롭게 괘상 비교를 해 왔는데, 그 동안의 방법도 실은 느슨한 것이다. 더욱 철저히 해야 한다. 나중에 절실히 깨닫게 되겠지만, 그 동안 전개해 왔던 괘상 해석 방법론은 절대 필요한 것이다. 그것은 꼭 필요하고 그렇게 할 수밖에 없었기 때문에 책에다 펴놓았을 뿐이다.

더 쉽고, 더 중요한 방법이 있다면 그렇게 했을 것이다. 하지만 그 동안의 방법보다 괘상을 더 잘 이해하는 방법은 결단코 없다. 다만 이 장에서는 다소 쉬운 논리로 괘상을 해석해 볼 것이다.

그러나 적당히 넘어가는 일은 있을 수 없다. 어디까지나 정밀하고 정확할 뿐이다.

다음 괘상을 보자.

☷과 ☶의 두 괘상은 비슷하다. 하지만 다른 괘상이다. 어떻게 해석할 것인가?

먼저 ☷을 보면 숲 속이나 안개 속, 혼란 속을 헤매고 있는 사냥꾼의 모습이다. 사냥꾼이 아니고 그냥 사람이라고 해도 된다. 그뿐이 아니라 사람 말고 벌레·사슴이라고 해도 상관없는 것이다. 생물이 아니고 자동차나 비행기·탱크라고 괜찮다.

어째서 ☷을 그토록 다양하게 말할 수 있는가? 이는 ☷에 대해 적당히 둘러대는 것이 아니다.

☷의 뜻이 움직이고 있는 그 어떤 것이기 때문에 사람이든 짐승이든 집단이든 개인이든 비행기든 탱크든 상관없는 것이다.

움직인다는 것도 공간을 이동하고 있는 것만을 뜻하지는 않는다. 공장 안에서 열심히 일하고 있는 것도 해당되고, 마음 속으로 노력하는 것도 해당되는 것이다. 움직임이란 활동이라는 뜻이거니와, 뱃속의 어린이가 자라고 있는 것이라거나, 땅 속의 씨앗이 발아하고 있는 것도 모두 활동하는 것에 해당된다.

물질이 아니고 생명 그 자체라고 해도 되고 보이지 않는 사물이라 해도 상관없는 것이다. 요점은 움직이는 것인데, 우리는 ☷을 값

1이라는 추상체로서 파악하고 있다.

값 1이라는 것은 움직임을 표현하는 것이다. 무엇이 움직이느냐는 문제가 아니다. 1이 움직이는 것이고, 움직이는 것이 바로 1일 뿐이다.

이번에는 괘상 ☷을 살펴보자. 이 괘상은 아래가 ☷으로 되어 있다. 이는 정지를 상징하는 추상물이다.

값이 －5이려니와, 이는 움직이지 못하는 무거운 사물이다. 따라서 ☷은 숲속에 빠져서 완전히 기력을 상실한 모습이다.

반면 ☶은 숲 속에 빠져 있지만 열심히 움직임으로써 헤어날 희망이 보이는 것이다.

☶은 비록 움직임이 조금 있다 하더라도 희망이 없는 것인데, 여기서 중요한 것이 하나 있다. 움직임의 뜻인데, 움직여도 제자리걸음일 경우는 ☷으로 표현하는 것이다.

움직임이란 결과를 향해 움직여야 뜻이 있는바, 의미 없는 움직임은 움직이나마나여서 정지라고 말해도 되는 것이다. 주역은 이 점에 착안하고 있다.

☷은 숲 속에 빠져 꼼짝할 수 없는 모습인바, ☶과 차이가 극명하게 드러나고 있는 것이다.

☷은 정지, ☶은 움직임, 이는 단순한 내용이지만 움직여도 효과가 없으면 ☷이고, 정지해 있어도 그로 인해 효과가 발생하면 ☶이라는 논리가 숨어 있다.

뱃속에 있는 아이는 출산을 향해 열심히 움직인다는 실용적인 뜻이 있는 것이다.

이제 ☵와 ☰의 뜻을 대충이나마 이해할 수 있는가? 어떤 사람은 자신 있게 그렇다고 대답할 것이다. 그러나 아직 멀고도 멀다.

주역의 괘상이란 어느 때는 알기 쉽다가도 상황이 달라지면 모르게 된다. 그렇기 때문에 수리 논리를 사용하여 철두철미하게 분석하고 또 분석하고 있는 것이다.

우리는 지금 ䷽과 ䷼의 뜻을 비교함으로써 각각을 이해하고 있는 중이다. 값으로서 1과 -5의 차이, 움직임과 정지의 차이 등을 조사함으로써 괘상은 점점 규명되고 있다.

이제 ☵에 대해 생각해 보자.

䷽과 ䷼의 두 괘상은 공통적으로 ☵을 위에 배치하고 있는데, 뜻이 같은 것일까? 물론 같다. 하지만 하부 구조가 다르기 때문에 상대적인 의미의 차이를 나타낸다.

䷽을 보면 이는 물고기가 그물에 걸린 모습인데, 이 때 ☵은 튼튼한 그물을 상징한다. 아래 있는 ☶이 꼼짝 못 하는 뜻이 있기 때문에 상대적으로 위에 있는 ☵이 강한 뜻이 성립되는 것이다.

반면 ䷼에서 ☵은 약한 의미가 있다. ☳이 활동하여 극복하게 되기 때문이다. 이 과정을 더욱 상세하게 추적해 보자.

䷼에서 아래의 ☳는 어떻게 될까? 그것은 아주 단순하게 표현된다. 즉, ䷼ → ䷽이 과정은 ☳이 꾸준히 노력하여 마침내 난관을 벗어나는 것을 보여주고 있다.

원전의 괘명도 그렇게 되어 있는바, ☵과 ☳의 위치에 따라 의미가 그토록 달라지는 것이다.

다시 보자.

☷☵, 이는 혼돈 상태이다.

☵☷, 이는 벗어난 상태이다.

무엇이 차이가 있는가? ☵이 위에 있느냐, 아래에 있느냐에 따라 달라지는 것이다.

☵의 성질은 하향인바, 아래로 내려가면 작용을 나타내게 되어 있다. 그래서 ☷☵은 위에 있는 ☵이 내려오면서 ☷을 덮치고 있는 것이다.

반면 ☵☷에서는 ☵이 아래 있어서 위에 있는 ☷에 덮쳐 가지 못한다. 뿐만 아니라 ☵의 성질이 상향이어서 아래 있는 ☵으로부터 벗어나고 있는 것이다.

다음을 보자. ☷☵, ☵☷, ☶☵ 에서 ☶은 ☷과 ☵를 비교함으로써 뜻이 더욱 분명해지고 있다. 괘상을 다른 괘상과 비교하는 것은 원래 스스로의 뜻을 더욱 분명히 하고자 하는 것이려니와, 비교는 아주 폭넓게 철저히 이루어져야 하는 것이다.

☶☵ 에 대해 살펴보자. 꼼짝 못 하고 있는 모습이 조금 지나면 어떻게 될까? 상황이 개선되는 것으로 생각해 보자. 그 것은 다음과 같이 표현된다. ☶☵ → ☵☶, 이 과정은 꼼짝 못 하는 상황에서 다소 풀린 모습이다.

☵☶의 뜻은 어떠한가? 먼저 유의할 것은 ☵이 아래에 있다는 것이다.

☵은 이미 험난하게 덮쳐 오는 위치에 있지 않다. 그러므로 위험은 이미 사라져 있다. 다만 한 가지 문제가 있다.

위에 있는 ☶을 보라. ☶의 성질은 정지인바, 직접 닥쳐오는 위험은 피했다 하더라도 스스로 멀리 피할 생각은 하지 않고 있는 것이다.

다음을 보자. ☵ ☷, 두 괘상은 모두 위험한 고비는 넘겨 있다. 그러나 그 다음부터 차이가 있다.

☷는 벗어나서도 멀리 가려고 노력하고 있다. 하지만 ☵은 벗어난 다음 멍청하게(?) 서 있는 것이다. 어찌할 바를 모르는 모습이다. 원전에서는 ☵을 갓 태어난 어린아이의 상태로 묘사하고 있다.

다시 보자. ☷는 위험으로부터 벗어나고 또한 멀리 달아나고 있다. ☵은 발아래 험난을 보고도 대책을 못 세우고 있다.

자칫하면 다시 위험에 빠질 우려가 있는 것이다. 철없는 어린아이의 모습이 아닌가!

이상에서 우리는 4가지 괘상, 즉 ☵, ☷, ☵, ☷를 살펴보았는데, 원전에서는 이를 극단적으로 비교하고 있다.

다음을 보자. ☵ 와 ☷은 원전에서 앞뒤로 배치되어 있는바, 그 뜻이 돋보이고 있다. ☵은 험난에 갇혀 꼼짝 못 하고 있다. ☷은 험난에서 벗어나 멀리 달아나고 있다.

다음을 보자. ☵, ☷, 두 괘상이 선명한 대비를 이루고 있다. ☵은 험난 속에서 열심히 움직이고 있는 것이다. ☷은 험난에서 벗어났지만 어쩔 줄 모르고 있다. 지친 탓일까? 그럴 것이다.

이상으로 4개의 괘상은 뜻이 더욱 분명해졌는가? 적당하게 둘러댈 여지는 있었는가?

그럴 수 없었을 것이다. 각 괘상은 엄연한 특징이 있고 기준이 있다.

철두철미하다고 느낄 수 있는가?

그렇지는 못 하다. 상당히 부족하다. 더욱더 정밀해야만 괘상의 극의를 깨달을 수 있는 것이다.

玉虛眞經 (14)

含德之厚 比於赤子
덕을 두텁게 간직함은 갓난아이와 같아야 한다.

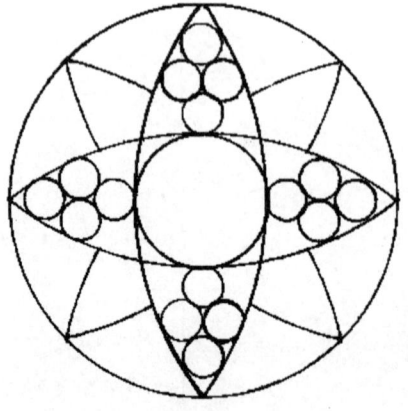

괘상의 내부

공자는 말했다.
"일하고 남은 시간에 공부하는 것이다."

맞는 말이다. 일이라고 하는 것은 먹고 살기 위한 것이니 필수적이다. 생존 자체가 위협받는 상황이라면 공부고 뭐고 겨를이 없을 것이다.

하지만 일이라는 것, 먹고 사는 수단과 직업 등이 해결되면 공부를 해야 한다는 것은 더 말할 나위가 없다. 인생은 정신적으로 발전하기 위해 존재하는 것인바, 정신적 발전은 오로지 공부를 통해서 이루어지기 때문이다.

공자는 일찍이 인간의 완성을 지(智)와 사랑(仁)과 용기(勇)라고 가르쳤다. 여기서 용기는 행동이라면 사랑은 그 속에 포함된 의미이고, 지혜는 그것을 이루는 수단을 제공해 주는 것이다.

공자는 또 말했다.

"인자(仁者)가 보면 인이라 하고, 지자(智者)가 보면 지라고 말한다. 그러므로 군자의 도를 아는 자는 드물다."

여기서 군자의 도란 무엇일까? 그것은 필경 지혜와 사랑이 하나로 융합된 경지를 말하는 것이리라.

이로써 인생의 목적은 분명해진다. 사람으로 나서 먹고 번식하는 것이 전부라면 한낱 짐승과 다를 바가 없을 것이다. 짐승은 생의 목적이랄 것이 없고, 그저 살아가면서 번식만 하거나 죽지 못해 살고 있을 뿐이다.

현대 과학에 있어 생물의 정의를 보면 생물이란 성장하고 번식하는 존재라고 말한다. 단순하지만 더 할 수 없는 완벽한 정의이다. 이 정의에 의하면 인간은 생물이 틀림없다.

그러나 만물의 영장인 인간은 단순히 겉보기 조건에 의해서만 정의해서는 안 될 것 같다. 무엇보다도 인간은 영혼이 있으며, 그것의 발전에 따라 성인이 되거나 혹은 악인이 되기도 하지 않는가!

동물에게는 본능만 있을 뿐 굳이 선악을 논할 필요가 없을 것이다. 개가 지옥에 갔다거나, 전갈이 지옥에 갔다거나 하는 얘기가 없는 것만 봐도 동물의 행동에는 큰 의미를 부여할 필요가 없는 것 같다.

하지만 인간에게는 생의 뜻이 있다. 그리고 그것은 동물과는 다른 그 무엇일 것이다.

그 것은 바로 인격이다. 인간은 죽는 날까지 공부를 해야 하는바, 공부란 먹고 사는 수단을 의미하지 않는다. 그것은 바로 공자가 말한 공부를 의미하거니와, 인격을 포함한 절대 지혜의 체득을 뜻하는 것일 것이다.

어떤 사람은 평생 사는 데 필요한 공부만 일삼는데, 이는 실로 어리석은 일이 아닐 수 없다. 사는 데 필요한 공부는 적당한 수준에서 이루어지면 그만이다. 물론 해당 분야에서 최고가 되기 위해서는 노력 외에 타고난 소질도 있어야 할 것이다.

그러나 제아무리 명성을 얻는다 하더라도 그것이 한낱 삶에 필요한 재주에 불과할 때 그것에 무한한 노력을 기울인다는 것은 인생이 너무 아깝다. 물론 도둑질이나 하면서 인생을 낭비하는 것보다는 낫겠지만, 먹고 사는 일이 전부라면 짐승과 다를 것이 하나도 없다.

인생은 모름지기 공부를 해야 하는 것이다. 물론 공부라는 것은 생사를 초월한 절대 지혜를 의미한다.

공자는 이렇게 가르쳤다.

제자 문 : 가난하면서 아첨하지 않고, 부자이면서 오만하지 않다면 어떻겠습니까?

공자 왈 : 그것은 가하다. 하지만 가난하면서도 여유가 있고, 부자이면서도 공부를 좋아하는 것만 못 하다.

이 대화에서 무엇을 알 수 있는가? 먹고 사는 일, 즉 부자가 된 후에는 공부를 하라는 것이다. 그뿐이 아니다. 비록 가난하다 하더라도 여유를 내서 공부를 하라는 것이다.

여기서 말하는 공부란 영어라든가, 법률이라든가, 컴퓨터라든가, 미용술이라든가, 양복 만드는 법이 아니다. 생사를 초월한 공부, 절대 지혜 등 성인으로 향하는 공부인 것이다.

세상에 그러한 공부는 많다. 옛 성인의 경전을 공부한다거나, 성직자가 된다거나, 도인이 된다거나 하는 것이 바로 그런 공부이다. 그 중에서도 주역 공부는 최고 중의 최고에 해당된다.

슬슬 시작하자. 주역 공부를 하는 사람은 처음에 열심히 글을 읽고 나중에는 괘상의 뜻을 알고자 한다. 필자도 그러한 과정을 밟아 왔지만, 괘상의 뜻을 알고자 한다는 그 자체만으로도 공부가 상당히 된 사람이다.

어떤 사람은 평생 괘상을 설명한 글에 매달려 떠날 줄 모른다. 이 얼마나 어리석은가! 괘상을 설명한 글이 이해가 안 된다면 달리 방법을 구해야 하지 않겠는가!

달이 있는 위치를 가리키는 방법은 '동쪽'이니, '서쪽'이니, '남산 위'이니 하는 식으로 여러 가지가 있을 수 있다. 직접 손가락으로 가리키면 가장 좋다. 물론 손가락만 들여다보고 있어서는 안 된다. 그 뜻을 알아야 하는 것이다. 물론 주역의 괘상을 설명한 글이 방향을 알 수 없게 되어 있다면 방법을 달리 해야 한다.

우리는 그 동안 열심히 그 길을 걸어왔는데, 지금쯤은 괘상에 대해 상당히 이해가 깊어졌을 것이다. 그렇게 되면 자연스럽게 효(爻)에 대해 알고 싶어진다. 효란 괘상을 이루고 있는 근본 구조이기 때문이다. 사실상 주역 공부란 효를 이해하는 데서 완성된다.

독자들도 머지않아 효에 도전해야 할 것이다. 그러나 여기서 생각해 보자. 지금 스스로에게 물어 보라. 괘상에 대해 완벽하게 이해했는가? 아니, 완벽하지는 않더라도 어느 정도 자신 있게 말할 수 있는가? 중요한 문제이므로 공연히 용기를 내서는 안 된다. 괘상을 완벽히 알지 않고 효에 달려들면 알고 있던 괘상의 뜻도 잊어버린다.

필자는 초학 시절 섣부르게 효에 달려들었다가 수십 번의 좌절을 맛보았다. 그 이후 더욱더 필사적으로 괘상에 매달렸거니와, 나중에 괘상을 완벽하다 할 만큼 이해하고 보니 효라는 것은 아무 문제도 아니었다.

괘상을 확실히 알면 효는 바로 그 날로 깨닫게 된다. 이는 인간의 인식 구조가 무의식 중에 내부 구조를 바탕으로 이해하기 때문이다. 괘상을 철두철미하게 이해하면 효라는 것은 눈녹듯 저절로 풀리는 것이다. 염려할 것도 없고 급할 것도 없다. 다만 이 장에서는 조심스럽게 효에 대해서도 언급할 것이다.

☶ 는 앞장에서 공부한 것이다. 뜻이 무엇인가? 위험을 벗어나 멀리 떠나고 있는 모습이다.

우리는 이것을 이해하기 위해 ☶ 와 ☷ 을 비교한 바 있었다. 두 괘상 중 ☶ 은 ☷ 과 비교하여 생동하고 있는 것이다. 따라서 ☶ 는 위험을 등지고 떠나고 있는 것이다.

반면 ☷ 은 위험을 바라보며 슬슬 뒷걸음치고 있는 모습이다. 뒷걸음이란 말에 당혹할 필요는 없다. 망설임이란 마음 속으로 뒷걸음치거나 뒷걸음칠 준비가 되어 있는 것이다.

뜻은 선명하다. 주역에서는 그 것을 ☷ 으로 표현한다.

다시 묻자. ☶ 는 어떤 괘상인가? 그것은 ☷ 과 비교함으로써 아주 선명해질 수 있었다. 이제 그것을 더욱 강화하자.

다음 괘상을 보자. ☵ 은 무엇인가? 괘상의 모습은 물 위의 바람, 또는 물 위의 나무이다. 이것은 무슨 뜻이 있는가? 물 위의 나무는 물을 두려워할 필요가 없다. 물은 결코 나무를 이길 수 없다. 나무가 아니고 바람이라면 더욱 그렇다.

다음을 보자. ☵과 ☵를 비교해 보면 위쪽이 ☴과 ☳으로 되어 있다. 두 괘상 중 어떤 것이 안전해 보이는가? 바람과 우레는 어느 것이 더 무거운가? 무거운 것일수록 물을 만나면 위험한 법이다.

다시 묻자. ☴과 ☳은 어떤 것이 더 무거운가? 무게를 달아봐야 안다고? 그러지 말자. 그 동안 공부한 것이 무엇인가? 단군 팔괘도를 상기하자.

☴ → 5.
☳ → 1.

위는 값을 표시한 것인데, 둘 다 양값이다. 누가 큰가? 양값이 크다는 것은 가볍다는 뜻인바, ☴이 훨씬 가볍다는 것을 알 수 있다. 구체적으로 비교하면 5와 1이다. 말로 백 날 해 봐야 이보다 좋은 해설은 나오지 않는다.

이제 두 괘상을 비교하자. ☵과 ☵ 중 어느 것이 더 안전한가? 뻔하다. ☵이 훨씬 더, 5배만큼 확실하게 안전한 것이다. 이로써 ☵의 뜻이 더욱 분명해졌다.

다시 보자. ☵ → ☵ → ☵ 의 과정은 점점 더 안전한 상태로 가는 것을 보여 준다. ☵가 비록 ☵보다는 안전하지만 ☵에 비하면 아직 부족한 것이다. 원전에 보면 ☵의 괘명은 풀릴 환(渙)이다. 그야말로 훌훌 벗어던진 것이다.

☵도 물론 풀린 모습이지만 추적당할 우려가 있다. 하지만 ☴은 추적으로부터 재빨리 멀어질 뿐 아니라 잡힌다 하더라도 만에 하나 걱정이 없다. 물이 바람을 잡아놓은들 얼마나 견디겠는가!

이제 여기서 괘상의 내면을 잠깐 살펴보자. ☵과 ☴ 중 아랫부분은 제쳐놓고 위만 따져 보자.

먼저 ☵을 보라. ☵는 음이 위에 있고 양이 아래 있다. 양은 강력한 힘으로 음을 짊어지고 있는 것이다. 그래서 총체적으로는 양값을 갖는다.

하지만 부분으로 들어가 보면 ☵은 양이 아래에 갇혀 있는 모습이다. 양이 아무리 강하다 하더라도 앞에 장애물이 있다는 것은 갑갑하지 않은가! 여기서 우리는 ☵의 아래에 있는 양의 입장을 이해할 수 있을 것이다.

다음 괘상을 보자. ☴은 어떤가? 양이 위에 있어서 막아서는 음이 없다. 시원히 뚫려 있는 모습인 것이다. 앞에 가로막는 적도 없고, 뒤에서 쫓아와 봤자 물리칠 수 있으니 아무런 걱정이 없다. 아무런 거리낌이 없는 것이다.

하지만 여기서 잠깐 다른 면모를 보자. ☴은 비록 안전하기는 하지만 만일 가정이 이와 같은 상황이라면 어떻겠는가? 남자는 거리낌(?)없이 밖으로 나설 수 있고, 여자(☴)는 그것을 막아 설 방법이 없다. 다 된 집안이다. 부부 관계를 점을 칠 때 ☴이 나오면 이혼을 의미한다. 물론 번거로운 내연의 관계를 정리하게 될 때도 이러한 괘상이 나온다. 그만하자. 우리는 지금 괘상 자체의 뜻을 공부하는 중이지 구체적인 응용 사례를 공부하자는 것은 아니다.

다시 보자. ☷ → ☷ → ☰ 이 과정은 풀려 나가는 모습을 보여주는데, 구체적인 값은 -5 → 1 → 5이다. -5는 무거운 것을 뜻하고 5는 가벼움을 뜻한다.

시각적으로 비교해 보자. ☳, ☱ 무엇이 보이는가? 아래쪽은 같으니까 볼 것 없고 위를 보자.

☳과 ☱인데, 둘은 공통성이 있다. 양이 위에 있다는 것이다. 하나와 둘인데, 그 힘은 대단한 차이가 있다. -5와 5, 이는 무려 10이나 차이가 난다. 어떠한 까닭인가? 단군도의 논리이려니와, ☱은 앞서가는 양을 뒤에서 잡아당기고 있다.

따라붙는다고 해도 되고 마음 속의 미련·망설임이라고 해도 된다. 결과적으로 움직임이 정지된 것이다.

반면 ☳은 양 두 개가 달리고 있어서 도저히 잡아놓을 수가 없다. 그래서 ☳은 완전히 빠져나온 것이고, ☱은 망설이고 있는 것이다.

그렇다면 ☴과 ☶는 어떻게 되는가? 보다시피 ☴은 앞에 양 두 개가 막아서고 있다. 그렇다면 ☶보다 전진에 지장이 많은 것이 아닌가! 그럴 듯하다. 그러나 그게 아니다. ☴의 아래에 있는 양은 힘이 아주 강하다. 어째서이냐고? 위치 에너지가 낮아서 그렇다. 양이란 상향성인바, 아래 있을수록 복귀력이 강한 법이다.

그렇다면 ☶은 어떻게 되는가? 양이 위에 있어 위치 에너지가 낮지 않은가! 걱정할 필요 없다. 이번에 필요한 것은 활동 에너지이다. 왜냐고? 단군 팔괘도의 논리를 다시 보라. 자세히 설명되어 있다. 논리는 추호도 빗나가지 않고 있는 중이다.

☶은 아래에서 잡는 힘이 너무 커서 전체적으로 정지되어 있는 모습이다. ☳은 비록 앞에 막아서 있지만, 돌파력이 강해서 전체적으로 움직이는 모습이다.

반면에 ☰은 앞에 아무도 막아서는 자가 없고 해방된 에너지가 거대해서 전진이 순조로운 것이다. 이상과 같은 의미 해석에 있어 중요한 것은 각 부분이다.

☶에서는 아래의 양과 위의 음이다. 각각 처한 입장이 다른 것이다.

☳에서는 위의 양과 아래 있는 음의 입장이 다르다.

☳에서도 상황은 같다. 위의 양, 아래 음으로 구분되어 있다. 이와 같이 구분되어 있는 상황을 잘 해석할 수 있다면 그것이 바로 효의 해석이다.

☶에 있어서는 먼저 위의 양 하나를 이해하는 것이고, 그 다음으로 아래 음 둘을 이해하면 된다. 음이 둘이라서 번거롭지만 ☷은 양과 접해 있는 음과 뚝 떨어져 있는 음으로 나뉘어져 있으니 입장이 분명히 다르다. 이러한 것은 대성괘를 공부하기 전 8괘를 공부하면서 익혀야 한다.

간단히 설명하자면 다음과 같다.

☶에 있어 맨 위에 있는 양은 아래 있는 두 음에 잡혀 있지만 한편으로는 끌고 올라가는 모습이다. 마치 지휘자가 부하를 이끌고 있는 상황인 것이다. 이 때 맨 위의 양은 총사령관이고, 그 다음에 있는 음은 장교 또는 간부라고 할 수 있다. 그리고 맨 아래 있는

음은 졸병인 것이다. 맨 아래 있으므로 낙오될 가능성이 많다. 이끌림이 멀기 때문이다.

괘상은 이런 식으로 해석하는 것인데, 효 해석에 잘못 들어갔다가는 거짓말 재주만 늘어난다. 차라리 괘상의 총체적 의미만 확실히 통달한다면 효의 뜻은 저절로 깨닫게 되는 법이다. 왜냐 하면 괘상의 내면에 있는 효가 달리 어디로 갈 수 없기 때문이다.

다시 보자.

☶, ☷, ☰은 윗부분이 각각 -5, 1, 5의 값을 갖는바, 이 값의 비교를 통해 각 괘상의 성질을 더욱더 선명하게 이해할 수 있었다. 값이 싫은 사람은 산이니 우레니 바람이니 해도 상관없다. 하지만 그와 같이 언어로써 괘상을 이해하려고 하는 사람은 평생 주역을 통달할 수 없으니 두고 보라.

악담이 아니다. 필자는 독자들이 큰 깨달음을 얻기를 바라는 마음에서 이 글을 쓰고 있다. 당초 인간의 언어라는 것이 완벽한 것이 아니라서 괘상이라는 것이 등장했다.

그런데 괘상을 해석하기 위해 오히려 언어를 사용한다면 모처럼 만들어진 괘상을 언어 속으로 끌어내어 없애 버리는 결과가 되는 것이다. 부디 수리 논리의 위력을 깨닫기 바란다.

다시 나아가자. 우리는 방금 값 -5, 1, 5 등으로 괘상을 이해했는데, 이왕이면 -5, -3, -1, 1, 3, 5 등으로 계속된 수열값으로 이해하면 더욱 좋지 않겠는가?

일리 있는 생각이다. 그러나 틀렸다. 왜냐 하면 사물이란 그렇게 배열한다고 이해되는 게 아니다. 인간의 인식 구조라는 것이 있기 때문이다. 우리의 인식 구조는 그토록 완벽하게 되어 있지 않다. 인간은 겨우 조금씩 수리 논리를 이해할 수 있게 되어 있을 뿐이다.

당초 ☷를 이해하기 위해서 ☱과 비교하는 것으로 충분했다. 시원한 탈출이냐, 혹은 머뭇거리느냐 정도면 상황을 이해할 수 있지 않은가!

또한 ☷과 ☱에 있어 숲 속에 갇혀서 꼼짝 못 하는 것과 돌파하기 위해 열심히 노력하는 것을 비교하면 그만인 것이다.

그런데도 굳이 ☱을 끄집어낸 것은 ☷라고 해서 다 끝난 것이 아니라는 것을 밝히고자 했을 뿐이다. 물론 -5, -3, -1, 1 등으로 계속되는 괘상을 몽땅 이해한다면 그보다 좋은 일은 없다. 하지만 우리의 인식 구조가 그토록 잘 짜여져 있지 않다. 오히려 우리가 주역을 공부해 가면서 우리의 인식 구조를 바꾸어 가는 것이다. 여기에 주역을 공부하는 중대한 의미가 숨어 있다. 다만 그것은 요원한 일이고, 우리는 괘상을 이해하기 위해 어느 정도 이해될 수 있는 것과 비교해야 하는 것이다.

앞서 ☱을 이혼하는 상황과 대비해 본 바 있는데, 벗어난다는 것과 헤어진다는 것은 다른 의미이다. ☱는 벗어난다는 의미이니 벗어나서 좋다는 뜻이고, ☷은 헤어진다는 뜻이니 헤어져서 나쁘다는 뜻인 것이다. 물론 헤어진다고 다 나쁘고, 벗어난다고 해서 다 좋은 게 아니다. 단지 적용되는 곳이 다르다는 것을 이해하면 된다.

주역은 이래서 어렵다. 잘 아는 듯하다가도 다른 상황이 되면 다시 애매해지는 것이다. 그러나 진정 괘상에 통달한다면 자유 자재할 뿐 막힘이 없을 것이다.

다음을 보자. ☴과 ☵은 비교할 만한 것이다. 각각은 무슨 뜻이 있는가? 아랫부분이 같고 ☵은 앞서 살펴본 바 있었다. 여기에서는 ☴과 비교해 보려는 것이다. 요점은 ☴과 ☵이다.

이들에 대해 알고 있는가? 주역 원론 제1권에서 충분히 얘기한 것이다.

☴은 풀려 나간 것이고, ☵은 담겨 있는 것이다. 따라서 ☵은 정체되어 있는 모습이다. 여기서 담겨 있다는 것과 정체되어 있다는 것은 형상은 같은데 쓰임새가 다를 뿐이다.

물이 호수에 담겨 있으면 안정된 것이다. 그러나 가뭄에도 그러한 상태라면 쓸모가 없다. 연못이란 관광을 위해서 있는 것이 아니다. 어린아이가 집에서 보호받고 있으면 ☵인데, 보호가 지나쳐서 문 밖 출입이 아예 금지되어 있으면 그것은 보호가 아니라 가두어 놓은 것이다. 괘상이란 뜻을 보는 것이지 형상을 기계적으로 바라보는 것이 아니다.

계속하자. ☴은 벗어난 모습인데, ☵과는 대조적이다. ☵은 물을 가두어 놓았을 뿐 아니라 자신도 갇혀 있는 상태이다. 죄수를 지키는 간수도 실은 올 데 갈 데 없이 갇혀 있는 꼴이다.

☴은 바람이 물에서 벗어난 모습이기도 하지만, 물 위를 지나갈 때, 물을 흩어 놓기도 한다. 다소 어려운 내용인데, 괘상이란 위아래의 입장이 비슷하고 더 깊게 들어가서는 6개의 효가 비슷한 입장에 처해 있는 것이다. 크게 봐서 하나의 괘상이지만, 약간씩 역할을 분담하고 있다는 뜻이다. 아무튼 ☴과 ☵의 차이를 알면 된다. 값을 비교해 보자.

☴ → 5
☵ → -1

어느 것이 무거운가? 5는 가볍고 -1은 무거운 것이다. 이로써 ☴의 ☵ 뜻과 의 뜻은 자명해졌다.

이것을 말로 표현해도 좋다. '☴은 바람이 와서 물을 흩뜨리는 것이요, ☵은 물이 갇혀서 괴로운 것이다'라는 식으로 뜻은 오직 하나일 뿐이다. 단지 장래성을 갖고 뜻을 엄밀하게 하기 위해서는 다른 괘상과 비교한 값을 반드시 따져 봐야 한다. 크다, 작다는 말은 좋지만 170cm, 150cm 등으로 얘기하면 더욱 분명하지 않은가!

이상으로 효를 이해하기 위해 필요한 상하 괘의 입장을 간단히 살펴보았다. 제법 논리적이고 자세한 것 같지만 아직 엉성할 뿐이다. 괘상을 더욱 조직적으로 이해해야 하는 것이다.

우리는 그 동안 이미 그런 작업을 해 왔지만 수리 논리에 지쳤을까 봐 언어 논리와 섞어 보았다.

아쉽지만 이 정도로 마치겠다.

玉虛眞經 (15)

不道早已
도에 어긋나게 되면 일찍 끝나게 된다.

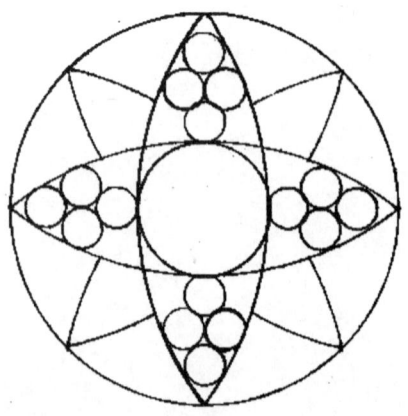

인식과 자연 현상

전장에 이어 괘상을 더욱 확장해 보자.

☵ 은 험난으로부터 가볍게, 또는 신속하게 벗어날 뿐만 아니라 험난 그 자체가 겁나지 않는 모습이었다. 그렇다면 만일 아래 있는 ☴이 덮쳐 온다면 어떤 상황이 될 것인가?

괘상은 다음처럼 될 것이다.

䷯의 이름은 정(井)으로, 근원이 깊은 것을 상징하고 있다. 원전에 보면 물이 나무 위에 있는 것이 정이라고 하였는바, 나무나 바람은 같은 뜻이다. 괘상의 모습을 보면 나무 뿌리가 땅 속(아래)으로 파고들어 수분을 빨아들이는 형상이다. 또한 땅 아래 통로가 있어 물이 공급되는 모습이다.

이외에도 접시 위에 음식물이 있는 것을 상징하는 모습인데, 접시 위의 음식물이란 먹기 좋게 펼쳐 놓았다는 의미가 있다.

이는 무슨 뜻인가? 접시 위의 음식, 이것은 공급을 상징하는 것이다. 물을 공급하고 있는 것은 우물이지만, 물뿐 아니라 식품 또는 그저 물품이 계속적으로 공급 상태에 있으면 ☳으로 표현된다. 이것이 주역의 표현법이다. 인간의 인식은 괘상을 자연계의 실제 사물을 비유하여 이해하지만 깊게 들어가면 자연계 실제 사물을 떠나 추상된 사물을 표현하게 된다.

☳이 접시라는 것도 이해할 수 있는가? 그릇이란 원래 ☶로 표현된다. 하지만 접시는 그릇치고는 다소 특수하다. 보통 그릇이 담아 놓는 일에 충실하다면 이에 비해 접시는 공급이라는 용도에 쓰이고 있는 것이다.

무엇을 올려놓는 것 또한 접시인데, 그로 인해 다른 곳과 통한다는 뜻이 바로 ☳이다. 도로나 전화선 및 창문이 바로 통한다는 뜻이 있거니와, 이는 공급·소통의 뜻이 있는 것이다. 따라서 ☳은 어디론가 공급된다는 뜻인바, 국소적으로 보면 ☷이 ☳에 의해 흩어진다는 의미이다.

☷은 ☳에 의해 흩어질 뿐 더 이상 난관을 뜻하지 않는다. 그렇기 때문에 앞에서 ☷은 ☳을 무서워하지 않는다고 표현했다. 무서워하기는커녕 ☷은 ☳에 의해 잘 다루어져 다른 곳으로 이동·분산·공급되는 것이다.

우물이 바로 그런 뜻이 있다. 땅 속에서 솟아나 퍼 올려지고 사람에게 공급된다. 우물이 갖는 추상은 ☳으로 표현되거니와, ☳은 개척·공급·분산의 뜻이 있다.

다음을 보자.

☵ 와 ☷는 모두 위가 ☵으로 되어 있는데, 아래에 ☷이 있으면 혼돈이고, ☰이 있으면 분산 또는 공급이다. 어떤 까닭일까? 그것은 ☵의 힘이 ☷에 비해 아주 크기 때문이다.

크다면 얼마나 큰가? ☷은 값으로 따지면 1이고 ☵의 값은 5이다. 상당한 차이임을 알 수 있다. 참고로 ☰의 값은 -3인데, 이는 ☷을 덮치고도 남는 숫자이다.

하지만 ☵에게는 안 된다. -3과 5의 대결이다. 따라서 ☷은 혼돈스럽지만 ䷄은 ☰이 ☵서 분열 이동하고 있는 뜻이 되는 것이다. 그렇다면 ䷄보다 아래 부분이 더욱 강해진다면 어떠한 상황이 될까? 그것은 ䷄와 같은 괘상이 될 것이다.

☵는 하늘 위의 구름으로, 한적하기 그지없다. 무슨 뜻일까? 원전은 기다린다는 뜻으로, 수(需)라는 이름을 붙여 놓았다. 구름이란 어디론가 가기 위해 기다리는 존재이다. 방황·방랑을 뜻하지만, 더 중요한 뜻은 구름이란 갈 곳이 정해져 있다는 뜻이다. 그렇기 때문에 기다린다는 표현을 쓰고 있다. 방랑객은 기다리는 것이 아니라 막연히 돌아다닐 뿐이다.

그러나 ䷄는 갈 곳이 정해져 있는 것이다. 대합실에서 열차를 기다리고 있는 손님, 창고에 쌓여 있는 물건 등은 그런 뜻이 있다. 타향에 사는 사람이 마음이 고향에 가 있다거나 마음에 맞지 않는 곳에 있어서 언제나 떠날 준비가 되어 있는 사람도 모두 ䷄의 뜻이 있다.

요컨대 ☰이 자리를 잘못 잡은 것이다. 감히 ☵과 싸울 생각은 못 하고 일시적으로 머물고 있을 뿐이다. 그러나 갈 곳이 정해져 있으므로 방황은 없다. 뿐만 아니라 강한 힘이 있으므로 앞의 난관은 걱정이 되지 않는다.

다음을 보자.

☳과 ☶는 비교가 된다. ☳은 현재 이동 중인 모습이다. 하지만 ☶는 이동 중이 아니고 대기 중이다. 이 점이 좀 이상하다.

☰과 ☷은 어느 것이 더 강한가? ☰은 값이 7이고, ☷은 5로서 단연 ☰이 더 강하다. 그런데 ☶는 대기 중이고 ☳은 이동 중이라니? 그것은 이런 뜻이다. ☰은 양값이 너무 큰 나머지 힘의 집결이 되어 있지 않고 분산적이다. 즉, 활발한 장소에 있다는 뜻이다.

☶는 불안한 장소에 있는 것을 뜻한다.

☳은 말하자면 자동차나 기차를 타고 있는 사람이라면 ☶는 타향에 있는 것이다. ☳이 떠나는 중이라면 ☶는 남의 땅에 있는 것이다. 따라서 실제적 압력은 ☶가 더 크다. 분산과 집중은 괘상의 또 다른 문제이다. 다시 논할 기회가 있겠으나 여기서 유념할 것은 불안한 곳에 머무르는 것을 ☶로 표현하고 이유 불문코 현재 이동 중인 상황은 ☳으로 표현한다는 것이다.

다음을 보자.

☵과 ☱은 비교할 만하다. ☵은 흘러가는 것이라면 ☱은 담겨 있을 뿐이다.

☵은 새로운 물이 계속 생겨나지만 ☱은 같은 물이 편안하게 담겨져 있을 뿐이다. 이러한 차이는 ☰와 ☷에 의해 비롯된다.

☷은 그 성질상 ☰ 위에서는 안정되지만 ☰ 위에 안정할 수는 없는 법이다. 더더구나 ☷은 ☰ 위에서 견딜 수 없다. 다만 ☱는 하

늘 위의 구름으로서, 장차 땅에 뿌려지는 보급물이 대기하고 있는 모습이다. ☵는 비록 기다리고 있으나 풍족하다. 반면 ☶은 풍족할 것까지는 없으나 계속 이어진다는 뜻이 이다.

다음을 보자.

☵ 와 ☷의 차이는 무엇인가? ☷는 괘명이 비(比)이다. 이는 친하다는 뜻인바, 물이 땅에 도달하여 편안히 정착한다는 뜻이다. 고향에 정착한 모습, 직장에서 돌아와 가정으로 안주하는 가장의 모습이다.

반면 ☵는 타향에 있는 것이고, 직장에 있는 것이다. ☵는 기다림, ☷는 안정이다. 기다림과 안정은 자리에 달려 있다. ☰은 ☵이 있기에 불안한 곳이고, ☷은 편안한 곳이다. 만물은 편안한 곳을 찾기 마련이다. 물론 편안한 곳이 좋은 곳이라는 것은 아니다. 항상 집에만 있으면 몸은 편안할 것이다. 단지 생산적이지 못하다. 그런 의미에서 ☷는 생산적인 것은 아니다. 갈 데까지 갔으니 다 된 모습이다.

반면 ☵는 비록 불안하지만 생동하는 모습인 것이다. 괘상이란 관점에 따라 다양한 의미가 있다. 물론 어느 경우라도 괘상 고유의 뜻이 변하는 것은 아니다. 다만 적용 여하에 따라 선악이 정해질 뿐이다.

다음을 보자.

☵ → ☷은 아주 자연스러운 현상이다. 하늘 위에 있는 물은 마침내 하강하고 있는 것이다. 어차피 오래 있을 수 없었던 곳에 있는 ☷이 비로소 제자리를 찾아가고 있는 모습이다.

☰은 송(訟)인바, 사물이 제자리를 잡는다는 것을 상징한다. 더 자세히 말하면 ☰은 각각의 사물이 향하는 바를 나타내고 있다. 결국 제자리에 도달하는 것일 테지만 이로써 괘명이 송이 된다. 소송이란 어느 때 일어나는가? 서로 뜻이 다를 때 발생한다. 뜻이 같으면 재판관 앞에 올 필요가 없다.

다음을 보자.

☷ 과 ☰ 은 대조적인데, ☰이 서로 뜻이 다른 사물을 표현한다면 ☷은 서로 뜻이 같은 사물을 표현한다. ☷와 ☰은 방향이 같다. 따라서 소송 같은 일이 일어날 턱이 없다.

다시 보자.

☰ → ☷ 은 ☷이 제 위치를 찾아감에 따라 불안이 해소되고 있는 모습이다. ☷은 결국 땅에 이르러 안착하겠지만, 지금 당장은 그것까지 표현하지는 않고 그저 단순히 ☰ 아래로 ☷이 떠나가는 모습을 보여줄 뿐이다. 결국 이동한다는 말인데, 이동하는 모습을 구체적으로 표현한다면 바로 ☷이 된다. 따라서 큰 순서를 따져 보면 다음과 같이 될 것이다.

☰ → ☷ → ☵ 의 과정은 물이 차츰 아래로 이동하는 모습인데, 크게 보면 ☷이 ☰의 위에 있는 경우와 그렇지 않은 경우로 나뉜다. 이 말은 ☷외에 ☳ ☵ ☶ 등 ☷이 들어 있는 모든 괘상이 ☷으로 표현된다는 뜻이다. 이는 너무나 포괄적이므로 혼돈이 올 수 있는 개념이다. 깊게 생각하지 말고 단순히 ☷은 ☰ 위에 있기 불편하여 자리를 옮기게 된다는 생각하면 된다.

다음을 보자.

☰과 ☷에서 무엇을 알 수 있는가? 차이는 ☰과 ☷뿐이다. 이것은 앞서 설명한 ☳, ☶과 많이 닮아 있다.

내용은 이렇다. ☴은 ☵의 방향을 보여주는 것이고, 풍수환은 구체적으로 ☵이 빠져나가는 모습을 보여주는 것이다. 어째서 그런가? ☰은 ☵보다 강한 것이므로 더 강하게 빠져나갈 게 아닌가! 생각해 보라. ☰은 가장 높은 곳에 있어 더 높게 올라갈 곳이 없다. 하지만 ☴은 아직 여지가 있으므로 움직이는 모습이다. 다시 말하면 ☰은 제자리에 있으면서 강건한 모습이고 ☴은 위로 이동 중인 모습이다. 따라서 ☴은 방향을 보여준다면 ䷺은 물과 바람이 서로 뿔뿔이 흩어지는 모습이다.

䷺을 다시 말하면 직장을 떠나는 모습이고, 안개가 걷히는 모습인 것이다. 하늘이 안개를 떠나는 것도 아니고, 직장이 사람을 떠나는 것도 아니다. 하지만 ䷺은 서로 헤어지는 모습이다. ☴은 위로 떠나고 ☵은 아래로 떠나는 것이다.

다음을 보자.

䷅과 ䷇는 극단적인 모습을 보여준다. ䷅에서 ☷은 대우 못 받고 떠나는 모습이지만, ䷇에서 ☷은 환영받는 모습이다. 괘명을 비교해 보자. 하나는 소송이고, 하나는 친함이다.

또 보자. ䷇과 ䷆에서 무엇을 알 수 있는가? ䷇는 땅으로 돌아가는 모습인바, 환영을 받고 있다.

䷆는 이미 집에 돌아가 깊게 잠겨 있는 모습인 것이다. 이는 후방으로 돌아와 있는 군대, 또는 퇴근이나 퇴교를 하여 집에 모여 있는 식구의 모습이다.

☷이란 ☰ 위에서 가장 불안하고, ☷ 아래서 가장 편안하다. 결국 ☷은 길고 긴 여행을 통해 ☷ 아래에 도착하는데, 그 기간 동안 여러 개의 괘상을 이루며 변화하는 것이다. 그런데 한 가지 의문점이 있다.

다음을 보자.

☷ $-3 \atop 7$ 는 총체적으로 소양의 뜻을 갖는데, 이는 ☷이 3이라는 힘으로 하향하고 ☰이 7이라는 힘으로 상향한다는 뜻이다. 이러한 괘상은 중앙에 압력을 형성하지만 그것은 상호 돌파에 의해 해소된다. 상호 돌파란 상하 괘가 서로 자리를 교환하는 것을 뜻한다. 즉, ☷ → ☰의 과정은 양은 위로, 음은 아래로 라는 절대 원리를 보여주고 있다.

여기서 ☷ 안을 주목해 보기로 하자. ☷은 -3의 값을 갖는바, ☰을 떠나 기나긴 여행을 시작한다. 아래로, 아래로…… 결국 땅 위에 도착하는데, 그 모양은 다음과 같다.

☷ 는 어떠한 상황인가? 값을 따져 보자. ☷ $-3 \atop -7$ 에서 알 수 있듯이 하괘의 음값이 더 크다. 따라서 이 자체로 더 이상 자연 과정은 진행되지 않을 것이다. 그런데 ☷ 는 어찌된 일일까?

다음을 보자.

☷ → ☷의 과정은 땅 속에 모여 있던 물이 밖으로 분출하는 모습을 보여준다. 이것을 국소적으로 묘사하면 바로 ☷이 되는 것이다.

그런데 다음은 어떤가? ☷ → ☷의 과정은 다소 이상하다. ☷의 값은 -3인바, -7인 ☷을 뚫고 아래로 침투했기 때문이다. 비자연스러운 과정이 아닌가? 그러나 생각을 더 깊게 해 보자.

☳의 아래는 ☷인데, 더 아래는 무엇인가? ☷의 아래 말이다. ☳에 있어 ☷의 아래는 과연 무엇일까? 어렵게 생각할 것 없다. 그것은 바로 ☷일 뿐이다.

☷이 아니고 무엇이겠는가? 아래쪽은 가도가도 ☷인 것이다. 이것은 주역 괘상의 중요 개념인바, 전에 이미 설명한 내용이다. 기억이 나지 않는 독자는 지금이라도 확실히 인식해 두어야 한다. 왜냐하면 땅 아래 땅의 개념은 두고두고 중요한 개념이기 때문이다.

그건 그렇고 ☵의 뜻을 살펴보자. 별게 아니다. 그저 땅의 낮은 곳이라고 생각하면 된다. 움푹 파진 땅이나 강 또는 나아가서 바다라고 생각해도 되는 것이다. 요는 낮은 곳이 있으면 물은 얼마든지 이동하게 되어 있다. ☵는 상대적으로 물이 낮은 데 있다는 뜻일 뿐이다. 물론 낮은 데의 물이라 해 봤자 그 아래에는 또 땅이 있기 마련이다. 결국 물이란 땅 위에 있는 법이다.

하지만 ☶는 높은 지역의 땅과 낮은 데 숨은 물을 상대적으로 비교한 것이다. 그리고 또한 높은 땅이라 해도 언덕 같은 높은 지역만 뜻하는 게 아니다. 큰 도로는 골목에 비해 높은 곳인 것이다. 이것이 주역이다. 도시보다는 시골이 낮고 도로변보다는 주택가가 낮다는 뜻에서 ☵와 같은 괘상도 존재한다.

낮은 땅 위에 있는 물처럼 백성도 마을에 있으면 편안한 법이다. ☵가 타향이라면 ☶는 고향의 아늑한 지역을 의미한다. 국가로 말하면 적과 면하고 있는 국경은 ☵인 지역이고 ☶는 후방이다. 그리고 더 말할 나위도 없지만 ☴의 ☰은 뜬구름처럼 떠 있는 존재이고, ☷의 ☳은 땅 아래처럼 안정된 곳에 편안히 누워 있는 존재인 것이다.

　이와 같이 하여 지금까지 우리는 ☳에 대한 여러 가지 정황에 대해 살펴보았다. 여러 가지 괘상을 비교함으로써 각 괘상의 이해가 증진되었을 것이다. 이제 ☳에 대하여 자신 있게 말할 수 있는가? 그럴 수는 없다. 그 동안 ☳에 대해 상당히 많은 것을 이해한 것 같지만 내용이 별게 아니다.

　다음을 보자.

　☳는 숲으로부터 빠져 나온 사냥꾼의 모습이다. 물을 떠난 벌레나 탈출에 성공한 비행기라고 해도 된다. 여기서 우리는 ☳의 뜻을 살펴보기 위해 변환을 가할 수 있다. 예를 들어 ☳을 ☵으로 해 보자. 즉, ☳ → ☵에서 무엇을 알 수 있는가? 변화된 것은 ☳ → ☵인데, 어떠한 차이가 발생했는가?

　☵은 양의 기운이 가운데(중간) 갇혀 있는 모습이다. 자체로서 험난이거니와, 위에 있는 ☳에 도움을 주지 못하고 있다. ☳은 양값 1인 괘로서, 위로 올라가려는 뜻에서 말이다.

　☶은 어떤가? 착안할 것은 ☶이다. ☶은 양 두 개가 음으로부터 해방되어 위로 향하고 있다. 이 기운은 결과적으로 ☳에 도움을 줄 것이다. 더 정확히 말하면 이렇다. ☶에 있어 ☶의 양기는 ☳의 양기에 도움을 주고 있다고...

　☳은 어떤가? ☳과 ☶의 비교는?

　앞서 우리는 ☳ 자체의 내부 변화는 다루지 않고 위치 변화, 즉 ☶라든지 ☵ 등으로 변화시켜 보았다. 그렇게 함으로써 ☳의 쓰임새를 살펴보았는데, ☶ 자체의 뜻을 알기 위해서는 괘상 자체를 변화시켜 봐야 하는 것이다.

☶과 ☳의 차이는?

결과적으로 팔괘의 뜻을 해석하는 곳으로 돌아오고 말았다. 이것이 주역 공부이다. 우리가 대성괘를 만들어 각종 수값을 지정하고 연관된 작용을 비교했던 것은 결국 팔괘를 이해하기 위함이었다.

주역은 곧 팔괘이다. 만약 팔괘를 더할 수 없이 완벽히 이해했다면 그 다음으로 음양의 뜻을 묻게 될 것이다. 양의 뜻은? 음의 뜻은? 양이 위에 있으면? 음이 아래 있으면? 이와 같은 질문은 마침내 효에 대해 말할 수 있게 해 주는 것이다.

효를 알면 팔괘를 알고 팔괘를 알면 64괘를 아는 것이지만, 공부를 하는 데는 효 → 팔괘 → 64괘의 과정과 64괘 → 팔괘 → 효의 과정을 동시에 해야 하는 것이다.

우리는 그 동안 제법 많은 공부를 해 왔음에도 불구하고 64괘에 대해 조금 말할 수 있을 뿐이다. 만일 필자가 64괘를 하나하나 낱낱이 말로써 설명하기로 한다면 그것은 책으로 1,000권쯤 써야 할 것이다. 아니 그 이상이 들지도 모른다. 이렇게 해서는 주역 공부가 끝이 나지 않는다.

이래서 결국 체계적 공부가 필요했던 것이다. 앞으로도 그럴 수밖에 없다. 마구잡이식 공부는 그때그때 얻는 게 많을 것 같지만 혼란스럽고 허약할 뿐이다.

이제 와서 다시 묻겠다. 단군 팔괘도의 성립 근거는? 중앙 관점 전개는? 시간 대륙은 무슨 뜻인가? 사상(四象)의 순환 순서는? 64

괘의 황금 순환도는? 이러한 모든 개념을 이해한다는 것은 주역의 바다에 대한 항해 지도를 그리는 것과 같은 것이다.

　출세를 위해 주역의 응용을 서둘러서도 안 된다. 64괘를 급히 이해하려고 낱개 괘상에 일일이 달려들어서도 안 되는 것이다. 괘상 모두가 동시에 이해되는 날을 위해 참고 참으며 주역의 체계에 매달려야 한다.

───── 6권에서 계속 ─────

주역
김승호 ● 대하소설

1권/연진인의 천명재판
세상과는 멀리 떨어진 깊은 산, 범상한 신통력과 전생을 간직한 사람들의 마을, 지존한 신선들의 은밀한 행보는 지상으로 향하고, 정마을은 상상조차 할 수 없었던 기이한 사건의 소용돌이 속으로 휘말려 드는데……. 연이은 긴박한 사건 속에 속세에서 폭력에 맞섰던 한 사나이가 정마을로 숨어든다.

2권/평허선공, 염라전에 들다
정마을 촌장의 기이한 행적으로 인한 의문은 쌓여만 가고, 건영이의 신비한 힘이 주역을 통해서 서서히 드러난다. 이 때 천계에서는 우주의 이상현상에 대한 답을 구하기 위해 특사가 파견되지만 요녀들의 방해로 죽임을 당해 뜻을 이루지 못한다. 한편 정마을을 떠난 촌장 풍곡선은 천계에서 심문을 받고…….

3권/종잡을 수 없는 천지의 운행
천계에서 선 연행이었던 전생의 기억을 회복한 남씨는 숙영이 어머니와의 이루지 못한 슬픈 사랑에 가슴 아파한다. 우주의 이상현상의 하나로 나타난 혼마 강리는 정마을 사람들을 위협하고, 천계의 대선관 소지선은 평허선공을 피해 하계로 숨어 버린다.

4권/단정궁의 중요 회의
우주의 혼란을 바로잡을 방법을 구하기 위해 단정궁에 파견된 특사는 아리따운 총관 본유의 유혹에 넘어가 정력을 소진한 채 자멸하고 만다. 한편 지상에 나타난 혼마 강리는 땅벌파에게 무술을 가르쳐 세상을 지배하려 한다. 그러나 풍곡선의 부탁을 받아 그를 뒤쫓던 검의 명수 좌설과 일전을 치르는데…….

5권/선혈로 물든 인연의 늪
정마을 주변에서는 또 한번의 기이한 일이 발생한다. 빗자루를 든 괴노인이 나타나 닥치는 대로 사람을 죽이고 서울로 향하는 인규를 위협한다. 정마을이 지원하는 조합장측과 혼마 강리가 지원하는 땅벌파 간의 오랜 이권 다툼 끝에 드디어 협상이 이루어져 새로운 전기가 마련된다. 천계에서는 동화궁과 남선부 간에 전쟁이 일어나 아수라장이 되어 버린다.

6권/옥황부의 긴급 사태
건영이는 하루가 다르게 도를 깨우치고 혼마 강리도 극강의 힘을 얻기 위해 땅벌파를 동원해 여체를 찾아 나선다. 그들은 드디어 무척 날쌔며 힘이 장사인 미친 여자를 만난다. 그러나 혼마는 뒤쫓던 좌설과 능인의 일격을 당해 중상을 입는다. 이 결투로 능인도 목숨을 잃을 위기를 당하지만 때마침 천계에서 건영이를 만나러 내려온 염라대왕의 도움으로 살아난다.

7권/여인의 숭고한 질투
빗자루 괴인은 마침내 정마을로 쳐들어오고 이를 미리 알아챈 건영이는 마을 사람들을 산으로 대피시킨다. 건영이는 염파를 보내 괴인을 자신에게로 이끌어 전생에 역성 정우였음을 밝히며 주역에 대해 문답을 나누어 위기를 넘긴다. 한숨 돌린 건영이는 또다시 천계에서 내려온 염라대왕을 만나 우주의 이변에 대해 상세히 진단을 내려준다.

8권/기습당한 옥황상제
좌설과의 결투로 중상을 당한 혼마 강리는 거지 무덕의 덕으로 목숨을 구했을 뿐만 아니라 극강의 힘을 향해 치달렸다. 이에 강리는 조합장측에 도움을 주고 있는 정마을의 위치를 알아내 단번에 섬멸해 버리기 위해 땅벌파들을 지방으로 내려 보낸다. 한편 정마을의 남씨는 전생에 천계에서 친구였던 수지선의 방문을 받는다.

9권/다가오는 정마을의 위기
풍곡선은 평허선공의 추적을 뿌리치기 위해 옥황부의 특사가 되어 요녀들이 들끓는 단정궁으로 향한다. 평허선공은 염라전에 나타나 염라대왕과 일전을 벌이는데……. 지상의 혼마 강리는 드디어 무덕의 신통력으로 극강의 힘을 얻고 정마을을 정복하기 위해 땅벌파와 함께 춘천으로 떠난다.

10권/슬픈 운명
정마을로 침투하려던 강리 앞에 수지선이 나타나 결투를 벌인다. 극강의 힘을 발출하며 강물 위에서까지 혈투를 벌인 끝에 강리가 생을 마감하여 바람처럼 사라져 버린다. 한편 천계에서는 평허선공의 사주를 받은 동화궁의 선인들이 옥황부로 쳐들어가고, 살상은 계속되었다. 지상과 천계의 이변을 수습할 방법은 없는 것일까? 그리고 단정궁으로 떠난 풍곡선의 운명은…….

카네기 인생론

삶에 대한 모든 물음은 우리 스스로 체득할 수밖에 없을 것이다.
삶에 대한 어떤 설명도 우리 자신의 삶에 지침이 되기에는 어렵기 때문이다.
이 책은 막연한 설명이 아니라 구체적인 제시를 한다.
우리가 어디에서나 부딪히는 삶의 현장에서 함께 이야기하고자 하기 때문이다.

카네기 출세론

이 세상을 살면서 주어진 삶에 충실하다는 것은 모든 이들의 소망이다.
그리고 가능한 모든 일을 이루어 낸다는 것은 유능한 사람들의 의무이다.
이 책은 유능한 사람들이 나아가야 할 바를 참으로 절실하게 제시해 주고 있다.
또 유능해지고자 하는 모든 이들의 삶을 위하여 봉사하고자 하고 있다.

카네기 지도론

참다운 지도는 함께 나아가는 것이다. 무엇을 제시하거나 지시하기 전에 피지도자가 무엇을 하고자 하는가, 무엇을 할 수 있는가를 알아서 그것을 이끌어주고, 또 그것이 이루어지도록 함께 노력하는 것이다.
이 책은 무엇이 참다운 지도인가를, 즉 어떻게 함께 나아갈 것인가를 그려내 보여주고 있다.

카네기 대화술

올바른 언어의 선택은 의사소통을 보다 원활하게 한다. 훌륭한 대화는 인간행위의 가장 승화된 형태라고 할 것이다.
이 책은 청중을 향하여 효과적으로 이야기하는 방법이 제시되어 있으며, 화술 훈련에 임하면서 경험한 실례를 중심으로 쓰여졌다.
현재를 출발점으로 당신은 효과적인 화술 방법을 통해 자신의 무한한 능력을 깨닫게 될 것이다.

카네기 처세론

최고의 처세라는 것은 우선 최선의 목표를 정하고 그 성취에 이르는 길을 갈고 닦는 것이다. 거기에다 자기를 세우고, 삶을 키워내고, 세상을 이끌어 갈 수 있는 힘을 닦는 것이다.
이 책은 거기에 있는 불후불굴의 조언을 새겨주고 있다.

카네기 자서전

노동자들은 온정에 보답하려는 깨끗한 마음을 갖고 있다. 적어도 진실로써 다른 사람을 대하고 어떤 문제가 발생했을 때 성의를 다해서 전력한다면 그들이 사용자에게 어떻게 대할 것인가 하는 염려 같은 것은 전혀 할 필요가 없다. 그러므로 덕은 외롭지 않다. 덕을 베풀면 반드시 그에 대한 결과가 있기 때문이다. 그리고 사업에 성공할 수 있는 가장 큰 원인은 완전한 계산을 통하여 금전과 자재 등의 책임을 충분히 인식시키는데 있다

신념의 마력

인간은 마음 먹기에 따라서 세상의 모습을 바꾸어 놓을 수 있다.
인간이 지닌 많은 힘 가운데 가장 큰 힘이 마음의 힘인 것이다.
신념은 일상생활을 통하여 우리의 이상을 그려낼 수 있는 강한 추진력이다.
이 추진력을 바탕으로 우리는 우리의 생활을 삶을 뜻대로 이루어 갈 수 있는 것이다.

정상에서 만납시다

미국의 유명한 저술가이며 자기개발 성공학의 권위자인 지그지글라가 진정한 성공에 다다를 수 있는 가장 빠른 방법을 제시하고 있다.
29년에 걸친 판매 경험과 인간개발 경험을 살려 각계 각층에서 활약하고 있는 최고 전문가들의 성공철학을 파악, 여섯 단계로 그 비결을 밝혔다.

머피의 마음만 먹으면 당신도 부자가 된다

당신이 만약 풍족하지 않다면 행복하고 만족한 생활을 결코 영위할 수 없을 것이다. 여기에 풍족한 삶을 누리기 위한 과학적인 방법이 있다. 당신이 성공과 행복과 번영이라는 달콤한 과일을 얻고 싶다면, 이 책에서 이야기하는 것을 정확하게 되풀이해 배우라. 그러면 당신의 앞날을 보다 아름답고, 보다 행복하고, 보다 풍족하고, 보다 고귀하고, 보다 웅장하고 큰 규모로 펼쳐질 것이다.

머피의 잠자면서 성공한다

머피의 이론을 바탕으로 하면 자기가 바라는 바 지위나 돈을 어떻게 얻을 것인가, 또는 우호적인 인간관계를 어떻게 실현할 것인가를 터득할 수 있다. 따라서 이 책에 명시된 대로 따르기만 하면 당신은 인생 전반에 걸쳐 기적적인 효과를 얻을 수 있다.

머피의 인생을 마음대로 바꾼다

이 책 속에는 당신의 인생을 변하게 하는 마법과도 같은 방법이 제시되어 있다. 다시 말해 기적이라고 할 만한 이야기들이 가득 차 있다. 당신의 마음속에 내재되어 있는 마법과도 같은 잠재의식을 어떻게 사용해야만 당신이 인생에서 성공할 수 있는지. 흥미진진한 실례들을 통해 상세하게 알려주고 있다.

오사카 상인의 지독한 돈벌기 76가지 방법

오사카 상인의 13대 후손이며 미쓰비시 은행의 상무를 역임한 저자가 오늘날 일본 경제를 일군 오사카 상인들의 정신을 분석 수록했다. 무일푼으로 출발하여 그들만의 돈벌이 노하우와 끈질긴 생존능력, 아이디어를 바탕으로 세계적으로 유명한 유태상인과 어깨를 겨룰만큼 성장한 오사카 상인들의 경영 비법을 바탕으로 부와 성공을 이룰 수 있는 방법이 자세히 제시되어 있다.

머피의 승리의 길은 열린다

당신은 이 책에서, '인생은 마음먹기에 따라 달라진다'는 평범한 진리가 당신의 인생에 있어서 얼마나 중요한가를 실감하게 될 것이다. 이 책에 제시된 인생의 법칙을 읽고 그것을 당신의 인생에 응용하면, 당신은 당신의 인생을 건강하고 즐겁게, 그리고 유익하고 성공적으로 가꿀 수 있는 힘을 얻게 될 것이다.

중국 상인의 성공하는 기질 74가지

미국, 일본의 뒤를 이어 세계 3대 경제대국으로 뛰어오른 중국의 숨은 잠재력, 서서히 일본의 경제를 위협하는 존재로까지 급부상한 그들에게 끈질긴 생명력과 강력한 경제력을 지닌 화교 사회는 중국 대륙의 비밀 병기였다.

그들이 성공하기까지 철저히 지켜지는 상인 정신의 기본 자세를 배워 현재의 어려움을 극복하는 지혜를 배운다.

머피의 인생에 기적을 일으킨다

마음의 힘에 관해서는 많은 책 속에 여러 가지로 쓰여 있으나, 이 책에서는 당신의 모든 생활을 변환하기 위하여 이 힘을 어떻게 이용할 것인가, 건설적이며 성공할 수 있는 사고방식, 그리고 자신의 생활을 보다 풍족히 할 수 있는 방법 등을 기록했다.

유태상인의 지독한 돈벌기 74가지 방법

유태인들은 화교와 함께 세계 제일의 상인으로 손꼽히고 있다.

그것은 2천 년 동안 국가도 없이 흩어져 살면서 수없이 쏟아지는 박해와 압박을 견디며 일군 끈질긴 민족성의 승리였다. 그들은 열악한 환경 속에서도 자신들만의 독특한 상술을 발휘하여 오늘날 세계 경제를 좌지우지하는 지위에까지 오르게 된 것이다.

머피의 100가지 성공법칙

인생에서 성공한 사람들을 보면 하나같이 이 잠재의식의 법칙을 실천했던 사람들이다. 만일 당신이 지금 충분히 행복하지 않고, 충분히 부유하지 않으면, 충분히 성공하지 못했다면 그것은 당신이 잠재의식을 충분히 이용하지 못했기 때문이다. 이 책에는 당신이 가고자 하는 성공의 길, 부자가 되는 길, 인생을 한껏 즐길 수 있는 기술이 감추어져 있다.

임어당의 웃음

우리의 심리적 소질 가운데는 진보와 개혁을 저해하는 어떤 요소가 존재하고 있다. 즉 모든 이상을 웃어넘기고 죄악 그 자체조차 인생의 필요한 부분으로 미소로서 바라보는 유머임을 발견한다.

중국인의 특성의 장점과 단점이 흥미진진한 소재와 감동적인 문체로 전해지는 임어당 문학의 진수!

오늘 같은 내일은 없다

동화 속 샘처럼 맑은 영혼을 가진 헤세가 열에 들뜬 내 눈동자에 가까이다가와 옛 노래의 추억을 속삭여 줍니다.

가장 달콤하고 이상적인 충고, 세월이 흐른 지금도 그의 이야기는 멋진 동화책처럼 우리들 앞에 펼쳐져 생생하게 되살아납니다.

인디언 우화

동물과 인간의 구분도 없고 생물과 무생물도 구별 할 줄 모르는 그래서 어쩌면 첨단을 달리는 현대과학의 분위기와 맞을 그대로 간직한 채 우주 속에서 살았던 북아메리카 인디언들의 이야기들은 오늘날 잊혀져버린 인간의식의 고향을 찾을 수 있는 오솔길이 될 것이다.

인간의 마음을 탐구하는 총서
선영심리학선서

1 프로이트심리학 해설
마음의 행로를 찾아나서는 이들을 위하여, 인간과 그 심리 세계를 탐구하려는 이들을 위하여 인간심리의 틀을 밝혀 주는 프로이트심리학의 해설서.
인간이 인간답게 살아갈 수 있도록, 심리학에 입문할 수 있도록 인도하는 최고의 해설서.

INTERPRETING FREUD PSYCHOLOGY
S.프로이트 / C.S.홀

2 융 심리학 해설
인간의식의 뿌리를 찾아서 아득한 무의식의 세계까지 탐색하고, 그 심대한 체계를 세운 융 사상의 깊이와 요체를 밝혀 주는 해설서. 무의식의 세계까지 헤아리는 융 심리학의 인간생활에서의 실제와 응용을 설명해 주는 정신세계에 대한 최고의 입문 참고서.

INTERPRETING JUNG PSYCHOLOGY
C.S.홀 / J.야코비

3 무의식분석
프로이트의 「정신분석 입문」과 쌍벽을 이루며, 또 그것을 능가하는 폭과 깊이를 담고 있는 융의 '무의식의 심리'에 관한 최고의 해설서.
인간의 정신세계의 연구에 있어서 끝없는 시야를 제시하는 그리고 미지의 무의식 세계를 개발하려는 융심리학의 핵심 해설서.

ANALYSIS OF UNCONSCIOUSNESS
C.G.융

4 프로이트심리학 비판
인간의 정신세계의 틀을 제시하는 프로이트 사상의 근거와 사회적 영향을 검토하고 검증하려는 비판서.
이 책을 통하여 우리는 프로이트심리학의 출발과 실제와 한계를 생각할 수 있다. 우리가 프로이트심리학에 무엇을 기대하며 무엇을 문제시해야 할 것인가를 말해주는 해설서.

CRITICISM FREUD PSYCHOLOGY
H.마르쿠제 / E.프롬

5 아들러심리학 해설
프로이트 본능심리학 및 융의 분석심리학과 함께 꼭 주지되어야 하는 것이 아들러의 개인심리학이라고 할 때 그 개인심리학이 논구하여 설명하려는 개개인의 의식세계를 또 다른 시각으로 설파해 주는 해설서.
개인 의식세계에 대한 간결하고도 이해하기 쉬운 참고서.

WHAT LIFE SHOULD MEAN TO YOU
A.아들러 / H.오글러

6 정신분석과 유물론
인간의 정신을 의식·무의식의 메카니즘으로 파악하는 프로이트사상과 철저한 일원론적 자세로 설명하는 마르크스 사상이 어떻게 영합하며, 어떻게 상반되며, 그리고 무엇을 문제로 빚는가를 사회사상사적 입장에서 논한, 우리시대 최대의 관심사에 관한 해설서.

PSYCHOANALYSIS AND MATERIALISM
E.프롬 / R.오스본

7 인간의 마음 무엇이 문제인가?(Ⅰ)
현대 정신의학의 거장 K.메닝거 박사가 이야기형식으로 밝혀주는 인간심리의 미로, 그 행로의 이상(異常)과 극복의 메시지. 소외와 불안과 갈등과 알력과 스트레스 속에서 온갖 마음의 문제를 안고 사는 모든 이들의 자아발견과 자기확인과 정신건강을 위한 일상의 지침서.

THE HUMAN MIND (Ⅰ)
K.메닝거

8 인간의 마음 무엇이 문제인가?(Ⅱ)
제1권에 이어 관능편·실용편·철학편 등이 실려 있는 K.메닝거 박사의 정신의학 명저.
필연적으로 약점과 결점을 지닐 수 밖에 없는 인간의 마음에서 빚어지는 갖가지 정신적 문제들에 대처할 수 있는 메닝거식(式) 퇴치법이 수록되어 있다.

THE HUMAN MIND (Ⅱ)
K.메닝거

9 정신분석 입문
노이로제 이론에 있어서 새로운 영역을 개척함과 아울러 거기서 획득할 수 있는 놀라운 입장과 견해를 프로이트는 스물 여덟 번의 강의에서 총망라해 다루고 있다. 인간의 외부생활과 내부생활의 부조화로 인해 빚어지는 갖가지 문제점들을 경이롭게 파헤친 정신분석의 정통 입문서.

VORLESUNGEN ZUR EINFÜHRUNG IN DIE PSYCHOANALYSIS
S.프로이트

10 꿈의 해석
꿈이란 어떤 형태의 것이든 욕구충족의 수단이며, 꿈을 꾸는 사람은 그 자신이면서도 현실의 자기 자신과는 완전히 단절되어 있다는 꿈의 '비논리적' 성질을 예리하게 갈파해 주는 꿈 해석 이론의 핵심 이론서.

DIE TRAUMDEUTUNG
S.프로이트

*********** 자신있게 권합니다! ***********

◇ 선영사가 가장 자랑하는 양서 **선영심리학선서** 는 기초심리학의 정수만을 엄선해서 편역한 알기쉬운 심리학서로서, 독자 여러분의 지적 만족과 정신문제 해결에 도움이 될 것입니다.

> 저자와
> 협약에
> 의하여
> 인지를
> 생략함

주역 원론 ⑤

1999년 5월 30일 1판 1쇄 인쇄
1999년 5월 20일 1판 1쇄 발행
2018년 4월 20일 3판 3쇄 발행

지은이 / 한국주역과학연구원 · 김승호
편집인 / 장상태 · 김범석
표지디자인 / 정은영
펴낸이 / 김영길
펴낸곳 / 도서출판 선영사
주소 / 서울시 마포구 서교동 485-14 영진빌딩 1층
전화 / (02)338-8231~2
팩스 / (02)338-8233
E-mail sunyoungsa@hanmail.net
등록 / 1983년 6월 29일 (제02-01-51호)

ⓒ Korea Sun-Young Publishing Co., 1999
잘못된 책은 바꾸어 드립니다.

ISBN 978-89-7558-375-7   93150